国家社会科学基金教育学青年课题（CHA180265）

都市学校生活的仪式探询：

秩序、身份与情感

陈红燕　著

中国矿业大学出版社

· 徐州 ·

图书在版编目(CIP)数据

都市学校生活的仪式探询：秩序、身份与情感 / 陈
红燕著. — 徐州：中国矿业大学出版社，2023.12
ISBN 978-7-5646-6106-9

Ⅰ.①都… Ⅱ.①陈… Ⅲ.①中小学－学校教育－仪
式－研究 Ⅳ.①G63

中国国家版本馆 CIP 数据核字(2023)第 250706 号

书　　名	都市学校生活的仪式探询：秩序、身份与情感	
	Dushi Xuexiao Shenghuo de Yishi Tanxun：Zhixu、Shenfen yu Qinggan	
著　　者	陈红燕	
责任编辑	姜　翠	
出版发行	中国矿业大学出版社有限责任公司	
	（江苏省徐州市解放南路　邮编 221008）	
营销热线	（0516）83885370　83884103	
出版服务	（0516）83995789　83884920	
网　　址	http：//www.cumtp.com　E-mail：cumtpvip@cumtp.com	
印　　刷	苏州市古得堡数码印刷有限公司	
开　　本	710 mm×1000 mm　1/16　**印张** 14.75　**字数** 256 千字	
版次印次	2023 年 12 月第 1 版　2023 年 12 月第 1 次印刷	
定　　价	66.00 元	

（图书出现印装质量问题，本社负责调换）

目　录

导论：
城市教育生活探问

第一章

他们是步行者，他们的身体依循着城市"文章"的粗细笔画而行走，他们写下了这篇文章，自己却不能阅读。

——塞托，2009

　　回归日常,走进日常,以日常的话语言说人类活动,是人类学研究最为重要的任务。这种对"日常"的偏爱,绝不是要将生活本身推至墙角,逼问生活的真相,为生活结果寻找到来因。相反,以这种放大镜式的方式去发现日常,是一种暂时性的"自我远离"(王铭铭,2019),是尝试将自身的处境实践放置于时空的纵横与经纬之中,深描遭遇可能性的锚点,为当下和未来的活法提供替代性的通道。有趣的是,当我们不再纠结当下事物发生的原因,而将目前我们正经历的"当下"放入时间与空间的网络中时,"日常"本身的面貌与动态性便更加清晰可见。

　　毫无疑问,当我们用人类学"日常"的这把放大镜靠近过去近半个世纪的这个"当下"时,"城市"或"城市化"无疑构成了我们过去生活的新日常。我们甚至可以直言,城市的发展与城市变迁是我们经历过的最为广泛又最为深刻的内容,也构成了中国当代历史叙事中最为重要的部分。2023 年 2 月 28 日国家统计局发布的公报显示[①],中国常住人口的城镇化率已经提高至 65.2%,这一指标在 20 世纪 80 年代初还仅停留在 30% 左右。从人口规模的发展来看,1985 年中国超过 500 万人口的城市仅有上海、北京、深圳、重庆、广州、成都和天津 7 个,且大部分分布在东部沿海。这一景况在 2022 年已经发生了根本性的变化,其中人口 100 万～500 万的大城市有上百个,500 万～1 000 万的特大城市有 14 个,1 000 万以上的超大城市有 10 个(国家统计局,2022)。以上海 2022 年的数据为例,上海约有 2 487 万的人口,其中外来常住人口约 1 000 万,户籍常住人口约 1 400 万。其中 0～14 岁的人口占比是 9.6%,15～59 岁的人口占比是 60.6%,60 岁及以上的人口占比是 29.8%。而在 1985 年,上海的总人口只有 1 300 万,其中仅有 200 多万的流动人口,0～14 岁者约占 23%,15～59 岁者约占 61%,60 岁及以上者约占 16%。上述两个年份所呈现的城市的基本构成,或是城市间的活力都存在着巨大的差异。这些变化本身所涉及的不仅是社会表层的流动,更是社会结构的深层变化。

　　尽管城市这一新现象构成了中国人生活的底色,但并不意味着我们已然了解何为城市;尽管身处变化的洪流,但并不意味着我们深谙变化之

---

　　① 国家统计局.中华人民共和国 2022 年国民经济和社会发展统计公报[EB/OL].(2023-02-28)[2023-10-11]. http://www. stats. gov. cn/sj/zxfb/202302/t20230228 _ 1919011. html? eqid = a33d23500000415c00000003642fe3df.

道。正如生活于水中的鱼,却并不真正了解水一般。因此,学术的反思性介入对于我们的理解是必要且有效的。回顾历史,我国社会科学领域中有关城市化的讨论兴起于 20 世纪 90 年代。面对中国城市化的发展这一看似蓬勃发展的现象,具有批判精神的早期城市社会学的研究者,不仅从实证的角度描绘了当下城市化的特征,如人口城市化、产业城市化和土地城市化,更指出了中国当时的城市兴起其实只是一种半城市化的表现。更有学者指出,由于压缩式大踏步,中国城市似乎制造了更多的城市病,而不是城市福利:城市的分层,造成了城市的主要建设者无法享受城市的成果,使得流动本身成了一种问题;近期有关城市乡绅化的讨论,更是从城市文化的角度揭示了城市的扑朔迷离性。似乎,在大多数社会学者眼里,中国的城市化进程并不那么让人满意,而且还充满了隐忧。相反,经济学研究者显然要乐观得多。他们通过一组又一组的科学数据,向世界呈现中国城市的腾飞、发展的繁荣、创新的奇迹,宣扬决策与规划的力量以及人类自主性的可能面向。这种截然不同的观照,也使得城市研究越发需要多维度的视角。

从教育的角度来看,自 20 世纪 80 年代以来,中国教育同样经历了系统性的变革。这一变革的前提是社会、经济与政治的整体性变迁。在这场变革中,教育生态图景的变化与其他社会子系统几乎同步,因此要深入地理解变迁中的教育实践,就需要回到城市这一核心话题。在教育学研究中,尽管城市已经构成了诸多研究的基本底色与背景性前提,但鲜有研究关注城市与教育之间互动的底层逻辑,城市如何形塑着当代教育的日常,城市教育作为一个研究领域还未成形,更不要说城市教育学的系统性思考。城市生活到底是怎样的一种生活方式,教育生活的日常又具有哪些城市性?我们应当如何在这种流动中、在转型中去思考教育在其中所扮演的角色以及教育本身所发生的变化?这些问题就成了本书想要回应的重要问题。只有更为深入地去理解城市生活,才能厘清教育所面临的当代困境,教育所面临的青年是怎样的一个群体,当下的教育焦虑到底何谓以及未来教育应有的方向。因此,我们需要直面城市现象,深入城市的机理,基于一种超越工具理性的范式重新理解教育的日常实践,不能将城市视为教育的背景,也不能仅停留在观念和理性的维度进行单纯的概念构建思考。

一、作为"社会剧场"的城市

城市学的奠基人芒福德(2018)基于考古和历史学考察发现,早期典型城市的出现与当时人们对古代神社、墓碑的崇拜有关,即城市是"朝圣"仪式的结果。以希腊的古城邦雅典为例,城市布局和社会结构与神庙和祭祀活动密切相关。雅典作为一城市其起源可以追溯至公元前 8 世纪,城市的中心卫城正是以一个以神庙为核心的宗教场所,其中位于卫城最高处的帕台农神庙更是象征着雅典城市的宗教权威和神圣。在中国,城市同样拥有悠久而古老的传统。考古发现的红山文化、蓝田文化、大汶口文化以及良渚文化等遗址中都发现了城市的踪迹,且与古人早期的祖先祭祀和信仰仪式直接相关。比如,在红山文化遗址中发现了规模较大的、专门的祭祀场所——石板祭坛,表明祭祀仪式在早期城市生活当中占据着重要作用。此外,在良渚遗址中发现的大量与祭祀和宗教仪式相关的遗物,如精美的玉器、祭祀器具、祭坛和神庙建筑遗址,也显示出当时社会在宗教仪式上的高度组织化。

当然,城市的兴起除了与早期的仪式崇拜相关以外,当时的王权体系的形成也推动着城市的发展。我们可以通过 1955 年考古发现的郑州商城遗址来窥探一斑。该遗址的城墙近 7 000 米长,墙垣最高处达 5 米,墙基最宽处达 32 米,整体空间分为内城与外城。内城发现大量的青铜管、玉管、玉片等器物,据此可推测此为宫殿群区。东北角散落着各种头骨,据推测此为祭祀遗迹。其他诸如手工业作坊、平民区、墓葬等都分布于外城。后考古证实,郑州商城遗址确为商汤王之"亳都"所在。张光直(1999)认为,商代国家的特征就是由商王直接控制下的众多邑的网状体系。这也是为什么有城市史学家断言,从分散的村落经济向高度组织化的城市经济进化过程中,最为重要的参考因素是国王,或者说是王权制度。而我们现今所熟知的与城市发展密切相关的工业和商业在几个世纪的时间里,还只是一种附属现象(郑也夫,2009)。基于对城市兴起的简单追溯,我们可以看出城市作为一个空间意义的存在,最初并非与人类最具体最直接的生活相关,而是作为文明和王权的集散地,与普通大众的农业生活相区隔。换言之,城市之初并未被视作人们生活的理想之地。

城市作为人类想象的乌托邦,被视为可栖息之所经历了漫长的过程。以欧洲的城市发展为例,在中世纪时期,因受到入侵,欧洲大量的城市被损毁,加之封建王朝的兴起,使得城市文明开始式微。当时正常的居民大多生活于乡野之地,而城市成了许多逃亡者、受难者的庇护之处,汇聚了各色人物,这是城市在当时被称为"万恶之花"的原因。根据记载,当时西方有一个法律:若一个人在城市中待上 3 年以上,原来的身份就不再追求,他就获得了自由人的身份(郑也夫,2009)。这些人在城市开始学习手艺,开设作坊,加之后期行会的兴盛,不断地推进了当代西方以商贸经济为中心的城市建设。随着时间的推移,城市终究成了一种人们选择的生活方式(Wirth,1938),城市构成了人类对生活的另一种想象,也为人类生存构建了另一种可能。

有关城市到底塑造了怎样的一种生活方式,是学术界一直以来讨论的焦点话题。德国的社会学家齐美尔(Simmel,1950)通过他精练短小的文章《大都市与精神生活》开启了这一话题的讨论。在他看来,城市的物质生活得到了极大的发展,而人的精神却面临各种危机。在城市生活中,货币支配着人们的生活,其衍生出来的精神状态则是理性至上,本能性的情感冷淡且傲慢使得人人都成了都市之中的陌生人。但与此同时,由于人与人之间的不相互干涉,使得个体获得了更大的自由,拥有了更多的可能。这也是为什么当代人的生活总是在个体自由与集体规则之间不断地寻求平衡。美国学者沃斯(Wirth,1938)则选择使用一种相对中立的词语来表达城市生活的状态。他认为城市不仅表现为人口的聚集,更是一种新生活方式的社会性过程。城市生活具有三大特征,即规模大、密度高、异质性强。城市人口的规模大,使得个体之间的关系更加复杂和匿名化,人与人之间的交往往往是间接的和工具性的;城市密度高导致资源竞争加剧,个人空间减少,促进了社会分化和专业化;异质性强体现在城市人口的多样性促使文化、职业、经济背景等方面的差异加大,导致生活方式的多样化。在这种情况下,其所形塑的社会关系具有非个人化、功能性联系、社会控制的正式化等特点。对个体而言,在这种环境关系中必然更加强调个体主义、心理压力、创新和变革。

自 20 世纪 90 年代以来,城市及城市研究逐渐成为中国社会科学领域讨论中的热点话题之一。由于我国城市化发展速度快、规模大,且呈现了在城市的流动是一种集体行动(郑也夫,2009),研究者缺乏必要的学术基础,使得早期的城市研究大多套用了现代化理论、发展理论抑或社会转型理论(陈映芳,2012),并常常将其被放置于"产业化""市场化""消费主义"话语中来展开分析和阐释。因此,关于何为城市及城市化也深受类似的研究范式和研究阶段的影响。结合国外的研究理论及中国城市自身的发展现象,中国的社会科学(尤其是社会学)提出了纷繁复杂的关于城市的理解。例如,陈映芳(2012)区分了以下8种关于城市的说法:其一,民国摩登的都市想象,其基本特点是作为"遥不可及"的社会记忆的存在;其二,社会主义的城市想象,其基本特点是城乡双结构化背景下,人们对城市的向往使城市成了一种相对稳定且固化的存在,在社会阶层上具有了优越性;其三,发展主义的城市想象,其基本特点是随着农业现代化收效甚微,城市成了经济发展的主力,也成了"美好生活的向往",经济、科技、文化及社会都在城市框架当中被赋予了人类向上的喻义;其四,城市化想象,其基本特点是农村人口向城市的全面转移;其五,城市文明的想象,其基本特点是文化精英试图构建一种市民的社会,也就是韦伯所言的"完全城市社区";其六,现化性想象,其基本特点为乡土社会消失是人与社会的高度互动;其七,城市中产阶级想象,其特征是中间层的兴起;其八,全球化想象的城市,其基本特点是城市作为全球社会的节点,是传播不同文化的平台。

由此可见,人们对城市的想象杂糅了人口、历史、观念和经济发展的多面复杂性且动态变化的概念。譬如,有关"城里人"的实践就能很好地说明这种动态性和变化性:在1953年和1964年的人口普查中,城镇人口均指市和镇中的非农业人口,户口成了一个重要指标;1982年第三次人口普查时,把市和镇的总人口作为城镇的人口(市辖县不计算在市总人口内),这时空间成了一个重要指标;1990年第四次人口普查采用地域划分,即按常住地类型将人口分为市镇人口和乡村人口,其中的市镇人口可以理解为城镇人口,这时流动成了一个重要指标;直到2010年第六次人口普查按城乡人口统计口径,即通过行政建制和常住人口两种标准来区分是否为"城里人",即稳定性成了一个重要指标。

鉴于我国城市及城市化进程的复杂性,本书认为在考察相关问题时需要不断地区分城市研究中的三个维度,即作为事实的城市、作为想象的城市以及作为问题的城市。作为事实的城市意味着,城市地区的外显性,包括空间、人口、经济和社会的系列性增长,国家和行政组织在不同程度上按照城市服务的方式进行重组;作为想象的城市意味着,人们的生活水平得以提升,自由选择的可能性增加,个体化的意识不断地增强,人与人之间的交流基于一种潜在的共同规则,而不是乡民公约,城市整体出现一种包容性、多样化的发展趋势;作为问题的城市,意味着城市中的分工不均易导致不公平现象的产生,人与自然的关系仍处于一种改革与被改革的阶段,生态持续性恶化,环保成为一个重要的话题。正是城市发展中的这种多维复杂性,使得当代的中国城市话题的研究呈现出模糊性与动态性,城市社会生活犹如一个巨大的社会剧场,编织着差异性的生活。

二、作为"问题"的都市教育

法国社会学家列斐伏尔(2022)在其著作《空间的生产》中强调,城市空间不只是一个物理空间的集合,也不只是被动地被设计和使用,而是活跃的社会实践的结果。城市空间通过社会行为的反复演绎和再创造,形成了特定的社会秩序和生活方式。在这一过程中,城市成了一个动态的"社会剧场",不同的社会群体通过各种形式的社会互动展现着自身的社会身份、文化背景和政治诉求。比如,城市的广场和街道不仅仅是通行的地方,而且展演着集会、示威、庆典等公共行为,成为社会活动的象征和社会力量对抗的舞台。城市空间通过建筑、街道、广场、市场等公共空间构建了一种象征性和仪式性的氛围。正是这些具化的城市场所存在,使得城市空间承载着日常生活的功能,充满了社会文化的符号意义,呈现着不同群体之间的社会关系和政治张力。城市的每一个空间、每一条街道、每一个建筑,都成了社会剧场中的"舞台"。在这个舞台上,社会生活和历史的剧本不断地被书写和演绎;个人与集体行为不断地交织、互动,构建着新的社会意义与秩序表达。

在当代城市的生活中,学校教育是延续和构建城市文化生活和符号的重要内容。从字面意义上看,都市教育无须过多地定义和解释,即城市地区的教育组织及其实践方式。但结合中国的实际情况并回溯都市教育在中国的发展,便会发现这一定义存在诸多模糊不清的地方。比如,根据中国的行政区划及户籍政策,上至市、下至县镇都可以称为城市;另一种划分是无农业户口、无土地占有的人群生活的地区都可以称为城市。但在具体的实践中,以上看似清晰的划分,却存在一些问题。如,东部地区的县级城市的人口密度甚至比西部地区的省会城市还大,比如昆山市(截至 2021 年为 114.33 万人)作为苏州的一个区级行政单位,其总人口却远超拉萨(截至 2021 年为 79 万人)这一省会城市。从城市发展的功能来看,一些东部沿海城市如上海、深圳等深度卷入了全球化的进程中,而北京、南京等城市则在文化和政治影响上保留着其独特的地位,西部地区的一些城市则更是因其区位有了完全不同于东部地区发展的模式。从城市的流动性看,东部地区城市构成了多元流动的主体,而中部地区城市则仍处于一种稳定传统的状态。这些复杂的、差异性的城市发展,使得都市教育的研究与分类变得异常复杂。

从西方的研究来看,都市教育作为一种实践,早在 19 世纪中叶就开始发展。但针对都市教育的研究则是在 20 世纪中叶,伴随着西方城市发展中各种社会问题的不断出现,才开始得到关注。因此,在西方语境当中,"都市教育"作为一个词语,大多隐含着教育作为一种问题的理解,其研究大致包含以下四个方面的内容。其一,种族区隔与教育不平等。其主要研究都市学校系统内部的种族差异及社会经济阶层等原因带来的教育资源分配不均、种族边缘化及其引发的与儿童学业成就之间的问题。其二,都市教育的改革运动。20 世纪后半叶及 21 世纪初,研究者越来越关注通过对都市学校的标准化改革、择校计划、社区参与模式等改革运动,来减少因教育而带来的不公平现象。其三,文化回应性教学改革。研究者发现儿童的文化背景大大影响了其学业成绩,既然规模化的教育改革收效甚微,就需要对儿童所在的课堂进行变革。文化回应性教学改革就是在这一背景下提出的,这种教学方法认可且重视城市学生多元文化背景,旨在创造包容与儿童经验相关的学习环境,承认学生的身份,进而促进其在学业上获得成功。其四,政策性驱动下的系统性变革。研究者越来越意识到政策对教育实践的直接影响,开始积极参与政策的制定,以此促进都市学校的整体性发展,包括现代问责制度、学校治理研究和教师教育培养计划等多个方面。除此以外,近年来社区参与学校事务的呼声越来越高,如何通过提升素养来优化儿童生活的生态环境成为研究的重点。随着人工智能技术的发展、信息化的全面铺开、大数据时代的到来,如何利用以上技术来改进教学也被研究者所关注。

深受西方研究的影响，中国有关都市教育的研究大多倾向于从"问题"出发，如：城市中的性别不平等，择校中的教育资源分配以及城市教育传统与现代之间的张力。这一研究范式固然可以帮助我们意识到城市教育的问题，但其后果则是对城市总体的否定，无法提出一种有效的策略。本书指出，都市教育研究的前提是承认城市的合法性与现实性。鉴于此，回到都市教育当中学校在城市化过程当中的角色定位就显得尤其重要。

如果从日常生活实践的角度去透视这种角色定位，我们会发现教育常常作为一种"配套"出现在都市实践的话题体系中。在此，配套至少由配置与成套两个层面的内容而构成。其中蕴含着，教育在某种意义上是由具体的"物"来构成相应的配置，即校舍，师资人员；成套意味着，教育不能独立于其所在的社区，总是以一种成套的形式，与社区、医院以及其他的公共及基础设施同时存在。这也就意味着，都市教育构成了完全不同于乡村学校与社会之间的关系。教育首先可以经由学校得到体现，而学校只不过是城市系统中的一个配件，但同时，它又是各种配套当中"系统"的重要环节。在此，系统一方面指可以自成一个体系的运作机构，另一方面公共生活又可能常常被系统所挟制，使其成为以工具理性为目标的实体。因此，系统与系统之间，系统与个体之间本身存在着矛盾。都市学校与教育作为城市系统网络的一个支点，根本是在处理矛盾与张力中挣扎与发展的。

当我们想象下面这样的场景时就知道这种"配套实践"所存在的局限：假设，有一天，我们将城市中所有的学校都从地图拼块中拿掉，城市的空间生活和社会生活将会呈现怎样的变化？当我们怀着这样一种假设去想象学校在城市当中的作用时，就如打开了一个潘多拉的魔盒。我们会发现，学校的消失或存在并非完全物理意义上的，而是直接与城市最为深层的社会、文化、经济甚至精神层面的发展紧密相关。我们会发现，学校构成了社区生活文明的中心，是家庭和社会的枢纽，是城市日常的情感中枢，是塑造个体生活和集体生活重要的场所，是构成城市文化生态重要的场域。都市中的学校教育并非只是"配套"，而是构成城市活力不可或缺的环节。

三、"实践"作为透视都市教育的窗口

（一）仪式作为一种特殊的实践

美国学者罗斯通（Losito，1996）曾在 20 世纪初提出，身处于现代化社会要求我们对概念进行划分，对知识的结构化进行组织。然而，当前理性主义受到了极大的质疑，因此教育哲学有必要发展出一种新的"密码"去开启学校和文化生活中美与伦理的要素。在列斐伏尔（Lefebvre，2022）和夏兹金（Schatzki，2010）等人看来，这个密码无疑就是实践。要深刻理解城市生活，仅停留在观念的层面是不够的。列斐伏尔（Lefebvre，2022）在其"空间生产"理论中强调，城市不仅是观念、物质和社会关系的简单集合，更是不断生成的实践场域。在他的经典著作《空间的生产》中，列斐伏尔批判了传统城市研究中过于依赖图纸和计划的观念呈现方法，认为它忽略了城市生活中动态的实践过程。他主张通过实践去理解城市，特别是日常生活中的行为如何塑造和再生产空间，因为空间并非固定不变，而是在使用和实践中被"生产"出来。他提醒我们在面对城市生活时，研究重点要从"它是什么"转向"它如何运作"。夏兹金（Schatzki，2010）认为，实践是"组织的活动场域"，实践并不是孤立的活动，而是嵌套在社会、文化和物质网络中的动态过程。实践不仅涉及个人的行动，还包括这些行动背后的规则、情感、社会关系和物质条件。例如，城市中的通勤活动不仅是一种行为，还涉及交通工具、道路设计、时间观念和社会习惯的复杂交织。从这个意义上看，我们至少可以观察到三种不同类型的城市实践。第一，城市实践具有空间性。实践活动总是在特定的空间展开，同时又改造着这些空间。例如，"城中村"就是独特的城市实践场域结构。在这里，居民通过非正式的自建房和租赁市场创造了新型的城市空间，尽管这些空间在法律上并未获得其合法性。第二，城市实践具有时间性。日常行为总是在特定的时间节奏中发生，例如早高峰的地铁站那匆忙的脚步，夜晚的街头呈现的放松氛围。第三，城市实践具有社会性。实践中蕴含着群体互动的规则和关系，甚至权力的博弈。譬如城市中央广场会因不同阶层的实践而折射出其社会性：白天，它可能是商务人士的活动场所，夜晚则成为无家可归者的庇护空间。

以实践作为解读都市教育生活的窗口，可以帮助我们从原本抽象的概念当中解放出来，重新发现日常生活的魅力，懂得如何去调整我们的视角光圈：我们走进实践（近景）以感受现实的温度；我们展开实践对话（中景）以更清醒地理解当下的处境；我们暂时跳出实践（远景）以反思当下困惑及未来所向。在此过程中，实践并非仅是一种习惯性的、经验的、任意的孤立性组合或事件。相反，实践必须构成有意义的表达才会对主体或社会产生功效。仪式作为一种情感表达、展演经验意义的工具，是一种集体性的、公开的言说，是一种特殊的实践行动，是一种嵌套在特定社会语境中的持续性实践。仪式的特殊性首先表现为其强烈的规范性。参与者的行为往往被严格规定，不仅需要在动作上遵循特定步骤，还需要在精神和情感上与集体产生共鸣。其次，仪式是一种象征性实践，其意义往往超越了行为本身。最后，仪式具有显著的空间维度，它往往需要特定的物质场所来展开，同时又通过实践对这些空间赋予意义，其中身体构成了最为重要的中介。正是仪式的这些特性，使某些实践变得更加具有可识别性与可接受性。

尽管如此，从语用学的角度来看，当人们在日常生活中提及"仪式"一词时，很少会将其与城市生活关联起来，并自然地认为仪式是反映原始人群文化总体现象的一种路径。韩炳哲（2023）指出了现代社会仪式的消失，将当代城市所构建的生活视为"没有共同体的交际"。实际上，仪式与城市生活之间的交织关系早在数千年前就已经产生了。城市并不是现代社会的标志性产物，而是早期仪式祭拜的产物。考古学家丹尼尔（Daniel，1968）在《最初的文明：文明起源的考古学》中指出，如果一种社会形态具备以下三种要素：城市、文字和复杂的仪式中心，就可以称其为文明的时代。由此可见，仪式和城市一样，并非仅仅满足于人的生存，还构成了人类生活的基本蓝本。换言之，仪式并非对他者文化符号的象征性说明，而是从人类诞生之日起，就在构建生活形式、情感表达与控制和个体身份当中扮演着十分重要的作用。

> 仪式一直被人类学家当作观察人类情绪、情感以及经验意义的工具，成为民族志研究者阅读和诠释社会的一种不可多得的"文本"；比起日常生活中的"秘而不宣"、"未充分言明"以及缄默的意义而言，仪式是较为集体性和公开性的"陈说"，具有经验的直观性。
>
> （彭兆荣，2007）

在此,仪式并不是解读原始文化的专属工具,而是进入人类总体文化的一种光谱。仪式作为人类存在的一种方式,不应当被排除在城市话语之外,而应当被视为解读日常实践的基本框架。仪式对当代城市生活的意义不仅仅体现在其形式上,更深植于其所承载的情感、文化和社会功能中。在现代城市中,人与人之间的联结常常因快节奏的生活而变得疏离,仪式却为人们提供了一个能够共同参与、分享和表达情感的平台。无论是婚礼、节庆,还是公众纪念活动,仪式都能够唤起集体的记忆和情感,使人们在短暂的相聚中感受到归属感与认同感。在公开且颇具象征性的仪式表演中,个体能够在特定时空内重新确认其所处的社会关系和身份,如入职典礼、毕业典礼等城市中的重要仪式,通过庄重的氛围和特定的程序,赋予个体新的社会角色,强化其社会地位和群体归属感。正是通过直观感性的身体参与和情感体验,那些抽象的理念、价值观和社会规范才得以具象化和感知化;也正是通过仪式,城市才形成了不同的"情感共同体"(Rosenwein,2006)。

当我们溯源社会科学当中的仪式研究时,我们发现在 19 世纪末,仪式分析就曾在社会科学研究中流行一时(柯林斯,2012),仪式也长期构成了人类学的研究母题。早期仪式研究的一个基本观点:仪式是维持社会稳定最为重要的因素,尤其是其中的宗教仪式或部落仪式。然而这种认识很快就被质疑,因为人们发现这一观点的逻辑假设是,研究者认为其所探讨的古代社会一直处于一种普遍的和谐与稳定之中,仪式实践使成员获得了基本的道德感,进而构建了社会的凝聚力。而实际的情况是,部落社会并非以风平浪静为主调,社会中暗藏的种种冲突才是常态。仪式在此所起的作用并非维持社会再生产是解决危机的重要手段。因为仪式的表演常常出现在社会危机的场合,正是通过仪式的表演解决了部落的社会性冲突,使社会达到一种平衡的状态。因此,我们可以认为仪式是在冲突或危机产生时的一种社会性策略,仪式为社会中产生的不确定和不稳定性设定界限,是一种过渡性实践。

如果说早期的仪式研究更关注某种文化或某一特殊情景中的仪式的话,那么戈夫曼的研究则拓展了西方社会科学对仪式日常性的理解。作为微观社会互动的代表人物,戈夫曼(Goffman,1959)深入分析了日常生活中人们通过行为和语言构建社会秩序的方式,认为社会互动类似于戏剧表演,每个人都在舞台上扮演相应的角色,通过前台(公开场合的行为)和后台(私密场合的行为)的切换来管理自我形象。戈夫曼认为，人与人之间的关系可以通过互动仪式很好地得到说明，并将其分为了问候接触仪式、修复仪式、避免仪式和表现仪式等不同的仪式类型。在此，研究者不再将仪式看作宏大、空洞乏味的活动，而是认为仪式贯穿于生活的细节之中，是构建日常生活变革的重要力量。教育从其根本上是一种实践活动，是由无数日常学校生活实践构建而成的共同体。其中，仪式既维持着教育实践稳定和谐地开展，同时教育仪式也构成了学校生活的内容。正是基于仪式与城市教育关系的这种理解，我们认为将仪式作为一个分析工具，尤其需要关注其中的表演性、能动性以及仪式实践本身的框架意义。对于教育研究者而言，我们需要去探究仪式如何一方面维持学校生活的稳定性，另一方面又带来新的变革意义。

（二）仪式作为一种分析框架

1. 仪式中的表演性与审美

仪式的表演性是近年来西方有关仪式讨论涉及最多的理论维度。这一思想实际上深受英国哲学家奥斯汀的言语—行为理论的影响。奥斯汀（Austin）指出，语言不仅具有描述性，而且还具有施行性，即"以言行事"。此后，特纳、戈夫曼和先锋戏剧大师谢克纳都从不同的层面系统地阐释了仪式与表演之间所存在的深层内在关系。比如，在特纳（1982）的研究中，他将仪式展演的过程视为一种社会戏剧。在他看来，社会的互动具有很强的戏剧性特点，尤其是在社会冲突、危机和社会秩序的重建过程当中，社会戏剧成了透视这种社会变迁和重组社会秩序的重要视角。社会戏剧正是通过象征性行为、集体行动和社会仪式等实践，来促进社会的重新整合，修补社会性关系。在此，仪式被视为表演的一种形式，是社会变迁最为重要的透视镜。与特纳强调表演的戏剧性不同，戈夫曼强调表演中的"交流"意义。在他看来，仪式行为和表演行为是相互交织的，两者具有很强的相似性，都是通过特定的社会行为、符号和规范来维持日常活动。仪式和表演在此是具有流动性和情境性，主体会根据表演的场域或观众的不同而选择不同的互动仪式，个体的表演性正体现在其对自身角色的多重身份的理解和认识上。谢克纳（Schechner，2002）从跨文化的视角解读了更为广泛意义上的仪式与表演之间的关系。在他看来，两者是相互渗透并列存在且相互转化的。他发现,在很多文化中,仪式本身带有强烈的表演性质;同样表演也会借用仪式中的结构和行为。通过这种互动,表演和仪式能够共同作用于文化的生产和再生产。他强调仪式表演对于社会的再演绎和再现本身可能带来的再创造,表演不仅仅是过去仪式的复现,更是一种新的文化实践,既传承也创新。基于以上理解,本书在讨论仪式的表演性时至少关注以下三个维度的内容:其一,表演性打破了传统功能主义下的仪式研究,承认仪式不同于其他工具理性指导下的实践,拓展了仪式实践本身的审美性、无目的性,甚至是非理性维度;其二,仪式的表演性在于以交流为前提,并不是一种纯粹的自我复制或自我重复,其所指向的永远是可交流的对象;其三,仪式的表演性强调了实践活动本身的过程性,其中蕴含着身体行动、情感理解和社会性认同等多重意义。

2. 仪式实践与主体的能动性表达

仪式是由时间的积累而沉淀下来的人类经验总和。因此,仪式表演总是带有文化性和社会性。这就给仪式研究带来一个永恒不变的讨论话题,即仪式与主体的能动性问题。教育总是试图不断地提升儿童的能动性。个体生活在社会中,在特定的文化中到底是如何发挥其能动性的?这一问题许多社会学家都曾涉足,本研究并不想纠缠于各种讨论中,而是借用了英国社会学者阿彻(Archer)的批判实在理论有关能动性和结构的论述展开讨论。阿彻关于人的主体能动性与社会结构之间关系的研究大多收集在其社会学研究三部曲《文化与能动性》、《社会现实主义理论》和《成为人》中。在阿彻看来,社会结构与个体能动性并非对立或单向的关系,而是通过相互作用、相互影响的方式共同塑造社会现实。文化可以影响个体行为,而个体的行为同样能够反作用于文化和社会结构。阿彻认为,传统的社会学理论往往把结构视为决定性力量,忽视了个体能动性在社会变迁中的作用。阿彻提出的结构能动性理论框架打破了二元对立的模式,强调社会不仅是被结构所决定的,个体通过其行为和选择也在一定程度上改变和塑造了社会结构。在《社会现实主义理论》中,阿彻进一步阐述了形态生成理论,提出社会不仅仅由稳定的结构和个体行为所构成,还是一个动态的过程,其中结构、能动性和文化是不断互动的。阿彻主张社会的变迁是通过结构与能动性之间的相互作用来实现的,而这种作用并非一成不变的。阿彻区分了形态生成(社会变革)和形态静止(社会维持现状)的概念,认为社会既可以保持现有的结构稳定,也可以通过个体的行为和选择发生深刻的变革。阿彻的这一理论框架指出,个体的能动性不仅体现在日常行为上,而且在面对社会结构的限制和文化影响时,具有反思、选择和创造的能力。社会的结构与文化可以约束和影响个体的行为,个体的能动性也在反作用于社会,推动社会的演化和变革。通过这一理论,阿彻提供了一种更为复杂、动态的视角来理解社会是如何在个体能动性和社会结构之间的互动中不断发展的。

阿彻有关仪式与能动性的理解对我们探讨学校教育中的仪式表演及儿童主体性有着重要的意义。首先,阿彻的理论提醒我们,仪式不仅仅是固定的社会结构和文化规定的产物,个体也能在其中发挥主动性。通过仪式,个体能够表达自己对社会秩序、文化意义和情感联结的理解和反应,且这一过程并非完全受到社会结构的束缚。个体在参与仪式时,通过行动、选择和诠释,能够在一定程度上塑造和再生产社会结构,甚至在某些情况下推动其变革。其次,阿彻有关"形态生成"和"形态静止"的区分为我们理解仪式的变迁提供了新的视角。仪式作为社会生活中的重要组成部分,既可以是社会结构和文化维度的稳定体现,也可以是社会变革的驱动力。在稳定的社会秩序中,仪式有助于维护集体认同和社会凝聚力;而在社会变革的过程中,仪式则可能成为个体或群体挑战既定秩序、表达抗议和推动变革的途径。在此,仪式不仅仅是文化的再现工具,也是个体能动性的一个载体,通过个体的集体行动,仪式能够促进社会结构和文化的演变。最后,阿彻的理论说明了社会结构与能动性的相互作用,给我们提供了一种动态的视角来看待仪式。换言之,仪式不是一个静态的、单向的社会实践,而是在结构与能动性互动中不断变化和发展的现象。个体的行动和能动性与社会结构和文化约束之间的复杂关系,意味着仪式不仅仅是顺从社会规则的行为,还能在一定程度上反映个体对社会规范和文化意义的再创造与再诠释。因此,仪式作为社会文化的一部分,其意义和功能随着个体能动性的发挥和社会结构的变迁而不断演变。

3. 框架问题

仪式实践若不是一种具有目的性的活动,也不完全是单纯的审美性表演活动,那么仪式到底想要表达什么?贝特森(1972)在《一项关于游戏与幻想的理论》(收录于《迈向心智生态学之路》)中指出人与人的沟通不单单是通过信息,更多的是基于沟通的沟通——元沟通。在贝特森看来,任何一种传播活动都是由三个元素构成信息的组合影响:感官刺激的符号,该符号的指代或区别性指代,传授双方围绕该符号产生互动行为的规则。人们的沟通需要建立在对元沟通的理解上。他以游戏为例,指出游戏并不是简单的娱乐活动,而是一种复杂的、涉及多层次的信号和意义的沟通形式。在游戏中,参与者需要在互动中不断地传达和接收"这是一种游戏"的信号,以此参与者才能进入一种暂时的、与现实不同的状态,开展相关的角色扮演和情景模拟。他将基于不同"元沟通"形成的沟通实践以不同的"框架"加以规定。在此,框架是指基于文化而形成的某种内在的精神倾向。人们基于框架本身而展开行动模式。

戈夫曼在《框架分析:经验组织论》中进一步发展了关于"框架"的认识。在戈夫曼看来,框架可以定义为:人们用来认识和阐释外在客观世界的认知结构,人们对于现实生活经验的归纳、结构与阐释都依赖于一定的框架,框架使得人们能够定位、感知、理解、归纳众多的具体信息。比如:我们在教育中常常会说"学生要有学生样"的说法,这里就包含着重要的"框架"内涵。在此"学生"并不是一个标签,而是一种身份,蕴含着深刻的行为规范。我们会认为,作为学生应当具有某种规范,这就涉及框架的转换。

值得注意的是,戈夫曼(Goffman,1967)的"框架"既包括了动词的框架,也包括了名词的框架。框架作为一种知识体系或认知定式预存在我们的大脑中,它来自我们过去实际生活的经验。我们根据既有的框架来"建构"我们对新事物的认识。框架既包含了由个人塑造的框架,也包含了那些独立于个人以外的框架。前者多指个人在进行行动或思维时所依赖的准则,后者多指组织框架,是一个组织信息处理的认知结构或定性准则。根据这种认知结构或这些准则对信息处理的结果,体现了该组织对信息性质的基本判断及其动机、立场、倾向和态度。

戈夫曼的框架分析在社会学、新闻学领域得到长足的发展,但在教育学中几乎少有触及。虽然已有学者提及将戈夫曼的表演理论引入教育学的重要性(李政涛,2006),但相关的研究仍然是凤毛麟角。在笔者看来,戈夫曼的框架分析虽然可以不断地衍生,但回到其本意仍是重要的。戈夫曼深受戏剧学的影响,因此这里的框架分析,实际上与戏剧学中的脚本并无二致。脚本是表演的基本"故事框架",每一种脚本需要依据不同的方式进行表演。在中国城市化的进程当中,关于教育的脚本已经发生了巨大的变化,这种变化透过学校日常的行动实践得以表达出来。这种表达，首先是通过"学校"这一组织得以呈现的（而非教师与师生）。在这一组织中，学校基于一定的"分析框架"开展"教育的社会化活动"，与此同时，教师、学生、课堂（课程材料）构成了学校教育的社会化活动的内在基本要求。

因此，本书以学校作为一个基本的单位，将仪式作为透视学校生活和学校变迁的重要分析框架，试图去分析"学校"自身的"交往行为"，也就是学校基于怎样的脚本而开展互动的。这种研究方式颇具拟人化、表演性，且不同于通过"元素分解"的方式，对教师—儿童—知识三者的分析是建立在"系统观"意义上的分析方式。据此，我们研究的是在城市化过程当中，学校的身份、学校与学校同等地位组织的机构的交往，学校保持其"内在结构"稳定的策略等。基于框架分析，我们会观察在此过程当中，学校所持有的仪式表演行为，以及基于怎样的仪式开展行动。因此，我们认为戈夫曼（Goffman，1959）的前台与后台的隐喻仍然十分有效。在他看来，整个社会可以看作一个表演的平台。那么，必定有前台与后台的设置。在此，前台与后台并不是空间意义上的存在，而是在表演过程中以"时间—事件"为内容呈现在人们面前的。从这个意义上来看，教育仍然是有前台与后台的。教育的前台是最为显性的教学，后台则涉及是什么让教学与行动得以合法运行，并使学校作为一个系统可以自如地与其他社会子系统共存共生。鉴于此，本书仍然由教育前台的仪式和教育后台的仪式两部分构成，但是区分了对内、对外和于己三个不同的仪式层面上的行动。

四、情境中的仪式研究方法

自 20 世纪末开始，不同领域的研究者都表现出了对日常的兴趣。比如列斐伏尔（1991）认为日常生活是个体经验的核心，也是社会矛盾的集中体现，并主张从批判的视角去重新审视日常生活中技术理性的侵蚀。他认为需要通过创造性实践和感性体验来解放日常，寻求个体自由的空间。塞托（Certeau，2011）从权力结构与普通人生活之间张力的分析，认为权力机构虽然是通过策略来制定规则和划定空间，但个体能通过灵活机智的战术在这些规则中找到自由。拉图尔（Latour，1993）则突出了日常生活当中的人类中心主义，认为日常生活是由人类与非人类行动者之间互动关联建构而成的,物品、技术、环境等非人类要素通过参与其中与人类共同塑造了日常经验和社会现实。因此,从方法论的角度来看,当我们观察日常时,需要持有一种动态性、关系性的视角,关注其中的技术、空间和物质是如何影响我们的日常生活的。

　　仪式是一种嵌套在日常生活当中的具体实践。过去有关仪式研究的方法常常涉及三种。其一,历史文献法。这是早期几乎所有学科惯用的一种研究方法,尤其适合对仪式的起源性探讨。比如,早期剑桥学派关于仪式与神话的研究常常采用的就是这种研究方法,哈里森的仪式起源与艺术的关系研究就是最为经典的代表。其二,比较法。这是一种横向—同时性的思维方式,曾被社会学家涂尔干称为"阐释社会学证据的最优准则"。具体说来,在仪式研究当中常常采用两种不同的比较研究,即历史-文化的比较研究和行为观察的比较研究。前者如莫斯对波利尼西亚的礼物交换仪式的历史-文化性比较与反思;后者如赫胥黎、洛伦兹等对动物的仪式化行动的研究。其三,民族志研究。这一研究方法的广泛使用得益于人类学的发展,随着 20 世纪 70 年代以后,仪式研究作为一个专门研究领域的兴起,一种基于表演-参与的新民族志研究也得到了极大的重视,这一新的研究方式要求研究者亲身去参与研究的仪式,或自己构建新的仪式化活动。此外,德国的教育人类学者武尔夫(2012)在"柏林十二年教育仪式研究"项目中,用专章说明了仪式研究的方法论与方法的问题,认为民族志研究是进入仪式研究最好的方法。在他看来,仪式归根结底是一种实践活动,通过民族志研究中的深度参与式观察,研究者可以更好地体验仪式本身的意义及其内在的复杂结果。

　　本书综合采用了各种质性研究方法,尤其强调民族志在当代仪式研究的重要性。本书确信仪式作为人类存在的一种方式其基本的特性是实践性,而实践本身是需要与具体的情境紧密相关的,因此一种基于文化-社会敏感性的仪式参与式观察研究就显得尤其必要。除此以外,我们还采用了视频-图像分析相关的方法论及方法。视频-图像分析作为一种新兴的研究方法在近几年得到越来越多的关注,相比于传统的方法具有"不断再现"现场的可能性,可以为研究者提供更为全面的信息密码。接下来,我们将从方法论、资料的收集和分析方法三个维度来讨论具体方法取径中我们如何进行仪式研究。在写作的过程中,我们会在方法论层面有意地区分民族志和视频-图像分析的方法论差异，但是在资料收集和分析方法中，我们会将两者进行整合说明。

（一）学校日常的"观看之道"：民族志研究

作为人类学研究的看家本领与"成人礼"，民族志常常被作为一种研究方式运用于具体的研究中。但如何在本文化语境中开展民族志研究，尤其是在习惯了专家话语的学校语境中开展民族志研究，并非简单的事宜。在此，笔者认为民族志研究的过程本身可以作为一个"跨文化适应"的重要案例来思考。在开展研究的过程中，我们需要时刻有一种文化的观察能力，不断地去探讨自我适应与角色真空、主位与客位、介入与旁观、作为评价的观察与作为研究的观察、理论对话等议题。

1. 作为"成人礼"的民族志

民族志研究在近年来已广泛地运用于除了人类学以外的社会科学中，如社会学、教育学、管理学等。有趣的是，尽管民族志研究十分强调以经验为基础的参与式观察，民族志研究本身却是在模仿中完成的，这种模仿的来源常常来自已有的经典文本或团队合作的伙伴。因此，有关民族志的历史就成了许多民族志研究者的起点，也成为本书方法论需要讨论的一个问题。

对于每一个民族志研究者而言，一个不得不提及的名字是马林诺夫斯基（Malinowski）。马林诺夫斯基于 1884 年出生于克拉科夫，一个波兰最负盛名的历史文化名城。马林诺夫斯基的学术之旅始于他在克拉科夫的雅盖隆大学，当时他攻读的是自然科学。然而后来他的兴趣转向了人类学，他在伦敦继续深造，得到了来自伦敦经济学院韦斯特马克和塞利格曼的指导，并与其建立了深厚的学术友谊。马林诺夫斯基的职业生涯开启于其在特罗布里安群岛的为期近 5 年的田野研究，其后基于该田野研究出版的一系列著作《西太平洋的航海者》《原始社会的犯罪与习俗》《珊瑚园艺及其巫术》为其在人类学研究中的地位打下了坚实的基础。尤其是他的《西太平洋的航海者》所提出的民族志研究方法为其树立了开创者的地位。

马林诺夫斯基的民族志研究奠定了现代人类学研究方法的基础。民族志研究最重要的两点是：整体性和参与式观察。民族志研究不仅仅是远距离观察或依赖间接信息，而且强调研究者通过与个人在其自然环境中直接互动来收集详细的第一手资料，如观察仪式、仪式和日常生活，以及记录个人叙述和文化实践,也就是后来民族志研究中常用的参与式观察。在参与式观察中研究者需要与研究对象同吃同住,学习他们的语言,参与研究对象的日常活动。民族志研究需要直接参与和文化环境的互动过程,只有这样研究者才能够深入了解社区的社会、经济和文化制度。

值得注意的是,马林诺夫斯基认为参与式观察并不是一个被动的过程,而是一个研究者主动设计与实践的过程。他将民族志视为一种打猎的活动,认为民族志学者不仅需要在适当的地方张网等候猎物送上门来,还必须是一个主动的猎手,将他的猎物驱赶进猎网,并且跟踪它们到最难接近的兽穴(马林诺夫斯基,2016)。在他看来,参与式观察的主要目的是获得对社会整体性的了解。

> 因此,民族志田野调查首要和基本的理想,就是清晰明确地勾勒出社会结构,把所有文化现象的规则和规律从不相关的问题中梳理出来。首先要查明确定部落生活的框架。为实现这一理想,首先要履行的基本义务就是对文化现象进行全面调查,而非专挑耸人听闻的、奇特的现象,更不是专挑那些滑稽古怪的。在某些描述中,土著人就是一幅扭曲的、幼稚的人物漫画像,人们容忍这些描述的日子已一去不返。这幅漫画像是虚假的,和很多其他谬误一样,已被科学戳穿。研究部落文化时,民族志学者的田野调查必须认真审慎地覆盖部落文化每个方面之现象的所有范围,对稀松平常或单调普通的事物和让他觉得惊奇、古怪的事物同等对待。与此同时,在研究中,须仔细检查整个部落文化区域的所有方面。存在于每个方面的一致性和秩序也有利于把所有方面连成一个统一的整体。
>
> (马林诺夫斯基,2016)

马林诺夫斯基之所以如此注意对社会整体性的了解,是因为他认为这样可以真正理解研究对象自身的想法。他强调,研究者需要从所研究人群的角度理解和解释社会现象。这需要有同理心、文化敏感度和能够搁置个人偏见的能力,以便理解文化实践背后的意义、信念和动机。他认为,只有沉浸在被研究社区的文化世界中,人类学家才可以捕捉到人类社会的丰富性、复杂性和独特性;局内人的视角可以帮我们更好地揭示文化实践和制度的功能。在他看来,在所有的文化中,各文化元素的创造实践都是在满足于个体和整个社会的需求中承担着特定的目的和功能。如果研究者仔细研究各种文化现象背后的功能和意义,则可以深入了解社区的社会组织、规范、价值观和社会动态。由此看来,民族志研究不仅仅是一种理性且冷静的学术活动,更是弥合文化差距和促进理解的手段。

马林诺夫斯基所开创的民族志研究,对参与式观察、局内人观点和社会功能等的强调,激励着一代代的人类学家展开深入研究,并从整体的视角进行研究,充分考虑到人类生活的文化、社会和个人维度,对当前的民族志实践影响深远。不过,也因此遗留下了未能解开的问题,尤其是主位与客位、介入与旁边、理论对话与经验处理等难题。

2. 身份与立场:当调研成为一种习惯

自 21 世纪课程改革以来,科研工作者走进学校已然成为一种风潮。因此,学校教师与管理者已经习惯了自己的工作场所内有科研人员的身影。这使得研究者可以较为容易地获得进入现场的入场券,甚至有时还可以越过"看门人"这一环节。但在传统的框架当中,科研者常常以"调研"工作的方式进入学校,因此对于学校工作人员而言,更习惯将科研工作者看作"来指导工作的",而科研人员也习惯了以"深入现场"调研的身份与研究对象进行互动。在这一基本的仪式互动框架中,会带来两个困难。其一,学校层面总是将学校标签"好"的一面不断地呈现在研究人员眼前,并总是期待获得正面的反馈或官方式的建议信息。其二,学校相关人员与科研人员的期待交往频率是短暂且浅层的。比如:当学校教师或学生见到笔者一再出现在学校,从一开始的"你来了",到后来的"你又来了",再到后来的"你怎么还来"。这就需要研究者打破固有框架,建立起与局内人共同工作的视角。这除了需要相应的技巧外,等待机会的到来本身也是重要的。例如,笔者当时到跑跑小学①开展田野工作时,通过熟人介绍认识了跑跑小学的校长,校长出于待客之道将笔者一一介绍给学校的中层干部。在刚到校的前两周,学校教师都以尊重的态度与笔者保持敬而远之的距离。尽管笔者尝试进入班级听课、与教师共同用餐等,但是事情并未出现太大的转机。直到学校接待一群来自澳大利亚的教师访问团时,这一层从局外人到局内人的隔膜才被打破。当时,由于访问团皆以英语为母语,尽管校长认为"学校的英文老师

---

① 本书中涉及的地点、人物及学校名称等具体信息均进行了匿名化处理,此后不再一一说明。

水平也足够了"，但是如果有一个来自"大学的教授能承担他们的翻译或陪同"工作，那么学校层面会觉得很有面子。于是，学校紧急将笔者当作"内部"人员负责接待外来参观者。当然，除承担翻译工作，笔者全程随同的还包括校长以及来自基层的一线英语老师。整个上午，笔者顺利地完成了翻译工作，并将学校最为闪亮的理念传递给了澳大利亚的来访教师。送走了客人以后，校长十分开心地夸奖了笔者的翻译水平，正如他曾对他所喜好的自己学校的老师所做的那样。这一事件以后，笔者可以较为自由地出入于各个课堂，也时常带着自己大学里的研究伙伴和合作者参观调研学校的各类活动，而学校有"紧要"的活动时也会主动地邀请笔者参与。

　　当与"局内人"建立较为亲近的关系后，另一个主要的问题便浮现出来，即如何处理主位与客位的问题。主位与客位这一对人类学领域的专业概念，对于每位民族志研究者而言并不陌生。但是作为一种观察视角，主位与客位在何种意义上相互矛盾，甚至成为方法论上所需要解决的首要问题，这一讨论仍显得不足。众所周知，主位与客位这一对概念最早是由语言人类学家派克（Pike）在 20 世纪 50 年代提出来的。派克的研究主要专注于米克斯特语言系等语音学和音位学的研究，深受其所在的密歇根大学的学术传统结构语言学学院的影响（Pike，1962）。20 世纪 50 年代，派克开始批判将语言与非语言行为分离开来的研究方式，并试图发展出一种将"言语和非言语活动作为一个统一整体来对待"的理论与方法（Pike，1954）。在他看来，要实现两者的统一，第一步就是要延展语音学与音位学到人类的一切行动中，而不仅仅是关注声音本身。正是在这个意义上，他将主位与客位视作观察人类行为的两个基本立场，而两种立场在其自身的角度都是很有价值的。对于派克而言，主位和客位只是标注复杂语法分析系统的起点，并与语言学系统的其他术语构成相互关联。但是后来人类学家在沿用这一术语时，只取了这两个词本身的内涵，尤其发展到 20 世纪七八十年代，这个词成为人类学中最为流行的两个词，而其中哈里森对于该词的推广起着不可忽视的作用。

　　在经典著作《人类学理论的兴起》中，哈里森（Harris）试图用主位与客位概念来区分文化理想主义与文化唯物主义。在哈里森看来，人类学似乎一直都在致力于在这两者之间找到一种"折中"的立场，但这实在是一种极大的误导性方法。因为当研究者试图去理解或访谈研究对象的心理状态和动机时，实际上也在教会研究对象如何用一种适当的主位术语来进行自我观察，这显然是很难做到的。哈里森所倡导的当然是一种外在的文化唯物主义观，但无论如何这种有关主位与客位的讨论就此在具体的民族志工作当中拉开了帷幕。

当前民族志研究者在关于主位与客位这两个词的用法的问题上，更倾向于将二者视作两种研究文化的策略。主位是指研究者能获得局内人的视角去解释事物。例如，我们在仪式研究当中，研究者需要进入到该领域，并试图去观察与理解局内人在具体的实践当中是如何理解其行动实践的，在此，研究资料而非概念就变得重要。不过要摆脱研究预设的观念与偏见也并不是件容易的事。客位是指，研究者与研究对象保持着一定的距离（尤其是心理距离），以某种理论框架或概念作为一种标准，来理解和解释研究对象的行动。

在研究的过程当中，我们也发现，要完全按照一种"折中"的做法几乎是不可能的。以我们关注的升旗仪式为例，如果我们试图用一种语言去访谈小学生参与其中的感受、理解，常常会落入大而抽象的套话当中。而在资料分析阶段，若完全沉浸于资料本身带来的情感体验，而不借用于理论的框架，则只能使得研究的资料落入碎片化的境地。因此，我们只能尽量地在实地调查阶段以主位的方式去与研究对象进行互动，但在资料分析阶段，我们则又试图与其保持一定的距离，更多地采用了客位的思维。尽管如此，研究者仍然发现简单地使用主位或客位而不采用一种生态观与整体观，研究的结论仍是十分无力的。在此，一则田野笔记或对此问题有所映射。

2022 年 11 月，我带着小邴（我带的大一新生）来到东署市必胜高中观摩课堂。这是一堂中德之间的"水资源"学习成果互相汇报的交流课堂。这一项目是由本校教师自主与外方学校联系开展的。课后，我很小心地请小邴来分享一下自己的看法。小邴激动地告诉我："我刚刚在他们上课时，发现课桌里有一张地理试卷，里面做过的题跟我做过的一模一样，连批注都是一样的，只不过他们的试卷纸张比我们的好多了……学生们真是富有活力，并不是一味为学习成绩而学的书呆子。"

我反问她："明明这些学生上课讲话时，头也没有抬起来，似乎只是在背书；眼神也没有直视老师和同伴，哪里来的活力，哪里来的思想？"

> 然后她十分激动地说:"不不不,你看:他们的头发并不油腻,女同学扎着不同发式,有的别了两个蝴蝶结,有的弄了头饰,有的还戴了青色的发夹。同学间的友谊也是十分真挚的,他们下课有说有笑,也有交流,学习于他们而言似乎是一件十分轻松的事。"

> (笔者 2022年11月11日 田野笔记)

听完她的一席话,笔者似乎感到一阵羞愧,但更多的是欣喜。当笔者作为一个老师时,一个三十几岁的成年人,我所持有的社会理解大大降低了我第一时刻走进同学们世界的可能。那个世界离我而去了,只会越来越远,而不会相反。这让笔者开始怀疑起来,所谓的民族志研究,那些号称做了几年跟踪,又或者进行了多次访谈,从而获得了"有意义"的、"迷人标签"的研究,可能终究并没有进入这些人群。又或者,我们并不能真正捕获这群人的快乐。

参与式观察作为民族志研究当中最为核心的观看之道,如何超越主位与客位这种二分的研究模式,关于这一点或许英戈尔德(2020)最新的研究可以给我们一定的启示。在人类世的背景下,我们需要认识到人类智力的增长并没有让世界变得更好,更是变得更让人忧心忡忡。人类学若再以一种知识增长的范式进行研究,其背后所带来的后果实在无法预想。因此,英戈尔德认为,人类学应当从原来的知识生产,转向一种旨在集合世界上所有文化和人们的智慧和经验的学科。更进一步讲,我们应当尊重并承认,人类的创造不是属于某一个民族或某一个群体的,它是人类整体存活下去的一种集体策略。既然单个的国家无法满足社会发展所具有的策略,一种基于"智慧"传统的哲学就应当得到尊重。那么如何从方法的角度去获得这种"智慧"呢?他提出了"一种与人同在的哲学",即将身体的在场视为重要的一部分。

对于仪式研究更是如此。仪式在很大程度上是一种身体性参与的工作,而非单纯对文字符号的阐释与理解。因此,在对仪式表演进行深入研究时,我们必须以身体作为主要特点,理解身体性、情感以及由此而产生的关系如何主导着对仪式的理解。只有这样,我们才能更深入地认识仪式与人性,仪式与构建人与人之间关系的意义。诚如斯蒂芬森曾经写道"设想一下解释自行车怎么工作,然后把这种解释难度乘以一百倍或一千倍,可能就是解释仪式的难度了……我比较同意格尔兹的观点,仪式研究在很大程度上

是一种诠释研究,而不是理论规律归纳总结。"(斯蒂芬森,2022)

（二）视频-图像分析法作为一种质性研究方法①

视频图像资料是科学进步、信息技术发展所产生的一种新型数据形式,它为教育研究者了解学校日常生活、追踪校园文化实践、把握教育的时代变迁提供了全新途径与可能。视频图像作为一种有效的数据采集方式,与日志撰写相比,能更准确地记录整个场景的声效与气氛;与访谈录音相比,能更细致地关注到非语言性的肢体动作、神态表达等细微表情;与抽象文字相比,直观的画面,连续性的动态呈现,则能将观看者轻易地带回到"此时此景"的再体验当中。正因为如此,早在19世纪末影像技术诞生之初,其便被研究者引入文化人类领域,成为重现和研究他者文化最重要媒介之一(Erickson,2011),也是直接催生20世纪六七十年代影视人类学的重要动力。

伴随着新媒体的发展和学科自身的推进,自20世纪80年代起,视频影像技术与拍摄的优点亦愈加为研究者所认识,并广泛地被纳入除人类学外的教育研究、心理学、传播学及语言学等社会学领域(Heath,2010)。与传统的视频分析相比,视频影像技术所关涉的话题也不再局限于对异域文化的展示和重现,而扩展延伸至诸如移民问题、社会互动、身体模仿、权力结构、符号暴力以及性别差异等日常生活实践领域。因而,也有学者也把目前视频影像技术与社会科学的这种"联姻"与转向冠以社会科学研究中的"视频革命"之名(Secrist,2002;Knoblauch,2009)。

毋庸置疑,视频图像作为一种研究媒介或工具,的确为研究者提供了丰富的数据支撑、分析依据、可证实性的结果,而使得研究本身更具说服力和价值性。譬如,心理学家伯德惠斯特尔有关身势语的经典研究。在社会学领域,1970年芝加哥学派的查尔斯和古德温曾采用视频拍摄技术,记录自然情景下家庭成员用餐时相互间的对话互动(Mondada,2008),以从整体上探讨视听媒介对于代际关系的研究作用。同时期,会话分析的代表人物萨克斯也曾试图基于视频画面探讨身体动作的系统性(Sacks,1995)。在教育研

---

① 该部分内容已发表。陈红燕.视频图像阐释中的复杂性:一种方法论的探析[J].华东师范大学学报(教育科学版),2017,35(5):46-54.

究领域,视频拍摄常见于课堂教学中,其基本功能是为研究者观察教一学发生的真实过程提供依据,进而提供切实可行的有效教学方式(Wulf,2001;Huhn,2000;Brandt et al.2001;Willi,2009)。然而,这并不意味着视频图像数据所蕴含的"方法性"已为人们所认识。恰恰相反,许多研究仍然执着于视频图像的"画面性"的再现和展示功能,并把大量的精力用于对视频图像信息、经验抑或是符号的"文字性转化"当中,却忽略了动态视频图像作为完全不同于语言的逻辑性表达形式,即图像自身所具有的内在逻辑性与完整性。

因此,本书中所提及的将视频图像视为一种研究方法,是指我们不再关注视频的媒介工具性功能,而关注其本体性价值。换而言之,视频中所呈现的表面信息将成为次要的存在,而对视频画面如何成为我们所看到的画面,以及画面的意义生成与重构则成了我们的兴趣所在。在此有必要指出,我们认为将视频图像作为社会科学的分析方法至少包含以下两方面的特性或前提。其一,视频图像的资料来源可以是大众媒体素材,也可以是因科学研究目的而自行拍摄的视频图像,重要的是对视频图像的阐释需基于社会科学式分析,比如视频图像画面中互动主体行为动作以及这些行为动作所隐含的深层结构。这样,心理学视觉效果、视觉艺术、美学就不归属于我们讨论的范畴。其二,研究内容应当锁定对视频图像画面中呈现各类事件,以互动过程的"视听化"层面的机构化阐释,即戈夫曼所说的"互动秩序"。这样,传统质性研究当中所强调的会话分析与内容分析就不是我们讨论的主要范畴。

波萨克(Bohnsack,2011)认为,视频图像数据固然复杂,却为我们还原和追踪人类日常生活的实践行动提供了有效的通道,这恰恰是调查问卷、访谈对话无法企及的天然优势,也是视频图像分析的潜力所在。只要运用适当的方法进行控制,视频图像就将为社会学研究带来前所未有的发展前景。

鉴于这样的认识,波萨克曾运用视频图像研究法进行过一系列的家庭代际研究(Bohnsack,2011)、同伴文化研究以及大众媒体对青少年身份认同的研究。在他看来,视频图像分析等同于互动研究,即互动主体间身体运用的实践逻辑。因此,他十分关注视频图像中互动主体如何基于特定场景使用自己的身体语言,关注身体行动的生产性及建构性,并在对视频图像的形式化阐释、反身阐释、连续比较三个水平的重构分析基础上,进而获得有关场域的惯习、缄默知识和实践逻辑。针对整个分析过程当中如何避免数据复杂性对于我们的困扰，他给予了相应的方法论论述。

其一，形式化图像的整体性为视频剪片，以整体思维选取序列片段。当我们对拍摄的图像和视频进行重复观看时，我们会发现视频内容极其丰富而生动，但同时我们因陷入庞大的数据现象而无法脱身。如果我们仍坚持对所有的视频都做整体性分析的话，我们便很快发现那既不具有操作性，也很难收获让人满意的成效。因此，毫无疑问，我们会选择性地对视频片段进行分析。这也正是目前大多数视频研究学者所倡导的一种方式（Dezin，2004；Knoblauch，2009；Luckmann，2009；Heath，et al.，2010）。从方法论的角度来看，研究者之所以允许对视频图像进行片段式的微观分析，而不是对所有数据进行整体性的阐释，当然并非纯粹为了节约时间与成本，而有着社会学的方法论假设，又特别得益于常人方法论和符号互动理论。基于这些理论，研究者认为社会结构并非只存在于宏大理论之中，相反，为了使人们更好地掌握和理解社会结构，它时刻参与并渗透到人们的日常社会活动与互动交流当中，社会结构的模式与生成机制总是可以在碎片化的互动链中获取（Sacks，1992）。如此看来，社会结构从本质上看也就是意义结构，意义结构总是激发着人与人之间的互动，因此对单个或一系列的互动片段的意义重构就成了视频研究的主要任务。

其二，立足序列分析，锁定图像语法。片段序列的选取，使我们暂时获得了一个相对短小的数据对象，从而使分析的视频图像数量得到了方法论上的控制。此时，研究者将获得短至几秒长至五六分钟的视频片段，但这些视频图像仍然是连续性动态的画面，那么我们需要将其转化为一帧帧的静态化图像，进行相应原序列分析和图像语法的解释。序列是具有交互轮回性的互动行为在某一时段的连续性呈现，具有结构内容上的整体性。根据波萨克（2011）的观点，我们可以根据以下两个标准对序列进行再次剪切：其一，行动上的一致性和整体性；其二，从拍摄者的角度来看，场景和镜头（如转换、大小变焦）变更。第二个标准对于影视作品的分析尤其有效，它甚至可以帮助研究者观察和阐释拍摄者在以何种视角构造着影片的角色与人物，拍摄者与被拍摄者在何种程度上是同质的。第一个标准则是我们研究日常课堂视频常用的，其主要按照对互动主体的行动转换、姿态神情一致性进行剪切分段。同样以师生互动为例，如果我们关注课堂中的问答互动的展开过程，我们可以根据：提出问题—举手回应—反馈回应等三个主序列。其次，又可以根据具体情景将举手回应分为：等待时间—举手等待—给出答案等不同的下位序列。总的说来，我们习惯把一个视频片段分为：主序列、分序列、次级序列三个不同层级。

其三，区分视频图像中的两种知识，在同时性中窥探多维度性。到目前为止，我们已经将大视频图像转化为小片段视频，将流动性图像转化为静态化图像，从而对视频图像的量和质两方面都进行了相应的方法论控制。也就是说，视频的语法可以通过深藏于静态图片的画面性重构得以完成。那么，现在的问题在于，如何对单个静态化的图像进行重构和意义解读呢？如果说对话是按时间顺序所展开的，那么图像就是一个同时性结构的整体性铺开。波萨克认为，这种同时性结构由两种知识共同构造，即联结性知识和可交流性知识。可交流性知识是指一种整体的、社会性共识的规则性知识。譬如，当我们谈及家庭时，浮现在我们大脑里的知识首先是父母与孩子这样的家庭角色，这是一种共识性知识。从这个意义上来讲，这种共识性知识基本是单一性的，较为清晰且稳定的知识。联结性知识则关涉具体的某一群研究对象，或者某一幅图像所具有的特殊的历史性、社会性的知识，其中便充满了多义性、模糊性。这种知识往往跟主体所在的阶层、年龄特征、性别等直接相关。因此，要真正把握这类知识，就需要对研究对象的所属（阶层、代际、性别）进行相应的思考，这就需要我们对"情景"有足够的了解，而这种知识往往是隐性缄默的。我们可以通过一个例子来说明这种同时结构在图像构成中的表现。譬如，当我们欣赏某一影视作品或图像时，我们会直觉式地将其定义为"某个人"的作品，作品本身和内容是创作者个体的独特表达，映射的是其内在的个人体验与视角，这种知识往往是模糊的、缄默的，需要我们通过对整体作品的过程性体验，才能发觉其内在的逻辑。但实际上，创作者在进行创作时为了更好地与观众交流并形成共鸣，会有意无意地受制于一些规定性的符号或场景布局。同样，在动态性的视频图像所呈现的图像当中，个体的行为总是基于设定的机构框架，同时通过特殊性的符号来标明自己的身份。这种特性尤其常见于充满张力的学校空间当中。

其四，采用连续比较法。将视频图像知识分为联结性知识和可交流性知识，为我们理解视频图像所呈现的多重意义提供了新的视角及分析框架。正如我们所提到的，可交流性知识关注的是图像的信息层面，旨在指出图像所讲述的是什么样的故事或画面中发生着怎样的事件，是机构化的规定性知识。这个问题，只需对图像或画面所在的社会场景或所在机构的行动描述清楚便可，譬如是关于学校教育的视频还是心理诊断的视频。这种知识相对清晰，而不具有模糊性、多义性（Barthes，1985）。而与可交流性知识相对的联结性知识往往附着具体情景，包括主体的社会阶层所属、性别特征或者生活背景，等等。因此，图像的多义性往往是由这部分知识所造成的。要理解这部分知识，除了需要对图像画面本身的逻辑进行形式化阐释和反身阐释外，还需要有一个比较的视角（Vergleichshorizont，et al.，2011），即扎根理论所使用的代表路径连续比较法（林小英，2015）。在扎根理论中，连续比较法是知识构建，理论性提取至关重要的一步。连续比较法常常依据同类的或者相似性较高的资料，进行提取和不断地连续性的比较来展开。但在视频图像阐释中却不同，图像有着自身的独特逻辑与意义编排，图像的意义呈现不仅是通过个体语法，更多的是通过"视角"的变幻来获得的。所以在视频图像中提取理论，往往需要大量的具有反差性的实例来获得。只有这样，动态图像的视角特质才能得到深入挖掘，才能解析实践意义是如何被嵌入视频图像的，图像视频又可以在何种程度和意义上得到重构。图片的多维度分析见表 1-1。

表 1-1　图片的多维度分析

分析层面	维度	内容	目的
形式化阐释	前图像志	近景	熟悉图像的具体主题，图像传达的具体字面意思；属于描述性；确定社会场域
		中景	
		背景	
	图像志	机构化知识	
		角色关系	
反身阐释	形式结构	平面构图	图像构成的基本原则，社会各场域的实践逻辑
		透视视角	
		整体场景布局	
	同一性	前图像志、图像志与形式结构之间的同一性分析	
连续比较		形成结论	

　　总的说来，对于教育工作者而言，图像转向的意义在于，它提醒我们对待教育中的视频-图像时应当：在认识论上，意识到视频-图像研究挑战着传统的以语言为媒介的分析，拓宽了知识的边界，并以实践性知识为旨趣；在方法论层面，应关注图像本身的语法"阅读"：即空间、媒介（实物、身体）、人的互动等要素，以使学校中日用而不知的缄默的、实践性的知识"化隐为显"。因此，我们在"读"教育中的视频-图像媒体时，不能仅停留在"视—听"观看的层面去解说"图像说了什么"，还应当关注"图像的知识究竟是以怎样的形式形塑了人们并支配人们的行动。"为此，我们需要一种有效的"阅读"方法，帮助我们超越"看图说画"，提取图像中"显而不明"的层面，进而实现"按图索骥"的目标。

五、本书的结构与组织

　　罗素在《论教育》中指出，现代教育是基于两个基本原理展开的。其一是民主与教育的关系；其二是实用与文饰之间的关系。第一个问题已经广为讨论，但第二个问题仍处于一种争论当中，却是一个可以根本上被消解的问题。最终，罗素以结果为导向，认为应当从最为宽泛的角度来定义实用，指出：实用活动不等于实用结果的活动。实用的本质，就是服务于某种不仅仅是实用的结果。罗素（2009）用了这样一个比喻来谈教育中的"实用"的问题："有时，我们必须先得出一长串的结果，最后才能达到一个可以直接称之为'良好'的结果。犁地的用处在于翻土，但翻土本身并不是好的；翻土的用处只在于方便播种。播种的用处在于产谷，产谷的用处在于制作面包，制作面包的用处在于维生。"由此，我们可以很清晰地看到，这些结果的"必然"不能仅仅是"实用"的意思。

　　尽管我们很难在教育当中找到如"耕耘—收获"这样明确的步骤，但是一个具有实用性的良好结果与一个具有文饰作用的良好结果无非都是为了服务生命的内在价值。帮助青少年建立了稳定而内在的生命价值，无论外部环境如何变化，个体总能运用相应的方式来建立最良好的生活状态。在此，正如罗素所言，我们需要放弃一种"首尾相连的效用链条"，为这个链条找到一个"挂钩"，使链条上的任何一个环节都"有用"。这样的实用，或许正是当下都市教育当中最为重要的内容，正是以这种"链条"而非因果的解释为宗旨。本书指出，在教育场域中，我们不只是要看到那些有目的的理性工具取向的实践活动，同样也需要看到那些"非理性的"、表演性的活动，其中仪式无疑就是后者的代表。

正是对城市教育中"非理性"实践活动的关注，使我们有可能超越"问题"的视角来重新审视城市教育的变迁与发展。我们将城市生活视为人类生活的另一种新的活法，在此过程当中创生着新的内容和新的制度，然而这一切所谓的"新"内容是如何合法化的，以及那些所谓的"旧"事物又是怎样潜在于当下的生活当中的？简单地说，本书将城市化的深度变化看成是学校自身的变革，而不完全是一种附庸或结果。这些变革在本质上不仅是表层的制度或空间变革，更多涉及的是价值观及文化的变革。本书将仪式视为城市当中的具体的实践形式，将城市空间划分为不同的身体实践，将城市以时间组织起来，在时空交杂中去完成情感连带的共同体的构建，这是理解社会—文化的重要窗口。透过仪式我们可以更深入地理解文化各元素的构成、实践的逻辑、互动的模式以及自我的定位。同时，仪式不完全是重复和秩序，尽管重复是仪式活动最为重要的实践形式。仪式对于当代学者的意义在于，它以何种方式行动着，并创造出其自身合法性，进而推动创新得以发生。应当说，任何创新性活动都具有强烈的仪式意味。

总的说来，本书探讨了城市化过程中，通过仪式如何去透视都市教育、如何去理解其变化？在此，我们始终以"学校"作为基本单位，仪式是一种内容、一种标尺、一种视角、一种分析框架。通过对仪式的秩序性、符号化、框架设定等的深度理解，阐释和分析了城市化进程当中教育仪式在学校实践上三个层次的不同表达。首先，仪式作为一种重要的教学内容维度。在城市化的背景下，追求理性为宗旨的都市学校非但没有减少对仪式的关注，反而更加注重并且创生了更多的教育仪式，如新时代的成人礼。在此，学校中已有仪式以新的方式再现或展演着学校的秩序性与构建共同体的力量，发挥其效力性。其次，仪式作为一种互动的模式维度。在城市化的背景下，学校无法再建孤岛，其拓展了原本仪式互动的对象，使得其他子系统有可能深入地参与学校教育。通过学校、家长、社区之间的互动，学校彰显了与他者交流的角色与定位，塑造自身在城市当中的位置，因此学校仪式化地参与社会系统中的其他组织是十分必要的。通过利用学校这一身份的仪式化规定，学校可以在适度的框架当中保持其权威性以及较低的交流成本。最后，仪式作为一种自我形象的管理维度。当学校被放置于城市中,它必然需要遭受到更多来自外界的评价。尽管学校内部人员深知成为一所好学校有着结构性的限制,如学校生源的构成、教育类型、学校在区域教育市场的地位等,但在全球化、数字化加剧的今天,信息之间存在着极大的不对称,市场经济的逻辑深度嵌入各个家庭,使得学校不得不通过采用一些市场"营销"的仪式逻辑,去构建一个看起来还不错的"好"学校。城市化的进程使得许多学校拔地而起,新兴学校就像创业初期的企业,个个干劲十足,在此他们需要做更多的"对外工程",而不是对内。这就需要运用仪式化的实践来促进其"身份"的形成,如何进行"品牌""特色"建设几乎成为过去 20 年间各都市学校最重要的行动逻辑。我们发现,学校正是通过这种仪式化实践,让学校在城市化的进程中转变成了主要的行动者。在二次城市化的过程当中,我们应当塑造一种具有强大内生力的未来学校,以推进一种面向可持续发展的城市文明与学习型社区的实现。通过以上三种不同维度的分析,我们可以看到仪式作为透视教育的重要工具,其本身所蕴含的潜力。

第一,论证了仪式作为一种基本的行为实践的合法性,并梳理了西方仪式的相关研究,整合了有关仪式的情感性表达与儒家文化中的仪式的社会性和角色定位等具有秩序性的仪式框架。试图将"作为例外的仪式"纳入一个更为普遍的情境当中进行讨论,重新定义了仪式的普遍性,其不同于传统理性,更加强调"感受性原则"。仪式基于符号、身体等具体的语言,达成了情感与秩序的基本功能,并以创新的基本模式重塑着日常生活。

第二,讨论了城市化背景下教育与仪式的关系,并以"学校"作为基本单位,在此基础上构建了分析都市教育中仪式运用的秩序性、框架设定、符号化三个不同的维度。这三个维度既是都市学校仪式化实践在对内、对外、于己三个不同层面的展开,同时也是一种"尺度",衡量着学校实践活动的性质与限度。研究过程中主要运用的研究方法包括作为资料收集的民族志研究法、作为资料分析和阐释的连续比较法和视频-图像分析方法。在此基础上,指出"观看"作为科学研究的基本方式,应当得到的反思,以及在教育民族志研究中应当适当地进行介入性的研究,才能使学校和研究者产生良好的互动。

第三,从学校对"内"的仪式实践出发,讨论城市教育中仪式活动中的第一个维度,即其秩序和分化的特性。解析了都市学校中仪式对内作为一种秩序和分化是如何具体被使用的,在此形成了关于制度化仪式与个体性仪式之间的矛盾与张力,以及关于仪式主体性的讨论。讨论了"旧仪式阐释中情境变迁与仪式之间的关系"、城市背景中"新仪式"的产生,由此引申出了身体性、缄默知识在学校教育中的重要意义。

第四,讨论了教育仪式活动的第二个维度,即框架设计。随着城市化的推进,学校不得不拓展其互动的对象,但同时这种新的互动使其不断地调整自身原本所呈现的角色。我们分析了都市学校中仪式作为一种对外的互动机制,如何在具体的框架设计中开展行动,以维护其作为"权威"话语的地位。这种仪式往往通过对学生的课堂仪式和对家庭及社会的互动仪式而展开。

第五,关注教育仪式的第三个维度,即学校的品牌化过程。我们发现自20世纪80年代以来,学校普遍都存在着一种"生存策略"的转变,他们需要自主地为未来的发展谋求出路,具有强烈的"身份危机"。在此过程中,成为一个名校就意味着学校必须具有"创业精神",只不过因为"基础"的差异,使得"创业"道路各有特色。尽管如此,我们发现在都市教育中,学校会有意识地打造自己的特色,塑造自己的品牌,而此时仪式符号往往成为学校自觉运用的模式。那些"胜出"的学校,往往采用了市场的仪式化逻辑,即使用符号化的视觉展示、符号叙事和符号本身不断地塑造大众对学校的品牌定位、品牌认知、品牌体验等阶级的认知,来构建和形成其特色发展之路。在此过程中,都市学校被公共的话语塑造成一个又一个的标签,在这些标签中获得的不同学校的标价,与城市经济的发展形成了一种生态性的互动。这种基于"符号化"的仪式行动,在本质上是城市发展过程中学校的身份焦虑所致,最终也可能导致学校传统角色的缺失甚至异化。

第六,从现象学出发,讨论了城市化作为一种现象,是现代教育实践所面临的基本事实。进一步阐述了"配套"作为都市学校这一基本隐喻,其所想展示并凸显的内容及其可能隐藏的内容,以此讨论教育作为一种学校机构在整体社会生态中的呈现。人们对城市化背景下都市学校与都市教育中仪式的缺失性理解,提倡学校应当有意识地利用仪式获得更多关于自身的文化理解,鼓励学校不再被动地参与城市化建设,而要将自身视为行动网络当中的行动者,推动我国二次城市化以及城市文明发展。人们认为从实践的角度去理解当代教育的特征具有重要的意义,其中仪式是一种较有效的分析框架。仪式不应当被视为实现某一目的的手段,恰恰相反,仪式是实践最基本的原型,是相对稳定的实践形式;仪式可以形成秩序,但同时也可以带来创新。

第七,为了进一步说明仪式如何在中国的语境中重新被解读,我们进一步挖掘了传统儒家文化中的仪式理解,着重讨论了儒家文化对仪式的重视程度,以及仪式与人性之间的关系,在此基础上,讨论如何从情感的角度深入地挖掘传统中国文化中仪式的理论,形成本土化的仪式理解。理解城市背景中教育的发展与改革时,一种仪式的关怀可以更好地打破"工具-理性"的桎梏,从更为复杂的层面来直面教育实践中的身体性、缄默性以及由重复性而带来的创新性。

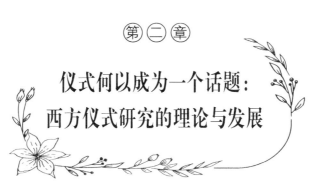

第二章

仪式何以成为一个话题：
西方仪式研究的理论与发展

You know, sometimes I say to myself, if every single day, at exactly the same stroke of the clock, one were to perform the same act, like a ritual, unchanging, systematic, every day at the same time, the world would be changed. Yes, something would change, it would have to.

——The Sacrifice, Andrei Tarkovsky

　　尽管仪式作为人类学的母题，曾是研究者分析社会和文化最常用的单位和框架。但是礼、仪、仪式这类术语，似乎在当代社会显得格格不入。在一个大多数人都生活在城市中的时代，我们常常为能逃脱那些传统文化的"繁文缛节"而自喜。我们努力地让生活脱离原来的规则，敌对任何形式化的生活，同时在"自由"当中无拘无束地享受自己的个性。我们将仪式理所当然地看作重复、枯燥、单一、墨守成规、冥顽不化的代名词。诚如韩炳哲指出的，当前"人们普遍对仪式感到厌恶和反感。仪式……成了空洞的顺从主义的表现"（韩炳哲，2023）。

　　相较于个体对仪式的厌倦，大型公开的仪式却似乎并没有真正地从日常生活中消失。从巴黎奥运会的开幕式中我们便知道人类不仅热衷于仪式，而且更加热衷于一种全球性的仪式，在仪式中去追求创新与自我表演。更不要说在日常生活中，人们是多么乐于构建不同的集体仪式，如：一项新建筑的启动我们会有奠基仪式，一个新的合作项目的形成我们会有揭牌仪式，一项新倡议的提出我们发明了签约仪式，我们还有颁奖仪式、启动仪式、落成仪式、欢迎仪式、结业仪式、纪念仪式、捐赠仪式，当然还有与我们个人成长（并不必要都由个体发起）息息相关的出生与满月仪式、周岁仪式、入学仪式、成人仪式、结婚仪式、入职仪式、丧葬仪式等等。由此看来，生活于城市的我们尽管不再相信某一种仪式，但是为了展现自己的生活质量与意义又在有意无意中制造了更多的仪式化实践形式。仪式显然不仅与时间、空间、物相关，同时也与人本身相关。因此，本章首先追溯了仪式的起源，以此说明人类生活与仪式之间有着怎样的关系？我们应当如何去摆放仪式在人类生活中的位置？其次，我们从不同维度讨论了仪式的概念，进一步丰富了有关仪式的理解。最后，我们对仪式的范式展开了讨论，以此说明长期以来工具理性是如何主宰着仪式研究，缺乏了审美非理性视角的讨论，而忽略后者则很难理解仪式对日常生活塑造的重要性。

一、有关仪式起源的讨论

（一）发现仪式：来自动物行为学的启示

　　仪式作为最古老的人类实践，它到底是被发现的，还是被发明的？这是一个鲜有人追问，但却事关我们应当如何理解仪式与人之间的关系、如何摆放仪式在日常生活中的位置等基本问题。早期的仪式研究大多沿着"工具理性"的路径，将仪式视为社会稳定的先决条件、社会控制的重要手段，比如，涂尔干认为仪式是人们源于社会生活而做出相对应的标记。在此，仪式作为一种被发明的程序，具有很强的人为性。这种将仪式视为通过外在事物来进行主观意志的表达与理解，很容易为人们所接受，毕竟在日常生活中我们正是这样去调用仪式的。比如，我们给朋友庆生，为了取得良好的效果，我们会按照朋友的喜好去设计一场仪式活动。这表明，仪式若不是被某一个人发明，但至少也可能由某一群人来发明。但果真如此吗？我们如何解释在所有的文化中，都有关于团聚、分离、生老病死的仪式呢？

在此，早期动物行为学对仪式化的研究或许对于我们理解仪式的来源有所裨益。19世纪末20世纪初，人类已经开始享受工业化所带来的一系列成果。随着工业化的推进、社会的迅速变迁，人们开始从一种"动态"的角度去看待社会的发展，认为社会的常态是变化而非稳定。其中最为典型的便是以达尔文为代表的进化论学者。在达尔文看来，我们可以通过对动物变化或进化的观察来理解人类的变迁。当时一个普遍的观念是：除了仅仅关注对解剖死亡动物的身体而获得的系统分类，也应当关注那些存活着的动物的自然习性、行为来理解人类自身及其演化。由此掀起了一阵"自然主义"的观察风潮。

在通过对动物日复一日的"自然观察"中，研究者发现在动物中居然存在着一些"类仪式"的行为与活动，并且试图以"仪式化"的框架去理解动物的行为与姿态。如早期的个体行为学研究者霍华德、克尔克曼都认为对动物仪式和仪式化行为的观察可以让我们更好地理解它们的行为与演化。其中的一个例子便是，动物学家弗里希（Frisch）对蜜蜂的观察所得出的结论。他通过对蜜蜂长达二十多年的田野追踪发现，蜜蜂每次采蜜都会沿着一个"8"字的轨迹绕圈，待走到"8"字中间横线时快速摇摆身体，然后根据其舞蹈重复的次数来向同伴传递花蜜质量的高低；通过蜜蜂在"8"字中间摇摆的时间来说明花朵离蜂巢的距离；通过"8"字的轨迹方向与蜂巢巢脾纵轴的夹角来传达飞往蜜源最佳的路线。通过对这样的"8"字摇摆舞的观察，"解密"了蜜蜂之间的"语言密码"，即蜜蜂间通过这样的仪式化行为形成一种关于"身体-空间"的符号。类似的研究还包括英国生物学家赫胥黎有关大冠鹏鹏求偶行为的研究，洛伦兹的动物行为学研究等等。

赫胥黎（Huxley）继承了其祖父的志业，一直学习并从事生物学、博物学相关的研究。他在进行有关大冠鹏鹏求偶行为研究时发现，大冠鹏鹏的某些动作形式会随着其进化而消失，原来那些具有功能性的行为后来变成了一种纯粹的象征性仪式。这一发现体现在其写就的《人与动物的仪式化行为》中。其中，他有意识地对工具性行为和交流性行为进行了区分。前者是指那些具有一定目的的，对生存环境的改造，比如筑巢行为。后者是指同类物种之间基于互惠的需要，而相互进行信息传递的行为。这两种行为既可以在动物之间观察到，也能在人类之间观察到。在赫胥黎看来，某些动作形式在进化的过程中会丧失其原有的功能而演变成一种纯粹的象征性仪式，他将其命名为仪式化。显然，仪式行为在此并不是发明和设计的结果，而是从日常功能性实践中分化出来的，仪式行为其本身是去工具化的，是社群间形成的可以被理解的符号。

更为详细的阐述体现在洛伦兹的《攻击与人性》中。洛伦兹通过对母鸭的挑衅（有鼓动对方之意）行为的观察，分析了不同动物种系中的仪式演化过程。当时他观察到在两对鸭子的"争吵"中，母鸭由于受愤怒的驱使可能会有胆量去靠近敌人，然后又会因为害怕自己的勇气不够（一般而言雌鸭比雄鸭小一些，但其攻击性仍不减），匆匆回到可以保护它的公鸭身边。回到公鸭的保护领地后，母鸭又重新鼓起勇气去恐吓对方，只不过这一次它是留在公鸭附近的安全地带。在此，攻击、惧怕、寻求保护和再次攻击构成了一系列连贯的动作形式（母鸭压低伸长的脖子攻向对手，然后，后退抬起脖子回到公鸭身旁，接着躲在公鸭身后，绕着公鸭画半圈等）（洛伦兹，1987）。接着洛伦兹又从进化论的视角对水鸭、红色鸭、普通冠鸭等的挑衅行为进行了观察，发现他们具有相似的进化路径与行为模式变化。

如果说以上有关母鸭鼓动挑衅行为仪式化过程的研究，还具有某种动机—目的的工具性意义的话（在此，每一个动作都表达一种动机行为，一种意义解读的可能），那么我们如何去理解人类社会当中的象征性仪式？为了进一步讨论人类的象征仪式的意义，洛伦兹向我们分析了舞蝇的求偶仪式。洛伦兹指出，在舞蝇的求偶仪式之初，它会携带一些诸如"昆虫"之类的食物以助其成功吸引对方的注意力；慢慢地舞蝇会将昆虫包裹在纱中再展开求偶行为；进化到后来舞蝇仅携带一些优美的纱球，以此作为求偶的主要形式。显然,与此前鸭子的仪式形成过程不同,在舞蝇的求偶仪式中存在着一种单纯的功能性动作向审美象征的转化、从纯粹物向符号的进化,最终形成了新的本能动作。这种从原来有目的的"实物"转向后来的意义象征的过程,使得求偶本身成了一种美的艺术表演,这样就赋予了求偶以全新的内涵,使其具有仪式的可能。这也是仪式有别于其他工具性实践的重要特征。

当洛伦兹将这一仪式演化的发现运用于人类活动的解释时,他做出了一个大胆的猜想:"那些看起来是出自本能的、完全自主的行为或许也是由仪式化而产生的驱动,比如饥饿、性、惧怕或攻击性"(洛伦兹,1987)。比如,我们完全可以认为"笑"这一动作的原型或许源于某种谅解或欢迎的仪式行为,而不是通过"笑"这一行为发展出了某种仪式。这一猜想给予了"仪式起源"最直接的解释,即仪式并不是人类所发明的,而是由原初本能性、工具性行为分化而得。据此他证明了仪式和仪式化也并非人类文明所独有,而是生物界所共同分享的一种行为实践模式。因此,在关系到人类文化活动中的仪式现象的讨论中,洛伦兹提醒我们:

> 如果我们强调仪式中禁止的作用,我们可能忽略了重要的部分。仪式保留了习惯的本性,对我们而言那更宝贵,我们依附仪式比依附其他在个人生命中形成的习惯更甚,是因为仪式中含有动作样式的深意和文化性仪式的壮观。

> (洛伦兹,1987)

早期基于进化论观点的动物行为学将"行为"视为仪式的基本语法,从"行为如何呈现,行为的意义与目的"出发,让我们认识到了:仪式是行为仪式化的结果,其本身是一个适应性、选择性的过程。基于原初行为中的情感负载,通过时间上的重复性优化,那些有优势的信息或情感得到了进一步的强化。比如,在洛伦兹有关母鸭的研究中,母鸭表达"鼓动性行为"在仪式化的过程中得以固定化,而成为强有力地表达"鼓动性"这一概念,同时也使得其他没有包括在内的鼓动行为能力被弱化。

> 从动物行为学的观点来看,可以这样定义仪式化:仪式化是在……自然选择的压力下,将由情感驱动的行为进行选择性固化或规则化。从而(a)去促进更优质和更清晰的信号起作用,无论是对个体内部还是个体之间;(b)更有效地催化或催生其他个体更有效的行为模式;(c)

减少种群内的风险；(d) 起到异性间或社会关系联结的纽带作用。

(Stephenson,2015)

总的说来，动物行为学的仪式化研究，尤其是赫胥黎关于工具性行为与交流性行为的区分，洛伦兹关于这两种行为转化何以可能的研究，为我们解释了仪式的来源、仪式与动物本性之间的关系。类似的观点至少给了我们三个基本的启示。第一，仪式化和仪式现象并非人类文化现象所独有。一直以来研究者大多将仪式作为宗教专属的概念名词，将仪式视为人类对崇高精神符号性的独特表达，而动物行为学家的研究则将仪式理解为人类生物本能的一部分，建立起了仪式概念与日常生活的关联，使人们认识到在社群互动中观察仪式的重要性。第二，仪式的历史或许比人类本身的历史要古老得多，并不一定是文化制造了仪式，而有可能相反。从考古学的发现来看，人类是地球上生物的后来者，在人类来到世界之前，地球与动物之间已达成了某种内在的秩序与逻辑，而仪式及仪式化行为模式便在其中。因此，我们有充分的理由说，与其说人类凭借着自己的观念和信仰创造和设计了仪式，还不如说人类独特的思维、信仰和道德能力源自仪式。第三，从实践的角度来看，仪式为我们超越工具—理性的方式提供了一种可能。动物行为学的研究发现仪式脱胎于工具性行为，但其根本性的功能是沟通与交流，其对象指向的是他者，而不是内在。只有充分考虑了行动的可交流性，以及他者的可接受性，行动才具有仪式化的可能，进而构成仪式现象。

（二）象征性仪式：人类文化的"遗传基因"

动物行为学家对仪式化的研究是基于对行为的自然观察，指出动物的某些行为模式在进化过程中失去了原有的功能，转变成了具有象征性的仪式，进而促进动物社会的稳定性，平衡和抑制工具性行为所带来的不必要的伤害。尽管人类世界要比动物世界复杂得多，但对人类早期文明的理解，进化论仍可以为我们提供帮助。语言曾一度被认为是区分人与动物最重要的标志。而按照进化论的观点，人类所使用的语言是文化适应性的结果。其中身体和手势语言要早于口头语言，口头语言又要早于书面语言。作为原初形式的姿势语言，其本身是向旁观者发出的一种视觉性信号，由于语言的对象总是他者，因此自己传递何种信号似乎并不重要，重要的是他人可能会接收到怎样的信号，这就是象征行为最初的来源。仪式化也是在这种象征行为中不断被加强而被赋予意义。因此,我们可以说语言若缺乏其象征仪式化的意义,便也缺乏了其文化性;如果没有仪式也就没有文化。仪式是人类文化的外显化,是传承中最重要的遗传基因。透过仪式本身的展示,我们有可能获得解读文化的密码。

　　大量的考古发现可以帮助我们更清晰地理解仪式在何种程度上构建了通向文化的密码。在 1994 年 12 月 18 日,正当法国人民沉浸在筹备一年一度的圣诞节以庆祝家人团聚时,三位洞穴探索爱好者肖维、布鲁内尔、伊莱尔却冒着寒风刺骨的天气,踏入了法国西南部阿尔代什大峡谷。快近天黑时,他们路过一处塌方的岩石,隐约中感到一阵气流从洞口透出,肖维凭着多年的探险经验,说服队友在塌方处挖开一处狭窄的缺口,徐徐沿洞口向下爬去。他们或许并未想到这一次探索所发现的是当时考古界已知最古老的岩洞壁画,也开启了人们走向早期文明的又一扇窗——官方将此处命名为肖维岩洞。据考古学家检测,肖维岩洞的岩画距今三万五千多年,是旧石器时代后期的奥瑞纳文化。岩洞保存了上千幅图像,呈现了数以百计的动物形象,既有当前我们常见的马、公牛、羚羊等,也有猎豹、犀牛等攻击性强的动物,还有猛犸象这类已经灭绝的动物。这些壁画不仅在艺术上达到了惊人的审美高度,在技术上也高度成熟,如画中所使用的透视技术,明暗有序的勾勒、优雅流畅的线条都运用得十分自如。这使我们不禁发问,古人是出于何种想法,才会乐意花费如此的功夫和心思勾勒出让人心旷神怡的画作?他们又是怎样去合作完成如此数量庞大的作品的? 如何达到如此高度的和谐一致? 在这些画作中映射和呈现了他们怎样的生活现实? 尽管关于以上问题仍没有确切的答案,但只要我们观察其中的一些壁画就可以明显地看到超越本能的仪式活动如何在此展演。让我们再次回到岩洞,通过古代艺术家所使用的笔触去感受狮子的威严、羊群的温顺、骏马的奔驰,而当我们的视线落入画的中心时,一头死亡之熊的头骨又赫然呈现。若我们跳出壁画,则会发现这个头骨正对着洞口,在其前方有一团烧尽的木炭火堆,这大概率是用于祭祀的仪式场景,而非简单的对客观自然的写照。类似的场景还有:大小一致且密布排列的手印、重复交叠的动物形象、不同动物图像的空间摆放等,这都呈现了先人对自然、神灵和生活的仪式化表达。这里我们所看到的分明不是一个智人,而是一个充满灵性的个体。根据考古学家科罗特斯的说法,肖维岩洞中的壁画所展示的不仅是当时人们的狩猎文化,也是早期人类对于精神世界的探索和表达(Clottes,2003)。拉帕波特(Rappaport,1999)在《仪式和宗教与人类的形成》中进一步提醒我们,不要因为仪式呈现了人类对神秘世界的表达就将仪式视作人类独有的发明,事情有可能是反过来的。

如果说来源于旧石器时代的肖维岩洞壁画缺乏仪式在文化延续上的说明的话,那么反映新石器时代的红山文化则更好地印证了仪式在保持文化遗传基因一贯性方面的作用。红山文化是中华文明重要的地域性文化之一,其发现曾震动了考古界,并将中华文明史提前了一千多年,为中华文明多元一体格局奠定了坚实的基础。考古学家在红山文化遗址中发现了大量的祭坛、女神庙和积石冢等具有象征意义的仪式化建筑,体现了当时社会的等级分明和形制规范。其中尤其引人注目的是在积石冢里出土的大量玉器,表达了古人"唯玉为葬"的思想,与早期王国维对"礼"一字源于"以玉事神"的说法一致。比如,其中最为典型的玉猪龙,融合了猪首与龙身,因其玉质温润,体型肥硕,眼睛大且圆,耳朵呈竖状,形似猪而得其名。在此,猪作为农业时代最早被驯化的动物,与日常生活和生产密切相关,通过将其制作成玉形,其日常性得以象征化,赋予了其通天神器的可能,而不只是简单的装饰品。这种以玉为尊的传统也构成了最为重要的精神象征和道德标杆。

仪式过程中的象征物与仪式表演本身,不仅使得文化得以凝结,也促成了文化本身的创新。从根本上讲,仪式是文化创新和民族创新的源泉所在。人类学研究者哈里森曾在其《古代艺术与仪式》开篇如此写道"在现代人看来,仪式的实践者,都是些墨守成规的人,循规蹈矩地重复着先人的遗训和规矩,亦步亦趋,不敢越雷池一步。而艺术家则恰恰相反,提到艺术家,我们总是会首先想到自由奔放的思想、放荡不羁的做派,他们总是可以为所欲为,百无忌惮"(哈里森,2016)。在此,哈里森是想告诉我们,其实"艺术和仪式,这两个在今人看来好像是水火不相容的事物,在最初却是同根连理的,两者一脉相承,离开任何一方,就无法理解另外一方。"(哈里森,2016)为论证这一说法,哈里森列举了希腊时期酒神节戏剧、古埃及的俄西里斯节对复活神死亡和复活过程的表达等仪式。她指出,这些仪式并不是对神话的直接表达,而是将仪式与艺术放置于密不可分的背景中去讨论。因此,仪式是独立于一般实践活动以外的模式化活动,但同时也是一种对情境的重构,是对实践活动的再现或预期。仪式从根本上看是源于人类自身的内在冲动。比如，当部落成员中的某些人因为狩猎或打仗凯旋，人们都会在夜晚的篝火边手舞足蹈，集体欢庆，这与人类本性中天生的自我炫耀、自我标榜的欲望直接相关，而正是在这样的再现活动中，"我们发现了仪式的萌芽"（哈里森，2016）。

仪式作为一种文化表达与表演，不仅承载着历史的厚重，更是文化传承与创新的重要媒介。仪式通过一系列规范的行为和象征性的活动，将文化的价值观念和行为模式凝结成稳定且可重复的行为模式，为社会成员提供了一种共享的文化经验。这种稳定性是文化得以延续和发展的基石，使个体能够在仪式中找到归属感和认同感。然而，仪式并非僵化不变，它们在传递传统的同时，也不断地吸收新的元素和创新的形式。随着时代的变迁和社会环境的发展，仪式本身也在不断地演变和更新。新的仪式被创造出来，以反映当下的社会价值观和需求；旧的仪式也可能经过重新诠释，被赋予新的意义。这种创新不仅丰富了仪式的内涵，也推动了文化的多样性和动态发展。譬如以上列举的红山文化的玉猪龙，作为一种史前仪式中的神器，与其所处时代的各类行动一起，构成了当时社会对于天地、人神关系的理解和崇敬；但随着时间的推移，龙的形象和象征意义也在不断地演变，而如今这种仪式已演化为一种文化记忆，成为一种缄默性的实践。

二、仪式的内涵：一种广义的理解

早在人类学学科创建之初，仪式就是重要的研究议题之一，由此产生的研究成果大大地助推着学科发展。或许是因为人类学家对"他者"的兴趣，因此要在异文化中识别出文化差异性并不困难——仪式以不证自明的方式承担了这一角色。对于早期的人类学家而言，仪式仅指参与活动。要理解仪式是什么，并不需要言传，而仅需要借助身体、情感配以音乐或节律就可以被人所理解。因此，作为学术概念，"仪式"一词总是被理解为综合性的实践。仪式就在那里，看见了便能知道，观察了便已识别，何言之有。然而遗憾的是，正是研究者对仪式"不证自明性"的这种态度，反而限制了对其丰富性的把握，仪式局限为神秘的范畴，成了程式化的代名词。

从词源来看，英语中的"仪式"（ritual）源于拉丁文的"ritualis"，是个形象词，即"与（宗教）仪式有关的"，因此在西方仪式中则理所当然地将其视为宗教学的范畴。仪式作为一个总体概念用来概括所有不同种类的特殊（宗教）活动。它跟后来常用的"礼"（rites）有着明显的区别，后者常常译为"礼、习俗或惯例"，常常与文明的形成相伴而随。又比如早期的民族志研究所讨论的仪式很明显被界定为一种区别于日常生活的、外在于人类生存状态的行为，是精神活动的外化，而非一种文化行为惯例。这种活动因为其开展的时间、空间、参与的人以及所涉及的内容，必定会成为一种特殊且具有神秘性的活动。例如库朗热在 19 世纪 60 年代关于罗马祭祀的研究，史密斯关于闪米特宗教的研究，马林诺夫斯基关于库拉的研究，包括后期特纳关于恩丹布人的仪式研究，都是在神秘性的意义上讨论仪式。史密斯也有意识地区分了仪式与人类一般实践活动，在他看来仪式是"一种再现或'预现'，是一种重演或预演，是生活的复本或模拟，而且，尤其重要的是，仪式总有一定的实际目的"（Turner，1977）。即便是仪式研究的代表性人物特纳，对仪式的定义也相对保守，他认为"仪式通常是指在特定场合当中使用的、与神秘存在或力量相关的预先设定好的正式行为"（Turner，1977）。

一些研究者开始批判将仪式窄化为一种正式化的、与宗教活动相关的活动行为，认为其大大压缩了仪式的范围和内在丰富性。加拿大学者吉瑞姆在《最初的仪式研究》中认为此类对仪式的理解带有强烈的贬义，将仪式等同于重复性的、神秘的、形式化的、传统的、有目的的活动，使人们缺乏对仪式本身的想象力。他批判性地指出：① 并非所有的仪式都包含形式化的行动。如，在一些仪式活动中，去形式化的行为占据重要的位置。② 并非所有的仪式都与神秘性力量相关。③ 除宗教仪式外的其他活动，如技术性日常工作本身也具有仪式性，不应当被排除在仪式概念外（Grimes，1982）。

实际上在希腊哲学中，仪式的内涵远远超越宗教意义上的程序化行为。在希腊语中仪式被称为"dromenon"，译为"所为之事"。从词源学的角度看，"dromenon"与"drama"即"戏剧表演"同根，后者最初也具有"所为之事"的意思。所为之事，不仅是将思维外化为表演的过程，也是指区别人们将自我的内在情感、想象力行动化的过程。哈里森（2016）提到了"所为之事"的集体性，即一群具有相同情绪体验的个体共同做出的行为，正是因为这种集体性、内在冲动极易将单纯的行为转变为仪式行动，因为它具有剧烈性、持久性，因此也极易转化为具有规律性的活动。在哈里森看来，仪式并不必然与巫术、神话相关,甚至先于神话。仪式包括两个层面,即外化的行事层面和作为叙事的话语层面。与之对应的是,前者在蜕去巫术的魔力和宗教的庄严之后,演变成了戏剧;后者是在时间累积性的仪式表演中,演变为对仪式祭祀等的语言性描述。尽管如此,由于早期剑桥学派更注重希腊古典研究中的文本和神话,因此哈里森的学说在早期的接受度并不大,也因此这种富有创见性的仪式概念并没有引起当时学者的关注。仪式概念仍然作为宗教人类学研究的重要内容而被谈论。

在 20 世纪 70 年代,随着研究者对仪式动态性的关注,以及"实践"和"表演"转向的到来(彭文斌 等,2010),研究者也试图从更为日常和微观的角度去讨论仪式与社会和文化的互动。当时也有研究者提出将仪式研究作为专门的研究领域,构建其合法自身的概念体系(Grimes,2014)。因此,掀起了对仪式概念的新讨论。贝尔从"仪式""仪式化""类仪式实践"这三个维度对仪式进行了区分,其根据仪式具有的成分多少(Post,2021)将仪式分为"全仪式、仪式实践和仪式行为"(Bell,1997)。但这种颇有"家庭相似性"的特征定义仪式似乎并没有让仪式的概念问题得到真正解决。路肯从更为实用的角度,即仪式的功能以及仪式的特点出发,定义了仪式的内涵与外延。在他看来,感受和情绪、关注、表达想法与期待、对冲突的应对,以及社会化过程的活动都可称为仪式。

波斯特(Post,2021)从仪式可能出现的情境中,界定了仪式的可能性空间。他认为,总的说来,仪式常常出现在以下六种时间—空间—情境中:① 年岁—季节循环可以是仪式化的,如历法就是其中一例;② 生命的周期中有仪式的存在,如出生仪式与丧葬仪式;③ 宗教场所,也是仪式出现的重要场所;④ 共同的"文化记忆"是仪式常常出现的场所;⑤ 艺术的实践常常是仪式化的;⑥ 休闲场所里也常常充满了各种仪式。显然,在这六类中,教育被排除在外了。在《当今的仪式研究》中,波斯特(2021)曾这样界定仪式:仪式,在某种意义上是基于通过基于某时某地的形式化、风格化、情境化的行动重复性表达的结果,具有符号的维度。仪式,一方面是个体或群体对其想法或理想的表达,是对其精神世界或身体的表达;另一方面,仪式行为也塑造、形成并且转变了思想、精神和身体。

吉瑞姆(Grimes,1982)将仪式的传统定义称为"坚硬"的界定,认为传统定义是对已经仪式化了的"模式"属性的提炼,但并未呈现仪式过程中的指向性问题。因此,他提出了一种"柔和"的仪式定义,即仪式化。仪式化是指一群人在确定的空间、关键的时间里,重复性地表演着某种形式化的姿势(Grimes,1982)。吉瑞姆从经验世界出发,观察了人们如何去"使其实践仪式化的过程",比如对传统、风格、身份等。由于仪式活动总是伴随着某种仪式项目/装备的展演,仪式中常常会有一些固定的项目被认为是必不可少的,如仪式中的食物。由此看来,仪式本身在信息设计层面并不一定要导致"新知识"的产生,反而总是在"重复"中对其价值进行描述和强化。在此,所有参与主体不必都是主动者,甚至很多时候是"被迫卷入"其中,被特定的场景所设定。吉瑞姆由此划分了不同维度的仪式活动(见表2-1)。

表 2-1 不同维度的仪式活动

类型	参考框架	主导情绪	语气	主要活动	动机	举例
仪式化	生态—心理	模糊性	宣称、欢呼	身体化的	强迫性	征兆式的特殊姿态语言
礼仪	人际互动	礼貌	咨询式	合作式的	期待	问候仪式
庆典	政治	满足感	命令	竞争性	加强	加冕仪式
礼拜	人的终极性	崇敬感	咨询式、宣称	同在感的	法则、规模性需求	冥想
神迹	超验性	担忧	宣称、强制式	因果式的	渴望	医治仪式
庆典	经验	欢庆	主体性	游戏式的	自主	嘉年华

随后,研究者越来越倾向于从更为日常的角度去定义仪式的范畴。其中最为典型的就是象征人类学家特纳的相关研究,以及符号互动论学者戈夫曼的研究。特纳在其后期研究中,将仪式重新定义为一种社会表演行为、一种社会戏剧,仪式通过象征性表演将社会张力、冲突和变革以夸张的形式呈现出来。在此,仪式是一种公共表演,是参与者通过集体行动展现、体验和反思社会规则与关系的一种表演形式。戈夫曼同样将仪式视为一种表演行为,但相对于特纳,戈夫曼更加强调从微观的角度去观察具体互动中的仪式行为。戈夫曼是这样定义仪式的:"我使用'仪式'这个术语,因为这类活动,尽管是非正式和世俗的,代表了一种个体必须守卫和设计其行动的符号意义方式,同时直接呈现对其有特别价值的对象"(Goffman,1967)。戈夫曼认为,仪式是一种社会互动的过程,其中个体通过各种符号和行为来展现自

己的社会角色、身份以及与他人的社会关系。他指出,仪式中的行为和表达不仅仅是为了沟通信息,更是为了维护个体的"面子"和社会秩序。当人们相遇时,面对面互动的基本处境便会具有极大的宣示性,即互动双方会透露出彼此的外表、阶层、关系等信息,并借由社会仪式化的过程将这些信息标准化后传达给对方。在此过程中,互动双方会以扮戏的方式来加强、制造并表现出符合社会规范的自我形象,借以提升自己在对方心目中的地位。戈夫曼的这些理论贡献为我们理解仪式在文化和社会生活中的作用提供了重要的视角和工具。仪式概念也走向大众生活,并被赋予了新的意义。

总的说来,当下人们对仪式的理解早已超越了宗教的框架,将仪式视为人类社会化过程中不同于工具—理性的实践形式,其总是通过表演性对意义进行象征性表达,仪式具有稳定社会、调节冲突和形成集体情感联结的作用。在此,我们至少需要认识到仪式的以下四个特点。

其一,仪式是一种人类实践活动,主要遵循的是实践逻辑。传统的仪式研究常常被视为一种可以被阐释的文本,研究者倾向于对仪式使用的语言进行象征性分析,进而获得仪式所负载的价值观。当我们将仪式视为一种实践,意味着我们无法将仪式抽离出其所在的情境,仪式的意义是基于其所在的时间、空间、身体性、物质性等一系列因素构建的场景而决定的,其拒绝简单的概念化和还原性处理。正是在一次又一次的重复中,仪式获得了关于自身的语言表达。

其二,仪式是社群成员共同想象和情感的表达。仪式是以期待为基本前提而展开的实践,任何一种仪式都满怀着某种期待。这种期待不必要与现实相一致,但总是源于群体(集体)的想象。这一点其实在涂尔干的研究中可寻得踪迹。在涂尔干看来,仪式不仅仅是个体情感的简单表达,更是一种集体情感的体现,通过共同参与,社群成员在情感上实现共鸣,增强了对社群的归属感和认同感。涂尔干甚至根据仪式的情感效力区分了积极仪式、消极仪式和禳解仪式。不过值得注意的是,随着现代化主体性的增强,仪式参与者尽管经历着集体兴奋式(涂尔干,1999)的共同情感体验,社群成员有可能获得某种情感的联结,形成其身份和归属感;但也可能会感受到某种情感的疏离,而与团队形成隔阂。但无论如何,通过仪式而聚集的情感能量具有很强的效力性,也是构成仪式框架和群体排他性的源泉。因此,戈夫曼将仪式定义为"一种相互专注的情感和关注机制,它形成了一种瞬间共有的现实，因而会形成群体团结和群体成员性的符号"（柯林斯，2012）。

其三，仪式是一种调节功能，其避免直接性冲突。相较于工具理性取向的实践行动，仪式活动具有较强的间接性和交流意义。这一点在洛伦兹（1987）的动物行为学中也有所涉及。在洛伦兹看来，仪式的进化实际上创造了一种新的自治本能，它可以促使群体内部相互交流和沟通，以避免天性中的攻击取向。他认为仪式共呈现了三个主要的过程，即沟通交流、抵制冲突、加强合力，其本质上表达着和平，在稳定动物的社会生活中发挥着重要作用。同样的发现也存在于人类文化现象中，格拉克曼对于非洲一族群的"反抗仪式"的研究呈现了仪式是如何充当冲突调节器来缓和社会冲突的。仪式是通过象征性行为和场景来传达意义，而不是直接的言语或行动，这促使仪式不得不以"他者的接受性"为前提，在夸张的重复和模仿性展演中，群体内部以游戏式的方式展开交流和互动，不确定性和潜在冲突自然得到了缓解。

其四，仪式过程具有表演性。近年来越来越多的研究者开始关注仪式中的表演性。如，特纳在其晚期就从早期的结构主义转向了仪式的表演研究。特纳指出，仪式是一种集体表演，通过符号性和象征性的行为在社会关系中重新定义和再现社会秩序。仪式的表演性不仅体现在过程的正式结构中，还体现在功能的象征表达中。在特纳看来，仪式作为社会剧的一部分，通过戏剧化的方式揭示并缓解潜在的社会冲突，其核心作用是通过表演的过程将群体身份、价值观和文化象征以一种具象化的方式表达出来。无独有偶，表演理论学者谢克纳（Schechner，2002）进一步补充道，仪式是社会参与者共同参与的场景，在这一过程中，参与者不仅是观众，同时也是表演者，其行为在反复演练中被规范化并具象化为文化记忆。因此，仪式的发生本质上是一个表演性的事件，它通过构建特定的场域和互动结构来实现社会的重新组织与意义的生产。

三、西方仪式研究的进路

人类学是最早对仪式领域展开系统研究的学科。在人类学的早期研究中，研究者基于其所在的理性传统大多只想了解一个关于"他者"的社会特征、组织与制度，文化运行逻辑，因此那些诸如亲属制度，政治经济运作中的

"理性"元素自然成为研究的焦点。当时,仪式被视为蒙昧野蛮的产物,是"非理性"的范畴,因此长期得不到重视。所以特纳在《仪式过程:结构与反结构》中开篇便对当时的以摩尔根为首的人类学研究传统进行了批判。特纳指出,尽管摩尔根早期也关注到土著人生活中的宗教仪式,但他显然对此不在意,并将其视为"奇异怪诞,甚至是让人无法理解的地步"(Turner,1977),是土著人想象与情感的随意联结的结果。特纳进一步指出,其实宗教(仪式)同样存在着理性的因素,是获得局内人视角的重要路径。因此,将仪式作为一种专门的研究对象不仅有意义而且也是必要的。此后,人类学、考古学、宗教学、社会学等学科领域纷纷将仪式作为一个重要的议题。到了20世纪七八十年代,西方对仪式研究的兴趣达到了高峰,并提倡构成专门的研究领域"仪式研究"方向(Grimes,1982),在跨学科的语境中讨论仪式议题,自此社会科学研究中迎来了仪式研究的高峰期。

作为一种研究的范畴,人们对于仪式的理解也经历了多次演变并呈现了不同的立场。如我国学者彭兆荣(2007)从不同学者对仪式所持有的观点差异,把仪式研究分为原义研究(仪式自身的历时性研究)、原型研究(神话—仪式成为基本范畴)、原点研究(仪式—戏剧/表演)。另有美国人类学者贝尔将仪式研究分为构建仪式(仪式自身的内容)、构建意义(仪式与符号)、构建话语(仪式、政治、文化等),对仪式的分析进行了全面的说明。贝尔从文化—仪式的角度将仪式的研究范式分为三种不同的取向:涂尔干的二分法、施特劳斯的辩证法、格尔兹的文化意义理解。柯林斯基于情感—认知这一立场,解读了不同时期仪式研究的转型,从而将仪式研究的范式归纳为三大内容:关注非理性层面的潜认知仪式主义(以盖内普、涂尔干、莫斯等人为代表),以系统观为指导的功能仪式主义(以拉德克利夫-布朗的葬礼研究为代表),以情景为指导的互动仪式(以戈夫曼为代表)。

笔者认为,可以将仪式看作一种自成体系的实践活动,应该基于其实践逻辑性,从历史时间的维度重新审视仪式研究的不同范式。因此,本书认为过去近一世纪以来仪式研究范畴的发展大致可以分为以下三个重要的阶段:第一个阶段,19世纪下半叶至20世纪上半叶,仪式主要作为宗教的范畴为人们所关注,仪式实践中的外显逻辑成了焦点,探讨的中心议题包括人类原型、巫术活动、超验体验等。当时宗教学、哲学、人类学、社会学、心理学以及文化人类学都作为这场讨论的重点。代表性人物包括:宗教学研究中的埃里亚德、奥托、范德利欧，哲学家里科，人类学家特纳，社会学家涂尔干，心理学家荣格，文化人类学家赫伊津哈。第二个阶段是 20 世纪 60 年代以后，仪式被视为进入文化的窗户与工具，关注仪式实践的潜在逻辑，及其衍生出的社会性功能，也是在这一时期"仪式研究"成为一个专门的领域为人们所关注。代表性人物包括格尔兹、格拉克曼、利奇等。第三个阶段是在进入新世纪以后，仪式研究进入了一个新阶段，其不仅是一个跨学科的话题，而且形成了独特的研究工具范式深入各个研究主题，包括文化记忆研究、媒介传播研究、休闲研究、移民研究以及教育研究等。代表性人物包括特纳、谢克纳等。

（一）作为"野性"的仪式与神话

追溯西方有关仪式的讨论，始于关于宗教起源的辩论。这些辩论的核心问题是宗教和文化最初是根源于神话还是仪式。在理性主导的西方传统下，神话说曾一度占领着主导地位。仅有少数研究者如哈里森（2016）强调了仪式在宗教起源中的核心作用，认为所有的神话都源于对民俗仪式的叙述和解释。不过笔者认为，这场辩论所衍生出的讨论路径远远比其结论更为有趣。因为我们将透过这些讨论看到来自进化论的自然观、社会影响论、个体发生的心理学等不同流派之间是如何在论证神话和仪式相互关系中"各显神通"的。

民俗学家库朗热和人类学家泰勒是最早认识到仪式与神话在塑造人类社会中重要性的学者。泰勒将神话视为"人类思维的产物"，而非所谓的"谬误"。他采用了当时流行的进化论思想，指出在神话当中，我们可以去深入地了解当时的人是如何采取最为"原始"的思维方式的，而这些方式又是如何存留于当代的宗教与文化当中的。这一观点受到了语言学家史密斯的质疑。在史密斯看来，宗教并非起源于对灵性的解释，而是在社群共同的活动，即仪式当中产生。这颇有动物行为学所提倡的从进化论角度研究仪式及仪式化的论调。在史密斯看来，"神话构成了对仪式的解释，因此神话的价值是第二位的。我们可以这样推论说，几乎所有的神话都源于仪式，但并非所有的仪式都源于神话。因为仪式是固定的，而神话是变动的，仪式具有强制性，神话中的信念是由教徒们来操纵的"（Bell,2009）。他的理论突出了仪式在宗教和社会起源中的重要性，以及宗教与社会秩序之间的紧密联系，突显了社群凝聚力和社会稳定的作用，将宗教视为一种社会机制，旨在促进社会团结和共同利益的维护。

史密斯的这一说法实际上构成了后期包括弗雷泽、涂尔干以及弗洛伊德有关仪式的认识。其中以弗雷泽为代表的仪式学派又使得人们对仪式的兴趣得以提升。弗雷泽在《金枝》中讨论了人类文化的三个时代：巫术时代、宗教时代和科学时间。"巫术时代只有仪式而没有神话，因为那时神明这一概念尚未产生；宗教时代的神话与仪式之间几乎没有什么关系……只有在宗教时代与科学时代的交叉阶段，才存在神话与仪式的交织"（哈里森，2016）。弗雷泽将神话视为仪式活动的残余，并认为仪式是文化生活的表现形式，也是构建原始生活的基本来源。同时代的另一位宗教人类学研究者哈里森则认为"仪式实际上是一种固定不变的行动……最初并不存在神话……仪式是一种情感的表达，表达一种在行动中被感觉到的东西……促成仪式的情感一旦消失，仪式也就变得无意义了"（哈里森，2016）。与弗雷泽不同的是，哈里森认为仪式与世界有着密不可分的联系。

然而这种基于进化论的神话与仪式的关系讨论遭受到了很多批评。比如，人类学家克拉克洪就认为"仪式还是神话是优先的，这样的问题与'鸡和蛋'的问题一样毫无意义"（Kluckhohn，1942）。实际上神话与仪式的关系是多重性的，有时仪式可以独立于神话，有时必须依赖于神话，还有时得屈从于神话，因此他指出需要依定具体的情境对两者的关系进行讨论。尽管如此，仪式却作为人类学研究中最为重要的维度被凸显出来了，即仪式作为单纯实践的可能性。

（二）作为非静态活动的社会再构建：功能—结构的观点

早期的研究使得人们开始关注仪式在社会构建中的作用，这也构成了后期以涂尔干为代表的对仪式功能研究的重要基础。在许多仪式研究中，涂尔干常常被视为研究仪式的第一人，尽管他的老师库朗热早就对古罗马的仪式研究进行了相当程度的阐述（仪式作为一种参与权限）。涂尔干之所以在仪式研究中被赋予了如此高的地位，当然不限于其在社会学当中的影响，更在于其将仪式的研究从"特定"的宗教神话的范畴中"解救"出来，从更为普遍的意义上赋予了仪式以意义，即关注仪式作为一种社会现象所取得的成就，特别是它如何影响社会团体的组织和运作。

涂尔干指出，仪式是规范人们在神圣对象面前应当如何行动的准则。比如在对神灵或祖先崇拜中，神圣具有很核心的位置，但实际上无非是社会群体自身的集体投射表象。宗教是一套思想和实践方式，通过这种方式社会结构与群体团结变得神圣，而仪式在这个过程当中发挥着重要的作用。仪式旨在激发热情的强烈感受，即"兴奋"，在其中的个体经历到比自己独立个体更为强烈的感受。他清楚地看到，仪式是将个人汇集为集体群体的手段。仪式通过使集体表象以一种同时超越性和内在共性的方式体验，而非通过一种有意识的关联行为，来"加强个体与他所属社会之间的纽带"。涂尔干认为，人实际上由"面向不同且几乎相反方向的两个存在"组成，其中一种存在对另一种存在具有真正的优势。这就是所有人在身体和灵魂之间、物质和精神之间存在的对立的深刻内涵，这两个存在在我们内部共存。定期的仪式重新唤起人们对这两个自我，即神圣自我和世俗自我的强烈体验，从而又进一步塑造着他们对灵性和人性本质的感知。

莫斯通过其关于礼物交换的考察，探讨了社会生活、宗教和文化观念之间的相互关系，指出了在促进互惠性关系的形成中仪式的重要性（特别是不同团体之间的礼物交换，使得一种更大的结构得以完成），进而提出了文化分类和社会组织形式是如何在观念当中不断地被模拟。

无论是莫斯还是涂尔干，都强调在仪式实践中以个体的心理状态为基础。他认为，有秩序的社会生活依赖于每个成员心灵中存在着的某些情感，如团结、友好、爱和恨等，这些情感控制着每个人的行为。他认为仪式是这些情感的"有规定的象征表达"，可以"维持并传递一个世代到另一个世代的情感，这些情感是社会组织所依赖的基础。"因此，宗教仪式通过重新确认构建社会秩序的情感，从而重新确立了统一的社会秩序。

另一个值得注意的是，在涂尔干的研究当中，社会被潜在地隐喻为一个静态的、结构化的机械结合体，其中发展的内驱力来自文化本身。因此，其更多地关注仪式的功能，即如何去调节和稳定这一机械化的系统，调整内部之间的互动，维护其群体精神等具有维持社会机制的内容，很少涉及历史、观念和实践是如何促进社会的发展这一命题。因此，人类学家埃文斯-普里查德在其对苏丹南部努尔人的研究中，开始修正这种功能主义。虽然埃文斯-普里查德总体上坚持功能主义的立场，认为只有将宗教与社会结构联系起来才能理解它，但他还探索了经济、历史和环境因素如何影响社会组织，并反映在努尔人的概念、价值观和仪式中。在研究中，他结合了结构性解释（关注功能）和象征性解释（关注意义）两种方式开始对仪式本身进行阐释。在他看来，"在祭祀中重要的不是人们的感受，甚至不是他们的行为。重要的是完成祭祀的基本行为"（Evans-Pritchard，1974）。

与将仪式视为稳定和延续社会系统不同，盖内普（Van Gennep，1909）特别关注伴随着个体生命危机的仪式活动。在他看来，这些危机对于个体而言是个体身份与社会角色之间开展对话的重要时刻，比如出生礼、成人礼、婚礼等都可见一斑。他从分析不同阶段的仪式出发，认为生命危机仪式大致可以分为分离、过渡和融合三个阶段。通过这一系列的活动，过渡仪式将人从一个社会群体中移开，通过将人保持在一个暂时的"中间状态"中，从而将他或她重新融入另一个社会群体的新身份和地位。盖内普认为过渡仪式有助于协调可能威胁社会秩序的混乱社会变化。这些仪式区分了具有明确界限的身份群体，又以有序且经过认可的方式改变和重构群体的手段，从而维持系统的完整性。盖内普写道："生命本身意味着分离和重聚，改变形式和状态，死亡和重生"（Van Gennep，1909）。盖内普认为，这些变化只有通过它们作为过渡仪式的编排，作为一个更大、更全面和令人放心的模式的一部分，才能顺利和有意义地发生。

人类学家格拉克曼则更加直接地指出涂尔干并未充分地考虑到社会作为冲突的存在这一实质。在他看来，每一个社会都是充满张力、矛盾和对立的合作统一体。社会统一是难以维系的存在，冲突才是一种常态。仪式不是加强了社会的稳固，恰恰是通过仪式表演来表达了这种冲突。通过仪式，社会关系中真正的冲突得以夸大化，日常生活的权利被戏剧化，正常的规则才能被继续。因此，仪式具有宣泄社会紧张情绪的作用，从而限制不满情绪并缓解其中所蕴含的真实威胁。与此同时，这些仪式也起到加强社会现状的作用。由于仪式对社会关系通常秩序的暂时颠倒或悬置，它又戏剧性地确认了该秩序的规范意义。

特纳师承了格拉克曼的社会冲突调节说，并将仪式对冲突的戏剧性表达进行了更为深入的探讨。特纳（1977）承认了涂尔干在对仪式的社会性意义上的定位，同时也回应了格拉克曼所强调的仪式与冲突之间的关系。所不同的是，他认为仪式是一种不断创造，而非重新确认的活动机制。他受社会戏剧理念的影响，将社会结构视为一个动态过程，仪式在此不仅仅是恢复社会平衡，更是群体不断重新定义和更新自身持续过程的一部分。特纳关注并经历了紧张和群体冲突的社会性事件以及仪式在这些危机性事件当中所起的作用。他从社会戏剧与表演的角度进行了讨论与解读，并将其划分为三个阶段：前阈限阶段（分离期）、阈限阶段（转型期）以及后阈限阶段（重整期）。特纳尤其关注阈限阶段（转型期），即仪式开始时的社会结构与仪式结束后的社会结构之间的边缘状态。他指出，"对于个人和团体而言，社会生活是一种辩证过程，涉及高低、共同体和结构、同质性和差异性、平等和不平等的连续经历……对立面彼此构成，相互不可或缺"（特纳，1969）。所以，不仅仪式涉及结构秩序和反结构，社会生活本身也是如此。社会秩序和结构的体验必须与牺牲精神、平等的团结、颠倒、危险和创造性力量的体验相平衡。特纳将仪式视为通过一系列活动来表达社会冲突的手段，基于这些活动人们体验到了社会秩序的权威和灵活性，边缘状态和平等共同体，感受到了社会秩序从旧有状态过渡到重组秩序中的新身份。他超越了格拉克曼仅将仪式视为宣泄情感紧张局势来缓解社会紧张的手段，扩展了仪式的戏剧维度。仪式戏剧化了真实情境，也正是通过这种戏剧化，仪式才能实现其独特的作用。

（三）作为意义-表演系统的仪式

对仪式功能问题的讨论引发了学者对仪式活动的实用性讨论，而不再将其局限在一个神秘的话题当中。后期基于动态社会观的认识，又进一步激发了人们对于仪式当中涉及的历史性以及交流话题的关系。前者引发了人们对于仪式与变迁之间关系的研究，后者引发了仪式作为一种符号的讨论。这样一来，就超越了仪式的社会功能，拓展了对仪式本身的理解，突出象征性、沟通在文化系统当中的作用。

拉德克利夫-布朗和埃利亚德就是代表人物之一。两位学者都从语言比较的角度，提出了仪式与语言在结构上的相似性。他们认为语言的最小单位（有意义的词）类似于仪式的最小有意义的结构单位（固定动作或象征）。因此，仪式也可以被称为一种文本，若要对其进行深入理解，也需要对其进行解码，特别是对其潜在的意义进行解读。人类学家斯特劳斯也赞同使用语言学的方式来解读一切人类的实践活动，包括艺术、宗教和法律等。与此同时，他认为人类并非仅按照逻辑的方式来组织自己的生活，而常常采用类比的方式开展活动。因此,在此后的仪式研究中,人们试图超越功能主义的限制,而以结构代之,即仪式可以被视为一个独立的、自我指涉的系统,仪式中任何一个符号的意义都取决于它与其他符号之间的逻辑关系,即研究者解码这些关系时,所揭示的是那些潜在的内在无意识的结构。

在关于秩序的研究中,人类学家道格拉斯更为具体地涉及了这一点。她追随了特纳的观点,认识到仪式既强化了社会结构的规则性,又提供了群体的反结构性体验。但与特纳不同,道格拉斯并未过多地讨论其表演性,而更关注将"仪式作为一种沟通形式"(道格拉斯,2022)。她认为,正如语言一样,仪式是源于社会关系,并对社会行为产生"限制性影响"。在道格拉斯看来,仪式活动的符号沟通始终是在重现人际关系中真实存在的社会关系。利奇持有同样的想法,但他对符号的意义有着更为深刻的认识。在利奇看来,仪式有助于维持一个完整、同步的概念系统,通过使不同类别(如神圣与俗世、自然与文化)的表达以精确规定的方式相互影响。仪式是一种非语言沟通形式,但与语言沟通一样,其符号和象征只有在与其他符号的关系系统中的位置决定下才具有意义。

利奇在《文化与交流》中更进一步地说明了这些符号到底应当如何去进行解码。利奇认为,仪式作为文化交流的媒介都是基于符号而建立,而符号与符号之间常常具备隐喻关系(具有任意性)、转喻关系(部分代整体)、范式关联(结构上的相似性,但具有易变性)和组合关系(链式关系)这四种关系。对符号之间关系的联结描述有助于理解符号和符号之间的区别,从而阐明各种形式的交流。符号不是孤立出现的,它们总是与其他符号相邻,并共同构成一个集合的一部分。只有作为集合的一部分,符号才能传达信息。例如,绿灯只有在与相邻的红灯、黄灯和绿灯构成的一组中才意味着"前进"。他指出,人类所有的交流都不是简单的,而是具有复杂性的。由于隐喻和转喻的混合特点贯穿人类的交流,利奇提出应该可以确定哪种混合特点表征了仪式独特的交流方式。利奇认为仪式主要基于一种将隐喻转化为转喻的逻辑,是对文化观念和文化模式的表达,甚至也可以充当智力性的运作方式。

格尔兹也将仪式视为文化的窗口,并且在其一项著名的有关巴厘岛的斗鸡仪式中揭示了这种复杂性。斗鸡比赛是巴厘岛传统的一种文化实践,但是在现代社会被列入了非法活动。尽管如此,斗鸡比赛却以顽强的生命力存在于巴厘岛的社会实践活动当中。格尔兹发现，在斗鸡比赛中地位、金钱、男子气概都彰显无遗，但仪式本身似乎并没有对任何人的实际社会地位产生功能性的影响。这就推翻了早期的社会功能学派的相关说法。他进一步指出，斗鸡比赛实际上只是赋予了一个实在的空间和文化想象的可能，使参与者能在这个过程当中对其自身的经验进行概念化、排序和赋予新的解释。在此，仪式只是在进行一种展示，一种表演。格尔兹的对于仪式研究的贡献，至少可以概括为以下两个方面。首先，他认为文化是由一系列的文本构成，仪式是其中的一种文本形式，而人类学家能做的是尽量地去阅读和阐释这些文化；其次，他指出仪式的功能并不是为了加强或解决某种社会冲突，而仅仅是为了展示它们。

因此，自 20 世纪 70 年代中期起，仪式研究当中引入了一种基于"表演—展示的研究路径"，其中包括柏克的戏剧理论、特纳的社会戏剧仪式、奥斯汀的言语行为理论、戈夫曼的社会互动仪式理论等等。这种表演取向的仪式理论除了提醒我们关注其中的身体与过程以外，更重要的是它使我们看到主体并不是被动地参与到活动当中，而是主动地传达和身体性地解释着符号，进而生成新的文化生活。在此，仪式并不是塑造人们，而是人们创造仪式来帮助他们重新塑造新的世界。当仪式被视为一种表演活动时，以下几个方面就值得注意。

首先，仪式是一个事件，一系列活动，一种实实在在的实践。仪式不仅是表达文化价值或演绎象征性的脚本，而且会对人们的感知和解释产生影响，在此身体性就变得更为重要了。研究者们借用了肌肉运动知觉，来讨论身体在运动中产生的感觉；还有研究者借用了"联觉"来讨论身体全面、统一和压倒性的感官体验。这种对身体的研究赋予了人们除了理性以外的另一个认识世界的维度。

其次，仪式是基于框架中的系统表演。框架最早由贝特森所提出。对贝特森来说，框架是一种"元沟通"形式。框架的存在可以帮助我们去框定情境，而不用过多地拘泥于某一种现象或动作本身。如：有了框架我们可以去定义一个人是在与另一个人开玩笑，还是在挑衅。仪式表演可以引发出人们对某种框架类型和方式的判断。正是这些具有共识性的仪式表演框定，使其与日常对话区分开来，从而表现出某种仪式感，这是一种被"键入"的基调。

　　再次,仪式作为一种表演具有特殊的效力性,这使得其与一般性交流、游戏或娱乐相区分开来。研究者认为,我们可能通过"转变"与否来观察仪式的效力性或更为通俗地说仪式是否"灵验"。比如,仪式是否对个体存在本身有转变的作用,或者通过在仪式过程当中的"流动性"和"专注力"等方面来进行判断。比如:在成人礼当中,某个参与仪式的男孩转变并被认可为一名成年人,声望被赋予了某些人而非所有人,某些社会关系或联盟得到了加强,而其他的关系可能被削弱。关注仪式表演的效力性,是为了更好地说明仪式表演之所以能够实现其作用,是因为其具有动态、历时性和物体化等特征。

　　最后,仪式也是一种具有"反身性"的活动。许多研究表明,仪式行动的戏剧化表演提供了公众一种反身性或镜像,使群体能够退后一步反思他们的行为和身份。在仪式表演过程中,人们可以成为自己的观众,进而引发对自我的观察与思考。特纳在学术生涯的晚期提出,研究者应当自己亲身参与仪式表演,以完善对仪式的民族志研究,理解其中内涵的意义。

　　综上所述,仪式研究作为人类学研究的课题,自 20 世纪初就为人所关注。目前已取得了不少的研究成果。经过多年的发展,其研究范式也从最初的宗教神秘主义当中脱离出来,经历了从社会功能主义到结构主义,再到符号—表演实践等不同范式的转变。20 世纪 70 年代以来,仪式已成为一个单独的研究领域,被越来越多的学者所关注,其内涵不断地得以丰富,而不再是形式化、空洞的代名词。通过仪式人们也可以表达最深入的情感,实现对社会冲突的调节、对个体生命的转变,同时其身体性也被越来越多的学者所关注。正如仪式研究之父吉瑞姆(Grimes,2014)所言,"仪式不仅是其所是,仪式也是其变化之所以,及其行动之所为"。仪式表演本身成为一种新的艺术。

第三章

教育世界的仪式研究：
争论与发现

凡礼，始乎棁，成乎文，终乎悦校。故至备，情文俱尽；其次，情文代胜；其下，复情以归大一也。

——《荀子》

　　人类学对仪式的丰硕探讨并没有直接影响教育研究者对教育场域中仪式的反思。在日常生活语境中,我们常常说"生活需要仪式感"以表达个体对美好生活的实践,对幸福的追求,对个人品位的提升。仪式作为日常用语,几乎涵盖了审美、实践和认知的最高境界,一旦我们将教育与仪式相结合,似乎一切都变味了。至少在中国的教育语境中,仪式大多是形式化和程序化的代名词。我们会严肃地批判教育当中的过度仪式化。在教育领域外我们发现一个有趣的现象,即人们常常喜欢有"仪式感"的生活。到底是什么造成了这样的差异? 教育又是怎么在其中发挥着作用呢? 当我们反观仪式在其他学科,如人类学、社会学中的讨论时,这一现象又显得尤其有意思。因为,无论是人类学还是社会学都赋予了仪式较为中立的观察,但是仪式在教育中的研究显然是相对"负面"的,易成为"被批判"的对象。为了厘清其中的缘由,我们有必要深入地探讨仪式与教育之间的深层关系。本章将从东西方对教育与仪式的关系进行深入的讨论;在此基础上,我们对已有的教育与仪式的研究忽略了对教育中的情感因素以及仪式本身的自然力的讨论等展开批判;基于此,从不同的框架与维度,提出教育与仪式的三种关系,这三种关系可以被完全放置于不同的话语框架当中加以分析,且形成独具一格的形式与方法论取向。

一、西方语境中的教育与仪式

　　在以理性追求为宗旨的西方教育体系里,具有"非理性"属性的仪式几乎处于被漠视的状态。人们对仪式的理解与接纳,在某种程度上与人们对人的精神性在教育中所处的地位有关。在教育实践中,明显意识到仪式的价值负载,以及仪式在建构集体和身体性作用的当数蒙台梭利(Montessori)和华德福学校的开创者斯坦纳(Steiner)。

　　蒙台梭利是意大利的医学博士,但她却将自己的毕生献给了教育和儿童。作为学前教育的开创者,除了广为人知的儿童中心论、强调自主学习和自然发展等思想,其最为突出的贡献便是对学习环境和秩序的强调。在她看来,儿童在有规律的环境中学习,能够更好地理解自己的角色与社会的关系,进而促进其社会性的发展。儿童通过重复特定活动来巩固技能和知识,这种重复不仅促进了记忆的形成,还帮助他们在熟悉的环境中建立安全感和自信。规范化则为这些重复活动提供了结构，使儿童在参与中感受到秩序和规律。因此，在她的教育方法中，日常生活活动（如清洁、整理、照顾植物等）等仪式化活动被视为极其重要的教学活动。除此之外，蒙台梭利在教育实践中还设计了一些专门的仪式化活动，比如晨圈仪式。在晨圈仪式中，儿童会围坐成一圈，开展相应的学习或教学管理活动。早期的晨圈仪式大多安排在周一早上或周五放学前，以帮助学生更好地从家庭过渡到学校，或从学校过渡到家庭。在此过程中，通过相互间的日常问候、学生间离校后的所见所闻所想，儿童之间可以实现良好的社会化互动，在共同讨论中推进儿童社会性身份的构建。由此可见，尽管在蒙台梭利的著作中并没有直接提出一个全面的仪式理论，也没有专门阐述仪式与教育的关系，但她十分重视建立一种规律的、有仪式化的活动。这种重复性的、仪式化的活动对于课堂环境与氛围的构建、学生间的内在互动、秩序感塑造、社会性发展以及安全和谐校园文化的构建都至关重要。

　　另一位与蒙台梭利同样热衷于教育的奥地利教育家斯坦纳也关注到了仪式对于儿童想象力、灵性发展的重要性。与蒙台梭利不同的是，斯坦纳更加关注仪式在培养儿童艺术表达等方面的重要性，并且更加直接地论及了仪式与教育的关系。作为华德福学校的创办者，他提出了许多仪式化实践的教学方式，比如：晨间诗歌朗诵（培养敬畏感）、节日庆祝（常常与一年的季节周期相关）、典礼仪式（关注儿童个体），当然还有其独具一格的韵律舞。韵律舞是斯坦纳在其教育实践过程中摸索出来的一套完整的、关于身体表现的动作艺术形式，也是其人智教育学中最为重要的部分。韵律舞是由言语、音调和整体情景构成的一种舞蹈形式，在言语中通过对每个声音和音素赋予特定的手势或动作，声音的内在特质和意义可以通过身体表达出来；在音调中每个音符或音乐元素都被赋予了相应的运动，从而使创造出的音乐具有视觉表现性；整体情景却试图超越语言和音调，强调融入故事和戏剧性表演的元素，从而达到对情感的抒发。斯坦纳希望儿童通过韵律舞可以从中对自己的身体动作和内心体验有着整体性的表达，为促进个体的和谐发展提供可能。

　　与在教育实践中，教育者对仪式的拥抱态度不同，西方学术界对于教育仪式的讨论十分冷漠。在以理性追求为宗旨的西方教育学术体系中，具有"非理性"属性的仪式几乎处于边缘的状态。直到 20 世纪 70 年代，教育学术界才慢慢燃起对仪式的兴趣。最初这种关注是由教育社会学从业者所引发,当然这也框定了教育以一种负面且悲观的方式去谈论仪式在其中的价值。回顾过去的半个多世纪,西方学术研究中对教育与仪式关系的研究主要聚焦在教育仪式与秩序的构建、教育仪式与权威塑造、教育中的仪式与不平等的生产、多元文化背景中的教育仪式表演与个体社会化等层面。

(一)教育仪式与秩序的构建

如前所述,在教育实践中蒙台梭利和华德福学校的开创者斯坦纳等人对教育仪式表现出了极大的热情。而在教育学术界,作为教育社会学的代表人物,伯恩斯坦(Berstein)算是比较早关注到了教育中的语言使用与儿童学业成就之间的关系,并且试图从仪式化的秩序与结构的层面对其进行解读。在他看来,不同的社会群体所使用的语言编码系统实际上是很不一样的。他把这种编码系统区分为精致性编码和限制性编码。前者涉及更为复杂和详细的编码方式,是中产阶级更倾向使用的一种语言;后者则涉及更简洁但模糊的语言互动,是工人阶级常用的一种语言方式。正是这样对语言的不同编码方式使得儿童在学业上出现了迥然的差异。

很显然,伯恩斯坦更加关注的并不是"说了什么语言",而是"语言是如何被使用,并且在互动中如何不断地被生成"。简言之,他关注的是一种语言作为一种行动在重构教育的文化维度、机构化层面、权力运作等方面的力量。正是这种对语言学的关注,促使伯恩斯坦成为较早关注教育中仪式问题的研究者。在伯恩斯坦看来,教育仪式应当被放入更为广泛的社会价值观、权力结构和文化背景中进行观察。教育仪式反映和强化了特定社会中流行的主导意识形态和社会等级制度,不同教育环境中使用的仪式可能因文化、社会和历史因素而有所不同,反映了这些环境中特定的规范和价值观。尽管教育中的仪式在维持社会秩序方面起着功能性作用,伯恩斯坦的研究也承认了仪式化实践所带来的潜在局限和挑战。他承认仪式可能会加强社会不平等,限制个体的自主权和创造力。这种认识与他对社会阶级、语言编码和教育成就关系的更广泛探索相一致。正是因为仪式当中所呈现的这种矛盾性,使得学校中的仪式总是呈现区分性和认同性两个层面。这种对仪式的矛盾心理在中国的学校语境当中也不难理解。如我们发现在我国一些都市学校中，仪式开展的过程中特别强调秩序性和安全性的统一，几乎每一次仪式活动老师都会带着秒表去测量学生排队的速度，以此评价各班级的表现。再如对拥挤表现出极大的恐惧，使得学校不允许学生课间在阳台过久逗留，也禁止学生课间到操场活动。鉴于此，我们认为对学校中仪式的类型化理解是十分必要的。因为，通过这种类型化的区分可以帮助我们更好地理解何种仪式是被期待的，以及哪些仪式又是被排斥的。正如，语言本身的风格也可以限制语言的功能一样。

在伯恩斯坦与艾尔文（Elvin）、彼得斯（Peters）在他们合作发表的一篇题为《教育中的仪式》（Bernstein et al.，1966）中对仪式的定义、仪式的分类以及仪式对教育的影响做了较为细致的论述。《教育中的仪式》通过对动物界仪式与人类仪式的区分，指出了人类仪式最为重要的特征是其"符号性行为"及其带来的"社会秩序"的建立。伯恩斯坦认为仪式是指"一种以固定的惯例、模式和象征行为为特征的交流形式"，其作为一种社会控制机制调节行为在教育机构中发挥维持社会秩序的功能。在此基础上，《教育中的仪式》将学校中的仪式分为区分性仪式和共识性仪式。

在上述三位作者看来，这两种仪式类型在教育中起到建立和调节行为的作用。它们提供了一个结构性框架，指导学生的行动、期望和对教育过程的理解。这些仪式性实践包括教室布局、座位安排和特定语言编码的使用，试图建立一个有结构的学习环境。仪式通过确保教育机构的顺利运行来维持社会秩序。它们在课堂和整个教育系统内建立起可预测性、稳定性和连贯性的氛围。仪式创造了对适当行为、期望和规范的共同理解，促进了学生和教师之间的集体意识。

（二）教育仪式与权威塑造

如果说伯恩斯坦更加强调仪式在构建教育秩序方面的作用，那么彼得斯（Peters，1966）后期的研究则让我们更加深入地思考权力和权威概念是如何通过仪式产生作用的。作为一名教育哲学家，彼得斯指出了教育除了育人之外的其他可能性，即他认为教育的本质是价值导向，培养学生的道德发展。这与此前的"价值无涉"的教育观相去甚远。因此，为了帮助儿童获得全面的道德发展，而不至于被权威所牵制，他强调以一种批判性反思、理性探究和开放性对话来促进儿童伦理与道德的发展。彼得斯区分了教育与灌输之间的区别,强调独立判断和批判性思考在维护儿童思想自由方面的重要性,也应当成为教育的主要文化基调。正因为在道德哲学领域的重要贡献,使得很多学者并未关注到彼得斯关于具有实践意义的仪式是如何与教育产生关联的。

实际上只要读者用心阅读彼得斯(1966)的《伦理与教育》,便能看到他对仪式在权威树立和权力强化上用笔之深。彼得斯认同伯恩斯坦对仪式的两种区分,并认为无论是区分性仪式还是共识性仪式在某种意义上并不是相互排斥的,而是相互配合的,巩固着群体内部的关系,将个体与外部群体进行区分。20世纪60年代的英国在经历经济大发展的震荡后,社会的价值观本身已呈现出一种多元化的发展。因此,彼得斯承认,在现代教育当中,学校的工具性和经济功能的凸显,使得社会共识很难达成,而使得具有表现性文化的仪式很难发挥其作用,即"在多元化的社会中,教育的经济和社会功能通常涉及加强学校的工具性文化而削弱表达性文化"(Peters,1966)。这就意味着,学校作为一个主体所发起的仪式活动很难真正达到稳定社会秩序的效果。相反,学生会发起自己的仪式实践,并随时调整和改变其仪式化的内容,从而实现一种身份的过渡或强化。

彼得斯进一步扩展了仪式在权威文化上所呈现的功能性作用。他说,仪式是将过去和现在联系起来,并标示其所传承的价值且无须附加任何的说明。在此,他扩展了对仪式的定义,认为教育当中既包含那些显而易见的仪式,如毕业典礼;也包括嵌入日常生活环境的机构化活动,仪式甚至体现在具体的物品当中,例如教科书。教科书以一种似乎可以永存的方式被生产、被装订起来(Peters,1966)。彼得斯认为,仪式以一种"潜在无声"的方式,以不太明确的手段陈述着其所要强调的事物,其所认为重要的事情,并暗示着参与者按照其方式如此行事。他将仪式在教育中的功能划分为两个方面。

其一,仪式表演通过模仿的方式,使权威人物的合法性得以建立,尤其是师生之间的关系。他写道:"类似的仪式之所以重要,是因为它们传递着某种氛围;它们将过去与现在联系起来,对教授的内容进行价值赋值而无须进行明确的说明。"(Peters,1966)

从心理学上看,这里讨论的是教师和学生之间必须会发生的某种认同,以便学生吸收教师的价值观。学生必须认识到所学的内容很重要,无论其是否达到某种标准。而要实现这一点,学校的传统和"氛围"极大地发挥着助推的作用;因为这样一来,认同的过程就会在同伴的压力下得以合法化。仪式化的各种装置通过象征性的模仿指明什么是重要的,什么是排除在外的,并通过情感来加强。课程在分享某些氛围时,无疑是最有效的。

在师生之间进行互动时,老师的权威如何得以合法化呢?彼得斯指出,"'仪式'作为第二手经验,以某种方式暗示,表示某种有趣和有价值的事情正在发生;因此,它们可以营造一种氛围,使教师能够让学生亲身体验到所关注的(重要)内容。如果一切顺利,内在的动机将得以发展"(Peters,1966)。从这个意义上看,仪式是一种间接的体验;它提供了一个感受实践氛围的机会,或者简单地让人感觉到某种重要的事情正在进行。这种间接的体验推动学生获得第一手经验。一旦学生能够以这种方式"品味"实践,他们将更深入地参与其中。

其二,彼得斯认为仪式像语言游戏一样邀请学生走进传统,并实践系统内认可的价值观。他通过将仪式作为权力的一种邀请,讨论了教育是如何把民主概念散播于学校当中的。在彼得斯看来,学校作为价值传递的重要场所,对培养学生的人格和民主氛围具有至关重要的作用。如果在学校实践中,教师以直接的方式向学生传递权威的价值观,则无法让学生对权威的行使形成理性的态度。相反,仪式总是作为正确权威的一部分,邀请学生进入一种有价值的生活,而无需使他们感受到强迫感。

> 仪式,还有权威都只是一种方法,它们标识出某种实践的重要性,并使学生觉得他们应该参与其中。这肯定比贿赂学生,或驾驭着他们要好。理性主义者经常批判仪式,觉得仪式缺乏工具价值;仪式对于促进任何明确的目标似乎没有什么作用。这,当然正好击中它们的要点。如果一种实践有明显的工具价值,例如搭乘火车去上班,那么没有必要将其仪式化了。然而,如果实践由于其内在性而使得其目的难以辨认,那么仪式就既可以吸引和诱导那些外部的人,也可以帮助那些内部的人恢复和维持对它的信仰。曾经,有许多人对议会的实际运作持有愤世嫉俗的态度,但在参与其中一些具有历史意义的庄严仪式时却得到了缓和。类似的仪式有助于将过去与未来联合起来,传达参与共同生活形式的感受。仪式在缓和任何理性动物都可能生活在地球上的琐碎和短暂感觉起到了一定作用。仪式也在很大程度上培养了任何一种具

有血性的生命都需要的团结感。

（Peters,1966）

（三）教育中的仪式与不平等的生产

不难看出,伯恩斯坦和彼得斯都深受涂尔干关于社会功能论的影响。他们确信仪式在构建团结、传递价值观和实施社会控制方面的作用。但他们两者似乎又都忽略了,教育自身的缺陷与属性,因为教育实践并不总是在"有意的设计"中去完成其实践行为的,同时教育所设想完成的目的也总是不都会在实践中去实现。也就是说,教育文化自身的缄默性以及仪式本身的非理性属性被忽略了。后期随着戈夫曼和特纳的仪式理论的兴起,仪式与宗教之间关系的解绑,使得教育与仪式的议题更加广泛地被讨论,如,作为仪式的学校中家长参与研究（Bushnell,1997）、家庭作业研究（Van Voorhis,2004）、校园参观研究（Magolda,2000）、教育改革运动研究（Cornbleth,1986）、教学实践研究（Ensign,1997）、教师实习研究（McAllister,2008）、幼儿园研究（McCadden,1997）、医学白大褂仪式研究（Huber,2003）和教育领导研究（Deal and Peterson,1999）等。当然,在 20 世纪 90 年代,仪式运用于学校研究最为著名的还是关于身份与反抗文化的研究。其中最为著名的代表便是麦克拉伦（Mclaren）的学校作为一种仪式表演：走向一种政治经济的教育符号与姿态语。

麦克拉伦的《学校作为一种仪式表演》写成于 1993 年。全书超越了传统教育理论,探讨了教育与更大的社会政治框架之间错综复杂的关系。在该书中麦克拉伦借鉴了马克思主义和批判理论的视角,通过将学校视为一种"仪式表演",揭示了教育过程不仅是知识传授的场所,更是文化和社会价值观的塑造空间,进而深入探讨了教育环境中的仪式性行为及其背后的政治经济因素。他认为,学校里的许多日常活动,例如升旗仪式、课间休息,甚至课堂教学,都是具有深厚象征意义的仪式。这些仪式不仅反映了社会的权力结构,还塑造了学生的身份认同和社会关系。仪式不仅是形式的展示,更是深层意义的承载。他借用符号学和社会建构主义的视角,分析了教育中的各种符号和姿态如何影响学生的行为和思想。他指出,仪式的重复性和规范性在一定程度上限制了创造性和批判性思维的发展,但同时也为学生提供了社会认同感和归属感。与此同时,由于教育是交织在社会生活中的，因此社会生活中的不公平也以相似的方式呈现在了教育中，教育从而加强了这一不平等的过程。通过分析不同社会阶层的教育仪式，麦克拉伦揭示了教育如何在潜移默化中强化或挑战既有的社会结构。通过对仪式的观察与分析，我们可以更好地看到教育过程中隐含的文化和社会意义，也可以更好地认识学校作为文化和社会空间的多重角色，为理解教育的复杂性提供了深刻的洞察，为如何在教育实践中追求更公平和更具创造性的未来提供了进一步思考。

麦克拉伦对教育与仪式的关系研究最大的贡献在于，将仪式作为一种透视教育过程的棱镜，揭示了教育本身的多维性。首先，麦克拉伦将教育视为一种仪式表演，提供了一种全新的框架。这一框架强调学校中的日常活动并不仅仅是简单的形式行为，而是深深嵌入社会和文化的语境中。他指出，诸如课堂教学等日常仪式化活动，实际上承载着多重的象征意义，反映了社会权力结构和文化规范。其次，他深入探讨了教育中的各种符号和姿态语，分析了这些仪式如何影响学生的行为与认知。通过关注仪式背后的象征意义，他揭示了教育不仅是知识的传递，更是社会化过程中的一种文化实践。这一分析拓展了仪式研究的范围，使其关注点不仅限于仪式本身，还包括仪式如何塑造学生的身份认同和社会归属感。他强调了教育仪式在形成个人与集体认同中的重要性，反映了学校如何作为一个社会微观世界，影响着学生对自身和他人的认知。此外，作为一个批判教育学者，麦克拉伦挑战了传统的教育观念，提出在仪式化的教育中如何平衡规范性与创造性。他呼吁教育者反思那些可能限制学生创造力和批判性思维的传统仪式，鼓励教育实践者在仪式设计中融入更多创新元素，以促进学生的全面发展。这一观点为教育者提供了实践指导，同时也对仪式研究提出了新的思考，促使学者们关注仪式化教育的潜在局限性。最后，麦克拉伦的研究不仅融合了教育学、社会学、文化研究和政治经济学，还为仪式研究提供了一个跨学科的视角。这种多维度的分析使得他在教育领域的研究更具深度和广度，推动了相关学术讨论的进展。他的著作促使研究者认识到，仪式在教育中的角色远比表面上所呈现的要复杂。

（四）多元文化背景中的教育仪式表演与个体社会化

走进欧洲，我们会发现不同的研究范式。尽管在很长的一段时间里，欧洲学者对仪式研究并没有流露出过多的兴趣。仪式研究在欧洲的集体沉默现象，到了 21 世纪初有了好转。其中，极具代表性的人物是德国教育人类学家武尔夫（Wulf）。

武尔夫早期师从于德国教学论学者克拉夫基（Klafki），后受批判教育学派的影响，转向教育人类学。他批判德国传统偏向于哲学的教育人类学仅关注抽象的人，而忽略了处于具体时空的人；同时也不完全认同英美式的文化人类学，仅从"他者"的视角强调人的特殊性。由此，他于 20 世纪 90 年代创办了历史—文化教育学派，提倡基于人类普遍的议题，从具体场景中开展深入的研究。正因如此他研究范围极广，从最为微观的课程评价，到具有实践意义的仪式表演，再到抽象的人类学发展史、艺术史、模仿与学习都有所涉猎。就仪式而言，武尔夫自 2001 年起便开启了一项长达 12 年的民族志研究，后以"柏林十二年教育仪式研究"而著称。在这项跨文化和跨时段的研究中，武尔夫坚守地捍卫仪式和仪式化实践在儿童的教育、教学和社会化中的核心作用。仪式为儿童的生活提供结构，并帮助他们融入社会秩序。仪式借助于姿态语塑造着个体从一种社会化机构过渡到另一社会机构空间，并促进其社会学习，在课堂上和学校教育中显得尤其重要。由于仪式具有表演性，教育教学本身具有了仪式化的印记。在学校中，儿童如何呈现自己的行为，都可以看成一种表演性实践。在此过程中，儿童通过模仿来实现对文化的学习，从而使图像、模式、他人期望、社会情境、事件和行动进入个体的心智图像世界中。尽管在全球化和欧洲一体化的背景下，教育教学承担着跨文化的重要任务，这一仪式和姿态语并没有减弱，反而被赋予了更深刻的意义。因此，武尔夫整合了德国传统的哲学人类学，英国传统的社会人类学和美国传统的文化人类学，进一步去观察学生是如何在多元背景下通过仪式去获得其社会化成长。在此，武尔夫并没有将儿童仅局限为学校的产物，因此观察了成长于不同社会场域的儿童行为特点，进而获得一个整体的儿童身份认知。在武尔夫的"柏林十二年教育仪式研究"中，他认为四个场域对于儿童的社会化和身份构建具有不可替代的意义，即：家庭、学校、同伴和数字媒介，并对其中的仪式行为进行了民族志研究。

家庭是仪式的密集场所，而且这些仪式大多具有个体指向性。比如，在家庭中通过每日的早餐这一共同用餐仪式，家庭成员可以彼此确认相互间的奉献，获得家庭的整体团结；在儿童的生日派对中，儿童、父母、兄弟姐妹之间的角色、相互责任与分工不断地被加强。当然家庭共同庆祝的时间还有对"幸福的理解",如西方的圣诞节这一家庭团聚的节日。

学校也是仪式表演的主要场所,在此机构与仪式的关联,等级与权力的关系也得以而生。在研究过程当中,武尔夫研究团队既关注了那些大的开学仪式和毕业典礼,也关注了具有节气性的夏日聚会、狂欢节等仪式活动,同时也包括了学校整体设计的日常课堂对话、学习任务、游戏和班级庆祝中的仪式性内容,这些都有助于学生获得学校学生的身份。如,每周周一所开展的"晨圈仪式",孩子们会相互分享他们在周末期间的经历和活动。通过这样的仪式,孩子们可以顺利地从周末的家庭生活过渡到作为学校学生的学业性角色。

同伴文化是现代教育的一大特征,其在很大程度上也是由仪式来塑造的。"柏林十二年教育仪式研究"关注了学生在校园操场上的课间共同游戏的场景,观察儿童在游戏过程中是如何通过不同的游戏类型、性别参与和种族对话,来完成群体的包容和排斥的。对于青少年而言,流行文化是不可忽略的,比如在派对中也呈现出很强的仪式化活动。

媒介是生长于网络文化时代下的,儿童成长所不可或缺的内容。武尔夫团队研究了数字媒介中的仪式化是如何影响学生的社会性成长的。其中涉及了在数字化虚拟游戏中的媒介仪式表演与儿童想象世界的构建关系。

基于以上四个对儿童成长具有重要影响领域的研究,武尔夫始终把仪式作为构建不同儿童成长社会空间最为重要的方式,进而重新塑造了我们对教育中仪式的认识:其一,尽管在全球化、多元文化背景的当下,仪式和姿态语在儿童的教育和社会化活动中起着核心作用;其二,儿童的仪式活动具有很强的表演性和述行性;其三,仪式表演与儿童的模仿学习一脉相承,这促使儿童将他人的形象、模式、想象、社会情境、事件和行为融入心理想象的世界中。通过这种方式,儿童获得了实践性知识,能够共同学习、行动、生活和成长;其四,在全球化的背景下,欧洲的教育和教育学面临着跨文化的任务,其中仪式和姿态语起着重要作用;其五,就研究方面而言,民族志和质性方法如参与式观察、基于视频的观察、照片分析以及访谈和焦点团体讨论是有效的路径。

武尔夫的研究揭示了仪式在教育中的重要性以及仪式在儿童的社会化和学习过程中的作用,强调了仪式的积极影响,包括建立秩序、促进学习和社会化，以及帮助儿童建立稳定性和安全感。更为重要的是，武尔夫的研究直面了一个核心问题，即一个多元文化的世界，仪式及仪式化的实践是否仍是有效这一话题。武尔夫认为，仪式不仅是文化表达的重要载体，也是塑造学生身份认同和促进社会化的核心机制。在多元文化教育中，仪式为学生提供了一个安全空间，使他们能够体验和分享各自的文化背景，从而增强对自身和他人文化的理解与尊重。例如，通过学校的文化节和庆典活动，学生可以参与各种文化仪式，这不仅丰富了教育内容，还加强了学生的社会归属感和认同感。此外，武尔夫提出教育者应在设计仪式时保持对文化多样性的敏感性，确保所有学生的文化都得到认可与展示，从而避免潜在的文化偏见和刻板印象。这种对仪式设计的反思，促进了更加包容的教育环境的形成。通过实证研究，武尔夫为仪式在多元文化教育中的应用提供了坚实的理论基础和实践指导，揭示了仪式在不同文化背景下的适应性及其对学生社会互动的影响。综合来看，武尔夫的研究不仅扩展了教育与仪式研究的理论视野，还为教育实践提供了有效的策略，推动了在全球化背景下对多元文化教育的深入理解，体现了仪式在当代教育中的重要性和复杂性。

二、中国语境中的教育与仪式

西方的研究大多关注教育行动过程中的仪式观察与分析，兼顾了社会学、人类学和教育学的多学科分析。在中国的教育语境中，仪式是一种显性的、文字化的方式、规定性地嵌入了教育的日常生活。如，唐代的礼官专门编著了《大唐开元礼》，不仅对皇室、官员在各种场合下应当遵守的礼仪规范进行了说明，也对普通百姓的节庆、日常交往和社会活动进行了规定。

在儒家传统中尤其推崇基于学礼的仁人君子，其将礼乐视为实施教化的主要手段。这从《论语》中子贡与孔子的对话可窥见一斑。子贡曰："贫而无谄富而无骄，何如？子曰：可也。未若贫而乐道，富而好礼者也"（《论语·学而》）。在其中，礼的教育所涵盖的范围甚广，上至统治阶层，下达一般平民。如："道之以政，齐之以刑，民免而无耻；道之以德，齐之以礼，有耻且格"（《论语·为政》）。在儒家文化当中，礼所展开的方式也是多样的，礼常配之以乐，进而使礼蕴含了审美的内容。如《礼记·乐记》记载：故礼以道其志，乐以和其声，政以一其行，刑以防其奸。礼乐刑政，其极一也，所以同民心而出治道也。在此，礼被理解为一种教导人心的方式，而乐又是调和人心的力量。由此可见，在传统儒家思想当中，礼被赋予了一种积极且灵活的思想。换言之，如果回归至当时的时代，礼虽需要借助于外在的行动加以呈现，但其实本质是根植于时代的日常活动之中。鉴于有关礼对教育理念的讨论已经十分丰硕，在此我们仅从两个层面对儒家的礼与教育之间的关系加以说明，一是作为教育内容的礼；二是作为教育结果评价的礼。

（一）作为教育内容的"礼"

"礼"在儒家文化中，通常被理解为一种规范与仪式的结合，既包括外在的仪式行为，也涵盖内心的道德态度；既有外在的衣着姿态，也有内在的审美维度；既涉及对身体的约束，也有情感外化。因此，《礼记》中指出"礼者，理之节也""不学礼，无以立"，强调了礼作为理性的表达，是万物人事运作的逻辑与基础。在《礼记》中，礼被分为"内礼"和"外礼"，内礼关注个人的修养与道德自省，外礼则是指与他人交往时的行为规范。这一分类突出说明了儒家对于君子处事内外一致的要求，认为真正的"礼"不仅体现在形式上，更在于内心的认同与实践。中庸的实践，也正是要在这种内与外当中寻求一种平衡与和谐。

《礼记》中对各种礼仪的详细描述，展示了"礼"的多样性，包括家庭礼、社交礼、祭祀礼等。如在《礼记·祭法》中提道："祭如在，宾如归。"强调了在祭祀时的庄重与敬意，这里所表达的是对祖先的尊重，同时也是对家庭和社会的责任感的体现。在男女性别教育当中，也规定了不同性别应当遵守的社会规范，不同的年龄阶段也规定了不同的礼仪形式。如《礼记·昏义》记载"夫礼始于冠，本于昏，重于丧祭，尊于朝聘，和于乡射；此礼之大本也。"在此，我们可以很清晰地看到，从一个个体角度，其一生所要学习的礼，其中包括：具有起点意义的冠礼，具有根本性的婚礼，最为隆重的丧祭礼，体现尊敬的朝觐礼，以礼让和睦为核心的乡饮酒射礼。

> 司徒修六礼以节民性，明七教以兴民德，齐八政以防淫，一道德以同俗，养耆老以致孝，恤孤独以逮不足，上贤以崇德，简不肖以绌恶。
>
> ——《礼记·王制》
>
> 因此五物者民之常，而施十有二教焉：一曰以祀礼教敬，则民不苟。二曰以阳礼教让，则民不争。三曰以阴礼教亲，则民不怨。四曰以乐礼

教和，则民不乖。五曰以仪辨等，则民不越。六曰以俗教安，则民不偷。七曰以刑教中，则民不虣。八曰以誓教恤，则民不怠。九曰以度教节，则民知足。十曰以世事教能，则民不失职。十有一曰以贤制爵，则民慎德。十有二曰以庸制禄，则民兴功。

——《周礼·地官司徒》

以乡三物教万民而宾兴之：一曰六德，知、仁、圣、义、忠、和；二曰六行，孝、友、睦、姻、任、恤；三曰六艺，礼、乐、射、御、书、数。

——《周礼·地官司徒》

以上段落以十分明确地指出了，司徒在教当地民众时如何通过具体的礼仪来节制人们的性情，培养人们的德行，规定统一的道德标准来统一风俗，尊崇贤能等。当然除针对百姓的专章说明以外，还有专门针对王朝国君的教育，如《地官·师氏》《保氏》《春官·大司乐》《乐师》等皆为此类记录。正因为如此，中国素有"礼教"传统，不仅有作为静态的礼，还有会流动的、潜入人心的礼。

在学校教育当中，礼构成了实践的重要内容。据清代秦蕙田《五礼通考》卷称，早在汉代时就有专门的《学礼》一篇，规定了从入学、教法、师尊、同辈关系及礼乐之事皆有所涉及。

（1）束脩之礼。束脩之礼是古代中国教育体系中的一种重要礼仪，反映了师生关系的核心价值观。内容上，束脩指的是学生给予老师的学费或象征性礼物，通常由家庭为其子女提供。这一礼仪不仅是物质意义上的感谢，更象征着学生对教师的尊重与感恩。在《礼记》中，束脩之礼被视为教育的起点，强调了教师在传授知识、引导品德方面的重要性。通过这一礼仪，学生向老师表达其学习的决心与对教育的重视，体现了儒家强调的"师道尊严"。该仪式发生的时间，一般是在学生入学、升学或某一学业阶段开始时。特别是在传统的私塾教育中，这一仪式具有重要的仪式性和象征意义，标志着学生学习旅程的开始。从其参与的人员来看，束脩之礼的参与者通常包括学生、教师以及学生的家长。尽管这一仪式可以在家庭这一私人环境中进行，但在一些情况下，也会扩展到学校这一集体性场景中，形成一定的规模化表演。在这种情况下，家庭和教育机构之间的互动得以加强，教师的劳动与地位得到了认可与重申，学生获得了自我修养的契机。通过束脩之礼，学生表达了对教育的敬重，同时也承诺相互间将以"礼"相待，从而树立良好的道德榜样。这种道德教育在当代社会依然具有重要的现实意义。

（2）释奠之礼。这是中国古代教育中对已故教师表示尊敬与怀念的一种重要仪式，体现了传统文化中对师道的重视。释奠之礼的内容包括对逝去教师的祭奠，通常涉及献酒、献花以及诵读祭文等环节。这些仪式展现了对已故教师的追思，对其德行和学识的肯定，强调了教师在教育传承中的重要角色。一般而言，释奠之礼常在特定的纪念日举行，比如教师的诞辰或逝世纪念，如孔子的诞辰。但实际上早期的释奠礼会根据不同地方与行政划分略有区分，如在中央分别是在二月、五月、八月、十一月各举行一次，而州郡学则分春秋，即二月和八月各举行一次。释奠礼是学校仪式中最为重要的仪式之一，因此隆重而又盛大。这种仪式往往具有一定的公共性和仪式性，能够吸引较大规模的参与者，共同缅怀已故先圣先师，增强教育群体的凝聚力和认同感。通过这种规模化的释奠之礼，教育的社会价值观得以传播与巩固。通过释奠之礼，人们对逝去教师表示缅怀，进而对在世教师产生激励，从而实现了学术传承。与此同时，通过追思已故教师的教诲，学生得以反思自身的学习态度与价值观，提升对教育的敬畏之心。

（3）乡饮酒礼。这是一种在学校举办的、旨在庆祝乡社活动的、加强社群凝聚力及和谐氛围的一种仪式。乡饮酒内容通常包括饮酒、祝酒词、歌唱及游戏等环节，目的是通过共同的庆祝活动增强社区成员之间的联系。乡饮酒礼通常庆祝一定居住区域或家庭成员共同的经历与成就，反映了人们对传统文化和集体记忆的重视。从参与人员来看，乡饮酒礼通常是一定居住区域内的集体活动，参与者包括家庭、朋友及邻里。根据仪式的性质和规模来看，乡饮酒礼可以是小型的家庭聚会，也可以是大型的社区庆典。这样的多样化使得乡饮酒礼在不同的社交场合均能发挥重要作用，促进人际关系的建立与深化。因此，从根本上看，乡饮酒礼不仅促进社交、增进感情，也是加强社区认同和团结的方式。通过共同的庆祝活动，成员之间的关系更加紧密，社群氛围也更加和谐。

（4）养老之礼。养老之礼的内容包括对老年人的尊重、慰问、提供物质支持及精神关怀等，旨在强调社会对老年人的责任。在《礼记》中，养老之礼被视为家庭伦理和社会道德的核心，"人君养老有四种：一是养三老、五更；二是子孙为国难而死，王养死者父祖；三者养致仕之老；四是引户校年，养庶人之老"。一般而言，养老之礼并没有固定的时间限制，通常依托家庭聚会、节假日或特定的敬老活动举行。比如在春节、中秋等传统节日,家庭成员聚在一起,常常以敬老的方式为老年人庆祝,强调家庭团结和对老年人的尊重。养老之礼不仅体现了对老年人的尊重,更是对家庭伦理和社会责任的强调。通过这种礼仪,后辈能够铭记对老年人的关爱,促进代与代之间的和谐相处与相互支持。

(二)作为教育结果评价的礼

在中国传统教育中,"礼"不仅仅是一种文化现象,更是一套深植于社会生活各个方面的规范体系,是儒家思想的核心(芬格莱特,2002)。如,《论语》中,当孟懿子向孔子问孝时,孔子说:"生,事之以礼;死,葬之以礼,祭之以礼",深刻地揭示了礼仪与日常生活之间的关系。在此,我们可以至少看到礼与日常生活的三层嵌套。首先,"礼"贯穿于人的一生。从出生到成长,再到衰老和死亡,每一个阶段都离不开"礼"的指导和规范。"礼"构成了个体修身成人的基础,是维系社会秩序和谐的纽带。通过"礼"的教育,个体被引导去尊重生命、尊重他人、尊重自然和社会规律,从而实现个人与社会的和谐统一。其次,"礼"是嵌入日常生活实践。孔子强调"礼"的实践性,认为"礼"并非单纯理论上的说教,更重要的是在日常生活中的践行。无论是在家庭中的孝道,还是在社会中的各种交往,都需要"礼"来指导行为。"礼"的实践使得日常生活不再是简单的生存状态,而是充满了道德意义和文化价值的生活实践。最后,"礼"构成了日常生活的检验标准。"礼"不仅是外显的行为规范,也是评价社会氛围与风气的标准。一个社会的文明程度,很大程度上取决于其成员是否能够遵循"礼"的规范。通过"礼"的学习和实践,个体能够不断提升自己的道德修养,社会也能够不断向更加文明和谐的方向发展。

孔子曾以自我的修身过程为例,以具象化的方式呈现了个体日常生活与礼仪之间的关系。"吾十有五而志于学,三十而立,四十而不惑,五十而知天命,六十而耳顺,七十而从心所欲不逾矩"(《论语》)所体现的正是孔子如何将礼作为一种行动的准则。在孔子的一生中,他从十五岁立志学习开始,将"礼"作为学习和实践的准绳,"礼"在这个阶段是他学习的对象,也是他评价自己学习成果的标准;到了三十岁,孔子"而立",此时的"礼"已成为他内化于心的行为准则,他能够依据"礼"来立身处世,评价自己的行为是否得当;四十岁时,进入了"不惑"之年,孔子对"礼"的理解和实践已经达到了成熟的阶段,能够清晰地辨别是非,不再对"礼"的规范感到迷惑,此时,"礼"成为他评价事物和行为的明确标准;进入五十岁"知天命"之时,孔子对"礼"有了更深层次的理解,可以体悟到"礼"不仅仅是人为制定的规范,更是与天命相联系的道德秩序,在这个阶段,"礼"成为他评价个人命运和社会秩序的哲学基础;六十岁谓之"耳顺",意味着孔子能够虚心接受各种不同的意见和批评,这也是一种"礼"的体现,此时"礼"成为他评价自己是否能够包容和理解他人的标准;直至七十岁,孔子能"从心所欲,不逾矩",臻至"礼"的最高境界,期待和行动都自然而然地符合"礼"的要求,无须刻意追求,"礼"在此成了孔子内心自然而然的流露。

孔子对"礼"的理解显然超越了外在的规范和仪式,深刻地与个人的内在修养和道德实践相联系。在孔子看来,通过学习和实践"礼",个人能够不断地提升自己的道德修养,最终达到"从心所欲不逾矩"的境界。这里的"矩"代表了社会的规范和道德的准则,而能够自由地遵循这些规范而不逾越,正是"礼"的实践所带来的结果。与其他诸子百家相比,孔子所开创的儒家思想无疑更加强调人性本身的力量,对群体性也充满了极大的信任。人性正是在践行礼仪的过程中、在社群的整体脉络中趋于完善,最终人们在日常生活中从容中道,拥有一种焕发神奇魅力的美德。圣人就是人性在不离凡俗世界的礼仪实践中所透射出的神圣光辉。

如果说礼仪这一概念所折射的还只是一种静态的、一种基于文字或行为的单维度的传承,那么"君子"这一形象则将这种活动更加具象化,甚至是普及化了。在很长一段时间里,中国教育的核心目标之一就是培养具有"礼"的君子。芬格莱特在其著作《孔子:即凡而圣》中,深入探讨了"礼"与"君子"之间的关系,以及真正的君子应当如何以礼行事。君子作为孔子理想中的人格典范,是那些通过学习和实践"礼"来达到道德完善的人。芬格莱特(2002)认为"礼"是人存在的本质,它统合了人的存在的多个维度,具有人文性格、神奇魅力,并具备道德的特征。芬格莱特认为,通过礼仪的媒介,人的生命特有的人性成分才能得以鲜活体现。"君子"作为"神圣的礼器",是沟通"礼"与人性的中介。君子通过礼仪活动,不仅塑造了自己的道德品质,也成了社会和谐与秩序的维护者。芬格莱特认为,君子在礼仪中展现的力量是客观的,与个人的心理状态不完全相关,而是与礼仪的具体实践紧密相连。他强调，君子的"忧"不是个人的情感体验，而是一种对道德责任的认知和承担。这种忧与"道"直接相关，而"道"接近于"礼"。

同样，孔子对"礼"的理解深刻影响了其对"君子"的期望。孔子期望通过"礼"的教育，培养出能够自我约束、自我提升的君子，这些君子能够在社会中发挥道德表率作用，以影响和提升社会民众的道德素养。孔子认为，君子应当以"仁"为核心，通过"礼"来规范自己的行为，从而达到内在的道德修养与外在社会秩序的和谐统一。在具体的教育实践中，这种礼以一种更加社会性和区隔式的方式呈现了出来。

> 六年教之数与方名。七年男女不同席，不共食。八年出入门户及即席饮食，必后长者，始教之让。九年教之数日。十年出就外傅，居宿于外，学书计，衣不帛襦裤，礼帅初，朝夕学幼仪，请肄简谅。十有三年学乐，诵《诗》，舞《勺》，成童舞《象》，学射御。二十而冠，始学礼，可以衣裘帛，舞《大夏》，敦行孝弟，博学不教，内而不出。三十而有室，始理男事，博学无方，孙友视志。四十始仕，方物出谋发虑，道合则服从，不可则去。五十命为大夫，服官政。七十致事。凡男拜，尚左手。
>
> 女子十年不出，姆教婉娩听从，执麻枲，治丝茧，织纴组紃，学女事以共衣服，观于祭祀，纳酒浆、笾豆、菹醢，礼相助奠。十有五年而笄，二十而嫁；有故，二十三年而嫁。聘则为妻，奔则为妾。凡女拜尚右手。
>
> ——《礼记·内则》

这里的礼是建立在一种对阶层、角色与人性的高度承认中展开的，是大同和和谐的前提。这在当时，是一种基于"常识"而治国的思想，在一个尚待文明化的社会实际上是十分有效的。忽略这种情境性，可能会使我们低估其有效性；而仅从现代的视角对其进行一味地批判，也易使我们落入一种偏狭主义当中。为什么这么说呢？或许诺贝尔奖的获得者洛伦兹的相关研究可以帮我们澄清这一点。洛伦兹是20世纪中叶最为有名的生物学家之一，其长期从事动物行为的观察。在其《攻击与人性》当中，他深刻地指出"同种攻击"的动物本能行为，这比达尔文提出的同类相争更进一步。他认为，达尔文所提出的同类竞争常常是出于存活的需要，是一种"生存竞争"。而同种竞争则不一样，其是基于"阶级次序"的需求。"在这种次序下，社会中每个个体明白哪个比较强，哪个比自己弱，如此即可以离开强者，并使弱者屈服"（洛伦兹，1987）。由此可见，所有社会性动物都是社会地位的追求者，且阶级次序越接近，紧张程度就会越高，阶级越来紧张度反而降低。在洛伦兹看来，人类作为一种进化的动物就在于不断地去修正其"攻击"的行为，所以洛伦兹认为，正是在这种情况下，动物的攻击本能是通过仪式来抑制的。因此，孔子所倡导的礼治有着最为"人性"意义上的合理性。

尽管在传统儒家文化当中对礼饱含有更多的积极态度，而在当代的仪式与教育的研究当中，更偏向于从批判的角度看待教育中的仪式现象。如在新文化时期，知识分子将"礼"污名化为一种教义，认为"礼"是对人性的束缚、个性的压抑，完全不再适用于当代社会。仪式或仪式化活动则完全视为对封建制度和文化的再表演，是阻碍中国走向民主、科学社会的绊脚石。具体到学校教育中，有关仪式研究也出现了新的转向，即将仪式与意识形态、仪式与文化传统结合起来。如程天君的《"接班人"的诞生：学校中的政治仪式考察》、吴晓蓉的《仪式中的教育：摩梭人成年礼的教育人类学研究》、宋萑的《学校升旗仪式的人种志研究：对一所中学的田野调查》都是此类代表。该类研究通过田野，以细节化的一种方式呈现了仪式是如何嵌入学校生活当中，如何以单一的方式塑造着个体的身份，为我们进一步理解礼仪在当代学校生活的呈现提供了宝贵的材料。然而遗憾的是，这种从认知和理性的单维视角来观察和理解教育中的仪式，并没有使学校生活的境遇变得更好，也未能构建出一种新的关于学校生活的图景。

在城市化的背景下，当社会构建是一种全新的原子化、陌生化的形式组织时，城市化进程就不只意味着人口从农村向城市的物理迁移，更涉及社会结构、文化认同和价值观念的深刻变化。因此，教育中的仪式研究需要一种新的方法论，这种方法论应当超越传统的意识形态框架，更加注重仪式的意义价值、情感价值以及共同体价值。具体说来：首先，仪式的意义价值在城市化背景下显得尤为重要。随着社会的快速变迁，传统仪式可能不再适应新的社会环境，因此需要重新审视和解读仪式在现代教育中的意义。仪式可以作为一种教育媒介，帮助个体理解和适应社会规范，同时也是传递社会价值观和文化传统的重要途径。在城市化过程中，教育仪式有助于新市民，尤其是流动人群的孩子，更好地融入城市社会，理解并接受新的社会角色和身份。其次,情感价值在教育仪式中同样不可忽视。几乎没有仪式不需要处理人的情感问题。有的仪式是对情感的抵制,有的仪式是对情感的表演,有的仪式甚至发明和发现了新的情感元素。仪式能够深深地激发个体的情感呈现、情感互动,直至情感共鸣,进而增强群体间的情感理解、凝聚力及个体归属感。因为在城市化背景下,人们时刻面临身份认同的危机和社会疏离感,而教育中的仪式可以通过创造共同的经历和情感体验,帮助个体建立起对新环境的情感联系,并使共鸣性的社会成为可能(罗萨,2015)。最后,教育仪式有可能构建一种有共同体的交际行动,以信任为前提的交流行为。在城市化过程中,教育仪式可以作为一种社会黏合剂,促进不同背景和文化的人们共同构建一个包容和多元的社会共同体。通过仪式,个体不仅能够学习到共同体的规范和价值观,还能够在实践中体验到共同体的力量和支持。这种共同体价值的培养对于城市社会的长期发展和居民的幸福感至关重要。唯有不断地拓展我们对仪式理解的范畴,才能使我们更好地理解何为仪式的动态性,何为仪式的效力性。

三、都市教育仪式实践的新可能:概念重构与三种路径

(一) 全球化背景下的教育仪式实践困境与反思

仪式作为一种人类特殊的实践活动,有着鲜明的特征,比如:仪式具有重复性,没有任何一种仪式仅是一次性的。在仪式过程中,要求人们对参与活动中的动作、神态、表情,甚至服饰、修辞等一整套姿势都按照之前的方式重复一遍。我们可以通过两个层面进一步来理解这种重复性。其一,社会规范意义上的仪式重复。通过不断重复,仪式将某些行为和信仰固化为社会规范,从而为个体提供了一种行为的预期和框架。例如,节日庆典等通过周期性的重复来强化信仰和社区的凝聚力。这种重复性使得仪式成为一种强有力的社会整合机制,顺利地传递文化价值和传统,构建社会成员之间共同的身份和归属感。其二,个体层面的仪式重复。相较于文字性的活动,仪式总是要求个体的身体性参与。通过身体的深度表演,仪式在心理上、情感上都给予了个体以表演的空间。在儿童的早期阶段,这种重复性是通过对成人的模仿来完成的,个体通过仪式活动内化社会规范和行为模式,将个体

的情感与社会的情感进行有机地对话和结合,进而构建一种独特的情感表演。

仪式的重复性同时意味着其面临着模式化的危险,而这常常是通过文化符号和严格的社会规则来实现的,尤其是在那些文化规定性强的仪式活动中表现得最为明显,这就自然带来一些基本的误区。首先,仪式往往被过于狭义地理解为宗教活动,忽视了它们在非宗教领域中的普遍性和多样性。其次,仪式的重复性和象征性被认为是其不变的特征,而忽视了它们在不同社会和文化背景下的动态性和可变性。此外,传统研究往往强调仪式的整合功能,而对仪式可能带来的限制和对个体自由的压制关注不足。例如,仪式可能限制生活,通过开启新的可能性或关闭它们来维持现有的权力结构和社会等级。这种批评视角揭示了仪式在社会控制和意识形态中的作用,强调了对仪式实践的批判性分析的重要性。

人们对仪式外在表现形式的过多关注与批判导致了对仪式的全盘否定,而对仪式内在的意义及其对人类存在本身的重要性关注不够。实际上,人类的活动需要仪式,仪式就是人们开展日常生活最基本的方式,重复性是人生活的基本节奏,而符号性则是人类得以构建其身份的重要。我们可以借助仪式的重复性特点展开进一步说明。人类基本的意义和创造性就是在重复当中被创造的,这一点克尔凯郭尔在《重复》中就有所论及。在克尔凯郭尔(2019)看来,重复不仅仅是一个物理行为的重复;它是对人类状况和存在本质的深入探究。他认为,尽管时间以直线向前推进,人类却倾向于回到过去的经验中,试图重新获得或捕捉失去的东西。这种回归行为不仅仅是对一个地方或事件的物理重访,而是一种精神和存在的寻求,意义的寻找。因此,在他自传性质的书信日记体小说《重复》中,克尔凯郭尔书写了重复与人类存在结合的三种状态。小说的第一部分讲述了一个年轻人在恋爱之初就陷入了回忆,将他的恋人视为诗性创作的审美客体,而非一个具体、活生生的人。他的爱情因此变得抽象和理想化,导致他与现实和具体人之间的断裂,由此他在重复当中陷入了"回忆之爱"的困境;第二部分,作者引入了康斯坦丁这个人物,并提出重复这一观念来解释"回忆之爱"的困境。为此,康斯坦丁重新启程到达柏林,按照曾经的路线与方式,但这种身体和行动上的重复,却没有带来原想获得的重复式体验;第三部分,年轻人通过信仰的行动重新赢得了自身存在的统一,使内在的自我分裂重新得以整合。基于以上书写,克尔凯郭尔揭示出了重复的三重不同含义:在年轻人的"回忆之爱"中,重复是"表象自我"和"被表象自我"之间的双向复制;在康斯坦丁那里,重复是"存在与思维"之叠合;重复作为一个超验的范畴被正式提出,通过年轻人的信仰行动得以实现。重复,在此所涉及的绝不是简单的循环或机械运动,而是一种决断性的行动,涉及主体的意志和自由,它要求个体凭借自由的行动开启新的事件序列。同时,借助于重复,人们可以基于信仰来克服断裂和虚无感之间的见解。

克尔凯郭尔从个体层面澄清了,重复何以构成其存在的意义。仪式化的重复,则可以为个体的文化性和社会性存在提供依据。在仪式中某些行为或活动被赋予了特定的意义,并且以规律和重复的方式进行。个体通过参与这些重复的活动,不仅在行为上与社会和文化传统相连接,而且在精神和情感上与这些传统产生共鸣。因此,根本性的问题并不是我们想不想要仪式,或者应当如何消除仪式。相反,我们应当深思在一个全球化的时代,我们有着怎样的仪式,过着怎样仪式化的生活? 我们应该如何透过仪式理论更好地理解这一生活形式?

（二）一种理解学校教育仪式的新可能:动态的视角

诚然,在全球化的背景下,传统的仪式模式正经历着深刻的变革,这一点在韩炳哲的《仪式的消失》中得到了较为详尽的说明。韩炳哲（2023）认为,现代社会传统的仪式正在消失,取而代之的是更加灵活、个性化的重复模式。因为全球化不仅加速了文化的交流和融合,也促进了个体化和差异化的发展,这至少表现为以下三点。首先,全球化导致了文化同质化的趋势,许多传统的仪式和习俗在全球化的冲击下逐渐失去了原有的意义和功能。随着信息的快速流动和文化的广泛传播,不同文化的仪式化活动越来越多地被标准化和商品化,从而削弱了它们的独特性和象征意义。这种同质化趋势使得仪式失去了固有的深度和严肃性,变成了表面化的表演和消费的对象。其次,全球化背景下的个体化趋势也对仪式化重复产生了影响。在韩炳哲看来,现代社会中的个体越来越追求个性化和自我实现,这导致了人们对传统集体仪式的疏离。个体更倾向于创造和参与那些能够反映个人价值观和生活方式的仪式化活动。这种趋势在一定程度上解构了传统仪式的权威性和约束力,使得仪式化重复变得更加多样化和碎片化。最后,韩炳哲强调了数字化和媒介化对仪式化重复的影响。在数字化时代,许多仪式化活动被转移到了虚拟空间,如社交媒体上的互动、线上庆典等。这些新的仪式化形式虽然提供了跨越地理界限的参与方式,但同时也改变了仪式的本质,使其更多地依赖于新媒介的呈现和传播。这种转变不仅影响了仪式的参与感和体验感,也对仪式的传播和影响力产生了深远的影响。因此,在全球化的背景下,对仪式化重复的理解需要新的视角。我们需要认识到,仪式化重复不再是单一的、固定的模式,而是多样化、动态化的过程。这要求我们重新审视仪式与现代社会的关系。我们也需要探索如何在保持仪式传统价值的同时,赋予它们新的形式和内容,使其能够适应个体化和差异化的需求。

在这一背景下,德国教育人类学者武尔夫所开展的"柏林十二年教育仪式研究"就显得十分具有借鉴意义。在武尔夫的研究中,仪式被视为动态的社会现象,它们不仅是社会和文化的守护者,也是变革的推动者。他尤其强调了仪式在教育和社会化过程中的重要作用,特别是它们在儿童和青少年的学习、行为和文化适应中的功能。通过对一所学校长达 12 年的教育仪式研究,他发现仪式在小学儿童的教育、社会化和学习中扮演着主要角色。仪式不仅协助儿童在社会秩序中找到自己的位置,促进他们在不同社会领域之间的过渡。更为重要的是,仪式具有很强的表演性,是身体化的实践,仪式通过模仿过程在儿童的文化生活中发挥着重要作用,孩子们通过模仿他人的行为和图像来获取实践知识,从而学会学习、行动和共同生活。

武尔夫还进一步强调了仪式在全球化背景下的跨文化任务中的重要性。在他看来,随着社会的多元化和文化的交流,仪式和仪式化行为在教育中的作用变得更加复杂和多样。仪式不仅需要适应新的社会和文化环境,还要在维护社会秩序和促进文化变革之间找到平衡。武尔夫的研究通过民族志和定性方法,如参与观察、视频分析、图像分析以及访谈和集点团体讨论等,提供了对仪式和仪式化行为的深入理解。这些方法的多样性使得研究能够从不同角度捕捉仪式的复杂性和多维性,从而为教育和社会化领域提供更为丰富和透明的研究成果。换言之,武尔夫提供了更为动态和互动的仪式理解框架,强调了仪式在社会和文化变迁中的活跃角色,以及它们在个体和集体生活中的实际影响。通过将仪式视为社会戏剧和表演实践,揭示了仪式在教育和社会化中的变革潜力,以及它们在形成社区和文化身份中的关键作用。这种视角不仅挑战了传统的仪式理解,也为当代社会中仪式的研究提供了新的理论和方法论工具。

（三）构建都市教育仪式的三种路径

仪式在特定的文化脉络中必定会不断被重新诠释,仪式活动是个体和群体的"生成场所"。特纳在《仪式过程:结构与反结构》中论述了这种源自仪式结构内部的动态性。在他看来,仪式往往起到"界限转移"与"社群感"的双重作用。仪式的"边缘阶段"使参与者脱离日常角色,进入一种"反结构"的空间,从而释放潜在的创造力和集体情感。武尔夫从文化表演的角度,进一步从身体和情感方面展现了这种动态性。在他看来,每一次仪式的进行,都为参与者创造了一种特定的互动氛围,使他们在情感、认知上产生共鸣,构建集体记忆。在表演过程中,教育仪式成了一个培养创造力的场域。比如在中小学的开学和毕业典礼上,现代学校不再拘泥于传统的流程,而总会面向"学生"这一具体对象,鼓励学生参与仪式活动,使其成为仪式实践的"共建者"。在此,仪式创新增强了学生的参与感,仪式本身成为一种对未来生活的积极期待和投入。换言之,动态性仪式在教育场景中的创新性,增强了教育的情境关联和社会适应性,使得仪式不仅是文化的承载物,也成了培养个体创造力和社会责任感的有力工具。

当我们将仪式的动态性视角运用到教育的语境中时,就必须将其放置于目前我们所处的具体教育生活和活跃的教育场景之中。这就意味着,我们既要关注仪式既有的结构化,又要理解仪式是因情境的不同而产生的变化。过去近半个世纪里,中国变化最为明显的便是从一个围绕农业为主的社会样态,转向以工业为主的城市样态。中国的城市化首先是城市人口数量上的规模化。随着大量人口的涌入,如何在快速流动的社会背景下,为学生提供一种稳定的情感支持和身份认同的渠道就显得尤其重要。城市化进程使得许多人脱离了熟悉的乡村环境,进入陌生的城市生活,这样的变迁带来了心理上的不确定性和情感上的疏离感。这种情感上的飘零感(唐君毅,2004)以一种无形的方式侵入学生的生活和学习状态。因此,在都市教育中,动态性仪式的设计不仅可以为学生提供社交融入的机会,还能够帮助他们在心理上建立一种稳定的归属感。特纳所提到的"界限转移"在这里显得尤为关键。通过仪式,学生可以暂时放下在新环境中的焦虑与压力,进入到一种仪式性的情感空间,这种空间中的"反结构"特质可以增强学生的情感归属。动态性仪式在都市教育中通过一系列象征性行为,如互赠礼物、合唱、集体祝福等形式,使学生在情感上获得慰藉,增强彼此间的联系,从而更好地适应城市化带来的环境变化。

近年来,许多都市学校在仪式设计中会将社区文化和现代化元素融合进去,如环保意识、科技创新等主题,以满足都市学生的兴趣和认知需求。这种基于都市环境的仪式创新,让学生在参与中获得认同感,并增强其对城市文化的归属。同时,动态性的仪式形式还使得学校能够灵活调整仪式内容,以适应不同学生的兴趣和发展需求,并在帮助学生确立身份认同方面,发挥积极的作用。都市学校生活的仪式实践与研究仍然面临不少挑战,大致可以总结为以下五个方面。第一,都市学校的空间、时间和资源有限,实质性地阻碍了动态性仪式的实施。由于都市教育通常具备较高的人口密度和相对有限的校园空间,仪式活动的组织难免受到制约。特别是一些需要较大活动场地或特定布置的仪式,都市学校的空间不足导致仪式的开展形式和规模受到限制,很难达到预期效果,从而影响了仪式的互动性和参与效果,使之流于形式化。第二,都市学校的时间安排紧凑,学生的学业负担较重,这使得学校往往优先安排学业课程,而仪式活动的时间和频次则可能被压缩,更不要说用心地设计和策划一场仪式了。都市中家长和教育系统普遍对学业成绩有较高期待,许多学校在面对动态性仪式的实施时,往往会因为学科课程的紧迫性而削减甚至取消这些活动。这种状况反映了在都市教育中,表现出仪式的情感支持功能和学业成就之间存在一种不平衡,许多学校在重视学习成绩的同时,忽视了动态性仪式所能带来的心理和情感支持价值。第三,都市中的仪式活动设计也常受到资源的限制,尤其是受到教育经费和人力资源不足的限制。动态性仪式的有效开展需要富有创意的设计和精心的策划,而许多学校由于资源紧张,难以为仪式活动提供足够的支持。例如,富有特色的仪式布置、道具以及活动设计可能会因为预算不足而变得简单化,从而削弱了仪式带来的情感共鸣和文化认同效果。此外,动态性仪式的开展还需要教师的积极参与和培训。在教师资源有限的情况下,教师的仪式策划和组织技能得不到有效提升,仪式活动可能难以达到预期的教育效果。第四,在社会观念方面,许多家长和教育决策者对动态性仪式的价值认识不足。许多家长认为学校仪式只是一些表面化的活动,缺乏实质性的教育价值。这些家长更关心孩子的学业成绩而非社会情感教育。这种对仪式教育功能的忽视导致动态性仪式在都市学校中得不到足够的重视和支持。在教育管理层面,一些学校的领导者在制定政策和分配资源时,可能也会将关注点放在提升学业排名上,进而将仪式活动作为一种调节,使其流于表面。第五,动态性仪式在都市教育中的推广也面临文化和价值观的适应挑战。城市化导致的文化多元化使得都市学校的学生背景各异,而如何在多样化的文化氛围中找到一种具有包容性和共识的仪式形式,是教育管理者面临的挑战。动态性仪式需要在尊重个体差异的同时创造集体的情感共鸣。但要在多元化的学生群体中找到共同的情感和价值认同,设计出令人普遍满意的仪式,则需要将此事作为一门精细化的学问加以对待。

我们认为在当代城市化的背景下,教育仪式的内涵和作用有了更为复杂和多维的表现。为此,我们应当重新审视教育仪式的理论基础和概念框架,以帮助我们更深入地理解其在现代教育中的价值和适用性。在此,本书拟定了以下三个维度来透视城市化背景下仪式在教育场域中的角色、关系和意义。

首先,我们将仪式视为一种教育内容。当我们说仪式作为一种内容时,实际上是指将仪式看作一种"认知的对象",看作一种"名词"形式。在此,教育中的各主体试图从其"理性"的角度来剖析仪式的维度与属性。现代学校教育最为重要的一项职责就是为其所在的文化或国家培养合格的公民。在此,学校教育需要构建一套看起来相对固定的文化内容或道德规范,并将其置入课程。与其他的相对"客观"的知识教授不一样,此类知识更多地需要依赖身体和情感的内在渗透,并通过互动的方式呈现出来。无论是站立、行走、端坐,还是其他的肢体动作,身体在仪式中的表现是其不可或缺的组成部分。身体不仅是仪式活动的执行者,而且是传递意义的载体。通过特定的身体动作和姿势,个体在参与仪式的过程中感受到集体的氛围和文化的力量。与此同时,仪式通过身体的参与激发情感,参与者通过仪式化的行为与他人建立情感联系,并与文化、社会进行深层次的情感认同。在学校等教育场景中,升旗仪式、开学典礼等活动通过集体的身体表现引发强烈的情感共鸣,增强集体归属感和认同感。例如,学生在升旗时的立正、敬礼,虽然看似简单的身体动作,却常常伴随着对国家、学校的敬意和情感的认同。正是在仪式表演的过程中,身体与情感的结合才使得仪式的形式得以具象化和具体化。聚集于身体与情感的学校仪式表演,使得学校中诸如秩序规则、行为框架和角色分工等仪式的内在属性成了讨论的焦点。这些讨论有助于我们去了解当下学校正推崇的文化认同和情感归属是什么。在这一维度下，我们也可以潜在地对比过去几十年里学校场景中的教育仪式与当下正在推崇的教育仪式，来观察教育自身一直所持有的信念及其内在可能性的张力。也正是通过这些仪式内容的传授，学校有可能获得独特的空间去形塑一个被称为"学生"的身份。

其次，我们将仪式视为教育过程中的互动方式。换言之，我们将教育过程本身看作一种仪式化的过程，是仪式的动词形态。教育作为一种古老的人类活动，承担着文化延续的重要使命。但在现代学校出现以前，在义务教育未曾普及之时，教育始终是以一种相对松散、口口相传的方式而展开。因此在教育发展的很长一段时间里"教育无目的"构成了其主旋律。现代学校服务国家为宗旨的实践导向使得教育的目的性和功能性意味日益突出，以至于在当今所开展的任何一项教育实践活动中，首要的问题是去询问"通过本活动，教师想要达到的目标是什么"。这种具有目的导向的活动，使得组织和管理必须朝向模式化的方式前进，最终以仪式的方式得以呈现。与其他的实践活动相比，仪式最大的特点在于"自然性"。这里的自然性至少涉及两个层面：其一，仪式是系统运作中十分自然的一种力量，一种习惯，如果缺乏这种力量，人们会觉得有嵌入性困难；其二，仪式上的自然性，实际上是指其在时间上具有某种积累性，因此仪式总是与他者相关。教育仪式的自然性，使得人们无暇反思其行动背后的逻辑与假设，从而更容易视之为理所当然。现代学校最为常见的仪式化的教育活动是"课堂"以及围绕提升课堂质量而展开的教学活动这两类传统的实践形式。随着城市化的推进，各个社会系统之间的冲突越来越明显，因此一种基于系统间对话的现象变得更为普遍，其中最为明显的是家校合作这一新仪式化实践，以及社区作为第三方对学校的介入。这些新的仪式化活动与旧有的仪式化活动之间形成了一种重要的张力，最终影响着学校角色的转型。

最后，我们将仪式作为一种学校自我形象构建的仪式化实践。尤其是在城市化和全球化的背景下，"竞争成为主旋律"的现象日益加剧，学校作为一个组织面临着日益激烈的资源竞争和高社会期望。在新的时代，学校如何在竞争当中脱颖而出成为我们要思考的问题。一般而言，学校需要通过获得良好的学生生源以及构建良好的师资力量，才能提升教学质量和学生的学业成就，从而确保自身在竞争中长盛不衰。然而，在一个加速的网络化时代,传播的逻辑已经完全战胜了事物本身发展的逻辑。学校要想获得优势地位,仅有质量是无法说服民众的,加之城市化的进程,使得学校在数量上有着很大的起伏,新学校若想战胜老牌学校也无法仅靠实力。因此如何通过"媒介的仪式化传播"或品牌化效应来构建一种新的竞争优势,就成了很多学校新的尝试。在此,凯瑞(Carey,2009)在《作为文化的传播:媒介与社会》中所提及的"传播仪式观"对我们理解这一现象有所帮助。在凯瑞看来,媒介仪式是指广大受众通过大众传播媒介参与某个共同性的活动或某一事项,最终形成一种象征性活动或者象征性符号的过程。在这里需要一个"媒介事件"来对其进行呈现。这种"媒介事件"并不是一次性的,而是一整套的仪式化操作。正是通过仪式对学校进行符号化的运作,学校的良好社会声誉才可能形成一种"累积效应"进而强化其地位。通过这种方式,学校有意识地使用仪式来打造品牌,正是这种观察让我们惊讶地发现,过去近半个世纪的学校几乎以一种"创业"的模式在展开教育教学活动。由此,危机与生存,焦虑与加速构成了其背后行动逻辑的主线。

　　总的来说,都市教育中三个维度的教育仪式,其内容及所涉及的范畴各有不同。其一,作为内容的教育仪式是教育历来所具有的一种功能,其强调的是学校教育当中的价值与秩序的规定;其二,作为过程的教育仪式,是将学校组织合法化的一个重要手段。在传统的学校教育中,学校的教育活动只需要专注于通过仪式来构建课堂和教学。但随着城市化的推进,学校的仪式化活动不断地向外部子系统开放,这就需要学校基于仪式互动的模式与其他子系统发生关联。在此,学校不再是一座孤岛,故在整个系统中因难以维持自身权威性而陷入困境。其三,仪式作为一种自我身份的塑造维度,基于市场—消费的需求,学校为了维护自身的品牌,需要通过仪式来构建其品牌化效应,这是教育仪式的一种结果。这三种不同的仪式样态,一方面使都市教育自成一体,一方面又使得都市教育中的学生立场缺失。如何从本体论的角度,重新释放仪式的内在生命力,应当成为都市教育关注的内容。学校正是通过仪式及仪式化活动在都市学校的这三个维度的实践,使得其在城市化的进程当中并非被动的参与者,而成为一个主要的行动者。因此,在二次城市化的进程中,我们应当塑造一种具有强大内生力的未来学校以推进城市精神的发展与学习型社会的实现。都市学校生活中的仪式观察:维度与内容,见图 3-1。

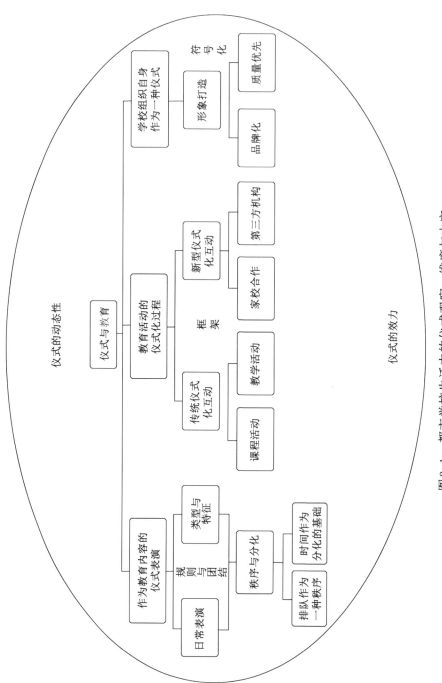

图 3-1　都市学校生活中的仪式观察：维度与内容

第四章

秩序与分化:作为一种
教育内容的学校仪式再现

有子曰:礼之用,和为贵。先王之道,斯
为美。小大由之,虽有不行。知和而和,不
以礼节之,亦不可行也。

——《论语·学而》

　　在心理学家布卡伊(2022)的《心理医生的故事盒子》中记录着这一样一则题名为《我是谁》的故事。故事讲述的是一位名为辛克莱的人，他乐于社交。一天，他发现自己原本喧闹的生活突然脱离了惯例——没有任何新信件，相识的朋友和邻居对他漠然置之，就连原来酒吧的工作人员也视他如陌生人。于是他感到苦闷、孤独，开始怀疑被赋予的名字、住址、衣着、身份证等一切曾经定义"他是谁"的符号不再奏效。在经历了自我怀疑和混乱后，他突然意识到当一切都陌生化后，自己原本担心的规则和道德也同样不再对自己奏效。他开始承认孤独、学会独处、不再害怕无法参与社交活动。当他领悟这一切后，他的生活又回到了原来的轨道：邻居开始跟他打招呼、朋友开始跟他交流，数不清的邮件等待着他去打开。似乎他又具备了与外界联结的能力，一切恢复如常，只不过这一次辛克莱已经不再需要外界的认同来证明自己的存在了。

　　本书的作者原本是想通过主人公的故事来告诉人们"如何找寻自我"。尽管故事本身存在着一些明显的漏洞，如故事的潜在逻辑是一个自我寻找的过程，且"寻找到自我"是一种每个个体都拥有的能力，但凡读过此书的读者都会被作者平缓而细节的语言描述所吸引，并最终被故事中熟悉而真实的场景所打动，甚至产生移情。因此，就算我们并不是辛克莱本人，我们仍然可以顺理成章地体会他所传达的困扰、不安、迷惑、愤怒、自得、欣喜、自由的复杂感受，使自我寻找本身成了一种情绪体验，而非理性概念的追求。故事所呈现的远比其所想要表达的更耐人寻味。基于本书的研究关怀，我们可以清晰地观察到仪式、自我理解、规训三者之间所构建的复杂关系。本故事通过一种颇具戏剧性的表现手法，以"阈限-融合"的结构与反结构的方式再现了一个成年人如何从"照常"到"失常"再回归到"老样子"的外在实践，而又如何从"不自知"到"陷入自我困境"再提升至"自我领悟"的。

　　如果读者足够细心，便可以发现作者在讨论"自我寻找"的过程当中，高超地处理了自我、秩序、重复与自由之间的复杂关系。其中一段，作者细腻地讲到尽管主人翁辛克莱"知道自己的姓名、住址、衬衫大小、身份证号码和其他一些'明确'将他与别人区分开来的个人信息"(布卡伊，2022)，可是对于"我是谁"这个话题仍然无法通过对这些物的"认知"来得以确认。在此，个体的姓名、空间处境、外貌和身份证号码都不足以成为个体之所以为个体的重要工具，因为它们只不过是个体在社会化或自我寻找过程当中的符号化标识，若这些标识本身没有参与具体的社会实践或其他社会互动，其对个体而言则毫无意义。譬如，若辛克莱作为一个名字，能在家族这个意义上产生来自代际的标识与互动，那么他的身份仍是确实且可信的，否则后面自我怀疑的故事便不可能发生。

理解了这一点，我们再回到故事本身，去看看"仪式互动"在何种程度上可能帮助个体发挥作用，而又在何时可能失去它的效用。开端：当辛克莱像往常一样起床，以同样仪式化的动作开启他的一天，这种"照旧"的方式给足了他安全感，并且框架式地确定了他一天的行动：他将要打开社会性活动，参与不同的会面与谈话，基于此来确认自己的存在。故事的结尾，辛克莱并没有因为"找寻到自我"就放弃了这一套仪式框架，同样的，他早上起来，打开邮箱，而后参与例行性的活动。因为有了清晰的自我认识，他的行动也在这个框架中变得游刃有余。从始至终，仪式并没有真正成为束缚辛克莱的框架，但却是一个很重要的"自我"检测工具。在开端的仪式活动中，"秩序"成了仪式中最为核心的内容，帮助辛克莱在一个"安全而舒适的框架"中开启他的生活。在结尾的仪式活动中，"分化"成了仪式中最为重要的内容，帮助辛克莱到一个"自由而充满联结的框架"。

另一个值得我们思考的问题是，在这则小故事当中同样谈论了我们常常忽视的问题，即"仪式失效"。正如前所言，仪式并不因为其自身的符号性而自动与个体发生联系，只有在互动的过程当中，仪式的效力才会得到极大的体现。在辛克莱"失去自我"的场景当中，他的任何仪式化行为都是失效的，因为这种"联结感"并没有成功地建立起来，自然也无法使其自如地运用仪式或者以非仪式化的行为去行动。这种仪式操作的无效性，会给个体带来极大的挫败感，直至其对自我身份产生怀疑。在这种"失效"的仪式当中，还有一个值得注意的地方是，其所针对的只是"团队内的人"，对"团队外的人"显然是无效的。譬如，辛克莱在面对邮递员对自己的无视时，并没有感到苦恼，而面对自己熟悉的埃克塞教授、昔日旧友马里奥、邻居等人时，其若不按照仪式化的行动来行事，所带来的情绪冲击则是无与伦比的。仪式构成了人类有意义生活的重要标尺。

当然，我们完全可以将故事的主角替换为教育场景中的儿童。对于儿童而言，这个世界就像曾经"遗忘"的轮回。儿童所处的环境于儿童而言就像是铜墙铁壁，若非掌握成人世界的仪式密码，便无法真的撞入其中，更不要说创造新的世界。在此，学校像是提供了一个"预试验田"，其中有着个体需求、社会规范、文化传统等复杂的内容，学校最为重要的工作是在复杂性的互动中帮助儿童构建和平衡自我、秩序、自由之间的关系，使其能以一种"社会性生物"的样子出走校门，从容应对上述问题。在学校场域中，仪式作为整合和表达这些张力的重要实践，为我们如何去理解主体的形成提供了一个通道。在此，仪式作为一个名词，是一种相对静态的内容，是通过不断地再现而被参与者所模仿的内容。

在布迪厄（1977）看来，"再现"是社会实践最为基本的形式。个体的行为并不是完全自发的，而是在长期的社会化过程中形成了符合社会期待的习性，这些习性在场域中得到再现和巩固。通过这种动态的再现过程，社会规范、权力结构和集体价值观不断传递给下一代成员，并被他们内化为自然而然的行为倾向。仪式作为一种社会实践的具体形式，正是"社会再现"最为重要的媒介。布迪厄（1977）认为，仪式的核心功能在于，通过再现社会秩序的象征性活动，使参与者的习性被反复塑造，形成对社会规范的深度认同。仪式是社会结构和集体记忆的展示场域，参与者在其中不仅能回顾过去的集体记忆，还能通过象征性表演对当下的社会关系和权力结构进行强化。仪式的再现因此具有一种"教育性"——通过反复体验，个体逐渐将社会规范内化为自身的行为准则，成为社会秩序的"自觉维护者"。换言之，在仪式再现中，秩序和价值是其基本的内容与目的，仪式再现是秩序和价值得以延续和强化的重要机制。仪式提供了一种秩序的"象征资本"，这种象征资本通过对社会成员的不断灌输和强化，使秩序成为个体的内在需求和社会的普遍规范。例如，学校的升旗仪式不仅象征着对国家和教育体制的尊重，而且通过这种集体活动，学生被教育成"合格的公民"，逐渐内化对国家的认同和忠诚。在仪式的再现中，个体被潜移默化地培养成符合社会期待的成员，从而推动社会秩序的代际延续。另外，仪式再现还具有"合法化"功能，通过象征资本的赋予，将现有的秩序和权力结构合法化，并确保其稳定性。教育场域中的仪式活动，如毕业典礼和表彰仪式，将教育体制中的等级关系合法化，使个体在无意识中接受社会的权力结构。这一过程中，秩序通过仪式的形式得以再现，使个体对社会的规范和权力分配形成自觉认同。不过值得注意的是，布迪厄强调社会实践的动态性，仪式再现不是简单的静态模仿，而是带有创新性、适应性和不断调适的过程。这意味着，仪式的再现不仅仅是对既有秩序的复刻,还随着社会和文化环境的变化而有所调整。在仪式进行的过程中,主体的参与以及差异性体验构成了秩序转化与变更的重要前提。

在学校语境中,仪式的再现往往表现为一种"展示"与"自我展示"之间的张力。在仪式活动中,参与者不只是表演既定的角色和做出行动,还在这个过程中展现自我身份与集体身份的双重面貌。这种展示与自我展示的张力首先表现在仪式的公共性与私密性的交织中。仪式作为一种公开的集体行为,具有强烈的社会属性,例如开学仪式、节日庆典或毕业典礼,都是以公开的形式呈现,带有强烈的展示成分。通过这些仪式活动,社会规范、价值观和权力结构得以在参与者面前被明确展示,让其成为社会秩序的观众和见证者。

然而,在这种展示的背后,参与者也往往在不自觉中进行一种"自我展示"。在布迪厄(1977)看来,社会场域中的个体总是根据习性和场域的关系来构建自己的身份。在仪式场合中,个体被赋予的角色和行为规范让他们在遵循集体规则的同时,展现出自己在社会场域中的位置、地位和自我认同。这种"自我展示"并非显而易见的表演,而是通过仪式中的微妙行为体现出来的。比如,在日常的仪式活动中,主体通过穿着、言行和礼仪向亲友展示自己的身份与社会地位;在升旗仪式中,学生的站姿、服装和表情等也无形中展示了他们对国家和学校规范的认同与服从。这种自我展示是一种非语言的象征性交流,表现出参与者对自己社会身份的确认,同时也在他人面前得以强化。

这种展示与自我展示之间的张力也体现为集体认同与个体独特性的平衡。集体性的仪式要求个体以统一的方式参与,强调的是共性和一致性。然而,个体在参与集体行为时并不是完全被同质化的,每个人都有着自己的个性与理解,往往在集体的展示之下隐藏着独特的个体表现。鉴于此基本假设,本章关注都市学校场域中那些"相遇的瞬间",以开学典礼中"问候仪式"的礼貌实践作为基本的分析对象,通过对身体、图像和语言的深描,解读儿童的展示与自我展示。我们认为,在这些展示和自我展示中秩序的形式和价值的分化正是通过"关系"的构建最终得以确定的。基于对张力的认识,本章对城市化背景下仪式的"有效性"问题展开了进一步讨论。

一、"秩序"作为交往与自我认同的前提

秩序,即社会秩序,是社会生活的本质和社会生活得以进行的前提条件。它构成了一般社会理论的核心主题,是维系社会结构和个体行为的基础。人类通过秩序来分类世界、界定价值观,进而在纷繁复杂的自然与社会环境中找到稳定的立足点。秩序不仅是维系社会运作的外在框架,更是人类文化和社会生活的内在需求。通过秩序的构建与传承,人类得以在个体与群体、过去与未来之间建立联系,从而推动文化的延续和社会的稳定。在传统社会中,秩序以象征、仪式和道德规范的方式呈现,并在现代社会中通过法律、伦理和社会制度的形式巩固和深化。正是这种秩序的存在,使得人类得以超越生物本能,进入更高层次的社会协作与文化创造,促进了集体认同、个体归属与社会秩序的和谐发展。也就是说,秩序不仅是人类维系社会和谐的外在框架,更是人类认知、分类以及意义构建的根本方式。关于"秩序如何构建了人类的基本生活"这一问题,我们有必要研读斯特劳斯(1987)在《野性的思维》和道格拉斯(2018)在《洁净与危险》中的相关阐述。这两位人类学者从不同的研究视角出发,分别揭示了秩序在人类社会中的深层结构和象征性意义。

在《野性的思维》中,斯特劳斯提出了"野性思维"这一概念,指出人类的思维方式并非只有现代社会所崇尚的"科学思维",更包含着一种原初而基础的分类方式,即"野性思维"。在他看来,所有人类文化,无论多么原始或复杂,都依赖于某种形式的分类系统,通过对自然界和社会现象进行系统化的分类和归纳,以建立一种秩序感。原始社会中的人类借助神话、仪式和象征系统,将世界分解成有意义的类别,构建出一种秩序,以帮助他们理解和应对周围的环境。换句话说,秩序是人类理解世界、控制环境、建立文化符号体系的基础,赋予了人类生活以稳定性和延续性。斯特劳斯(1987)指出,"野性思维"是一种非逻辑、非科学的思维方式,更多依赖于象征性联想和图像化思维。尽管如此,"野性思维"依然表现出一种"求秩序"的强烈意愿。比如,原始人通过分类来管理食物、动物和植物,将其划分为可食用的和不可食用的、神圣的和世俗的、男性的和女性的等。这种分类不仅帮助他们辨别和记忆,更构建了一种象征性的社会秩序。"野性思维"并不以线性逻辑

和因果关系为基础，而是通过对比、对称、隐喻等方式构建一种具有内在逻辑的秩序。因此，斯特劳斯认为，秩序是"野性思维"的核心，它帮助人类在混沌的自然界中找到稳定的支点，并通过反复的仪式和象征来巩固这种秩序。

> 科学家们对于怀疑和挫折是能容忍的，因为他们不得不如此。他们唯一不能而且也不应该容忍的就是无秩序。理论科学的整个目的就是尽最大可能自觉地减少知觉的混乱，这种努力最初以一种低级的，而且多半是不自觉的方式开始于生命的起源时期。
>
> （斯特劳斯，1987）

与斯特劳斯不同，道格拉斯从象征人类学的角度出发，以人类在具体实践中的分类实践为研究对象，说明了秩序本身的分化意义。道格拉斯在《洁净与危险》中提出社会中的洁净观念不仅仅是一种卫生或道德问题，而且还是一种文化体系内维持秩序的象征性手段。道格拉斯强调，"洁净"与"污染"是人类对世界进行道德和象征性分类的方式，反映了社会对秩序与无序的区分与界限。在道格拉斯看来，人类社会通过区分"洁净"与"污染"来建立和维护秩序，凡是符合社会规则和道德规范的即为"洁净"，而违背这些规则或介于界限之中的则被视为"污染"或"危险"。这种观念不仅出现在古代的仪式中，而且在现代社会中以不同的形式存在。道格拉斯的理论提示我们，秩序不仅关乎对事物的理性分类，更涉及一种道德和情感上的认可和排斥。在一个群体中，秩序是群体成员认同的核心标志，它能够在"洁净"与"污染"之间划清界限，将群体成员置于洁净的"内圈"之内，并将那些"不洁"或"不合群"的因素排除在外。因此，洁净的观念其实是一种象征性的边界构建手段，帮助社会维护集体的秩序和安全感。例如，道格拉斯举出食物禁忌的例子：在许多文化中，某些动物或食物被视为不洁或禁忌，违背这些禁忌被认为不仅是对卫生或健康的危害，更是一种对社会秩序和道德规范的挑战。换句话说，"洁净"不仅是生理上的卫生概念，更是文化和社会中的秩序象征，是社会成员遵循并内化的规则，也是其社会分化的基础。

斯特劳斯的研究使我们理解了秩序是人类的内在需要，是人类的本能性的需要。道格拉斯的研究则进一步提醒我们秩序如何在文化分类和符号意义上成为一种分化实践的可能。尽管秩序的构建是一个极其复杂的社会过程,但其根本上涉及命名、分类和排序三大基本步骤。命名是秩序构建的第一步,它为世界中的物体、行为和现象赋予意义。通过命名,社会确定了什么是"存在的",并为其划定了边界和范畴。如在社会交往中,人们通过命名来区分不同的职业、角色、社会群体或行为,赋予这些事物特定的社会意义。通过命名,社会建立了认知秩序,明确了"什么可以被接受""什么是不符合规则的"。分类是秩序构建的又一重要步骤。它通过对事物的分组与归类,使得社会成员能够在共识的基础上理解和应对复杂的现实世界。分类不仅是对物质世界的整理,而且还在更深层次上反映了社会价值观、文化规范以及社会关系的结构。通过分类,社会决定了哪些行为是"规范"的,哪些行为是"越轨"的,哪些群体是"合格"的,哪些群体是"边缘的"。分类具有强大的社会功能,它帮助社会成员在日常生活中迅速做出判断与反应,如:何为好学生? 何为差学生? 排序是秩序构建中至关重要的内容,也是分化的原因。它通过确立事物的层次结构和优先级,进一步强化社会秩序的规范性和稳定性。排序将不同事物按某种标准排列,同时通过阶层化的方式展示了社会中权力、资源和地位的不平等。在这个过程中,社会通过设置某些事物或行为的优先级来定义其价值、合法性和社会意义。排序实际上是社会结构的体现,它通过规范化的行为方式、社会角色和群体关系来保持秩序的延续。以上三个步骤正是通过仪式这一充满着细节,杂糅着语言与身体的表演,以有机的方式完美地得以呈现,而不为人们过多地进行区分对待,进而无意识地同化,获取主体在社会中的地位与角色。

> 从外表看来,仪式的繁文缛节可能显得毫无意思,其实它们可用一种对人们或许可称作"微调"的东西的关切加以解释:不使任何一个生灵、物品或特征遗漏掉,要使它们在某个类别系统中都占有各自的位置。
>
> (斯特劳斯,1987)

在儿童成长过程当中,掌握规则,形成秩序是一门必修课。在学校,教师也常常将形成秩序,遵守规则视为开展教育教学的基础。对于儿童而言,能够快速地理解规则并遵守规则,也是摆脱不确定感、焦虑感、获得归属感的重要方式之一。如,蒙台梭利(2005)从儿童认知发展、情感发展和社会性发展等诸多层面阐述了秩序对于儿童成长的重要性。蒙台梭利认为,秩序是儿童认知发展的基础。儿童在探索世界时,依赖于对环境秩序的理解和适应。整洁有序的环境能帮助儿童建立起对周围世界的认知框架。儿童通过感官的探索与实践,不仅学习到事物的本质特征,而且通过这些有序的活动,逐渐形成内在的秩序感。秩序是儿童自我控制和自我管理的前提,可以帮助儿童建立起时间、空间以及事件的因果关系,从而发展出清晰的思维和组织能力。同时,蒙台梭利(2005)认为秩序感的建立与否会直接影响儿童的情感与情绪发展状况。一个有序的教育环境能为儿童提供安全感,使儿童在日常活动中感到稳定和信任。秩序让儿童知道"该做什么"和"什么时候做",从而减少了不确定性带来的焦虑与困扰。儿童在有规律和有预期的环境中,可以更加专注地投入学习,减少情绪波动和行为冲突。这种情感上的稳定是儿童身心健康发展的重要保障。另外,秩序也是儿童社会性发展的关键因素。通过参与日常生活中的秩序性活动,儿童学习到如何与他人合作、分享和遵守规则。秩序不仅体现在外部环境的整洁上,还体现在儿童行为的自我规范上。通过实践和反复体验,儿童不仅学会遵守规定的时间和空间秩序,也逐渐内化这些行为规范,发展出与他人和谐共处的社会能力。或许正是基于"秩序是学习和生活的外部条件,更是儿童内在发展的推动力"这一基本认识,现代都市学校教育十分关注儿童对秩序的理解。"为儿童创造有序的环境,构建规范行为"几乎成了学校第一周,乃至开学第一个月的必修课。

二、展示与再现:基于社会关系的学校秩序构建

在我国的中小学教育中,开学典礼是新学期开始最为隆重的典礼之一。而对于初入小学的孩子则更意味着人生的一次重要过渡。尽管笔者所在的田野学校,每周都有一次升旗仪式,但与平时不同的是:开学典礼在组织上更为盛大,如伴有专门的礼乐队(以在校门吹乐鸣鼓欢迎同学们的到来);在时间上,一般会比平常的典礼长出半小时;在流程上,会选择更多的节目,面向全校展示;在内容上,增加了校长与书记的讲话,以及各项颁奖项目。开学典礼的主要意义在于,使每一个在校生都体会到自己是一位学生,应当承担且履行"作为一名学生"的责任与义务,保持"学生样"。此外,九月(秋季)的开学典礼与三月(春季)的开学典礼不同。由于九月迎来新一届的学生,

因此,对象更为幼小化,而三月则相对成熟化。以下选取的片段来自笔者开展田野研究的某沿海都市学校九月迎新生的场景。

　　T:各位老师,各位同学,新学期早上好! 今天是我们开学的第一天,我们小朋友都非常棒,能够准时进校。这一点要表扬我们每一位小朋友。开学的第一天,今天,在校门口有仪式队员,三一班的礼仪队员和我们的老师一起在校门口迎接我们每一位同学。我们每一位同学进校的时候,也应该有礼貌。在进校门口的时候,我们画了一条礼仪线,大家明天注意一下。特别是一年级的小朋友,我们刚刚进入小学还不是很清楚。我们找到这条礼仪线,然后对着我们的礼仪队员和老师说:"同学早! 老师早!"就说这六个字。我再说一遍(一边鞠躬一边说这六个字):"同学早! 老师早!"

　　S:　好～～～～(尾音)

　　T:哎! 好的! 我们来试试看好吗? 好! 好的,小朋友们,我们现在来:立正!

　　S:(双腿并拢,双手放裤缝,做出立正状)

　　T:嗯! 好! 我们表扬的是二年级,整体非常整齐,一年级也很棒啊! 好! 说的时候边说边鞠一个躬。我们来试一下哦～同学早! 老师早! 预备～起!

　　S:同学早! 老师早!(老师并没有鞠躬)

　　T:只要鞠一个躬就行了。(先说完再鞠)

　　T:好,同学早! 老师早! 不要拖调,干脆利落! 我们早上非常有精神的,对吧? 好! 我们再来一下:同学早! 老师早! 别忘记鞠一个躬。预备～起!

　　S:同学早! 老师早!(说完再鞠)

　　T:哎! 比刚才好多了,比刚才好多了! 那么我们回家就去练习一下。我们二年级、三年级的同学,明天要做出榜样,给我们一年级的同学看一下。明天一年级的同学也要学着这样做。好! 我请一位同学,是我们三年级的(一位小女孩),来做一个示范。大家仔细地看。特别是我们一年级的同学,睁大眼睛看好了(一年级同学并没有很快地做出动作,而且是先试探性地看了一眼教务老师)。

　　MS:同学早! 老师早!

T:好! 好! 我们鼓掌。她说得很好啊!

S:(全体鼓掌)

T:那么进校的礼仪,我们大家今天学了,明天老师就要看了,啊! 我们比一比,看哪位同学,哪个班表现最最出色。

(备注:T:教导主任;S:同学们;MS:模范学生)

(笔者　2018 年 9 月 3 日　田野笔记)

以上片段是入学教育中的常见场景,其所涉及的内容并不复杂:在开学的第一天,老师通过一场有序的仪式活动引导学生如何在进入校门时表现出有"礼貌"。教师首先表扬了学生按时到校,并介绍了进校时需要遵守的礼仪:学生需要在校门口对着礼仪队员和老师说"同学早! 老师早!"并鞠躬示意。通过反复的示范和练习,教师不断强调动作要整齐、言语要简洁干脆,鼓励学生在实际操作中展示自己的礼貌行为。教师还特别提到,要通过榜样的力量,要求高年级学生为低年级学生树立示范作用。最后,通过一个三年级学生的示范,教师和同学们共同评议,进而鼓励大家继续练习,以便在明天的正式场合中展现出最佳的礼仪行为。

笔者之所以觉得这一片段是有趣、值得分析的,除了其日常性外,还因为:首先它涉及了都市教育中非常重要的一个话题,即"如何与陌生人交往"。通过"礼貌"这一基本的"见面问候"互动,互动主体可以了解生活场域中主体之间的关系、权力与秩序。另一方面,这一简单的仪式需要教导主任这一特殊的角色,通过这样一种方式来展开集体学习,其本身就具有很强的戏剧性。这种公共展示的方式,也表明了秩序与共同体形成的重要关系。接下来,我们就从事件发生的具体情景出发,进一步还原城市化背景下共同体秩序的形成与构建方式,其最终指向的是"自我与他人"的关系。

(一) 操场作为集体仪式的实践场所:空间结构与社会秩序

学校仪式的展开最初是通过对空间的规定来展开的。"在恰当的地方做恰当的事"是判断学生学习的一项重要的指标。这种具有公共表演性质的仪式更是如此。当儿童从家离开,进入学校场域后,他就需要学会如何将学校生活与他日常生活的环境和情景脉络进行分离,对意义相对固定的学校情境进行充分的理解。学校就像是一种空间文本,参与者都在主动地行动于其中进行文本的解读与构建,只不过这种空间是通过物质性,而不是通过抽象符号去实现的。

"物质性"最初由夏兹金在 20 世纪 70 年代一篇关于"实践转向"的讨论中首次提及，并由此构成了社会科学中最为重要的研究主题。夏兹金认为，社会现象由人类实践和物质安排的复合体构成。夏兹金强调物质性不仅是社会实践的背景，而且是社会实践的内在组成部分。这意味着文化的探讨不再局限于文本，还需要在实践、技术和物质性的交织体中进行理解。例如，米勒（Miller,1987）在其研究中提出，物质文化的生产与消费过程不仅构成了社会运行的环境，还参与了社会主体的塑造过程，与我们的身份、社会归属和日常社会实践紧密相关。阿帕杜赖（Appadurai,1998）则通过《物的社会生命：文化视野中的商品》提出，物同样具有社会生命，商品状态可能是任何物的社会生命中的某个阶段。这种分析打破了传统对物与商品的区分，统合了对商品和物的符号学和政治经济学批判。物质性的关注，也意味着对现实空间中身体的关注。这时身体不仅是通过视觉完成了其与世界的联结，还通过触发嗅觉、味觉、触觉、听觉等整体性感官而捕捉人与人之间的关系和社会的秩序。

这种对空间中物质性的关注，使我们在理解空间时有了更多的维度。空间，尤其是社会空间就不再只是物理意义上的存在，而是社会实践的结果，是人类活动与社会结构的产物。空间并不是客观的，也不是静态的，而是动态的且与情境相连的。夏兹金将空间与行为、关系相联系，认为每一个空间都有其独特的行为规范和情境，从而影响着身处其中的个体及其行为。例如，一个学校的教室不仅是物理空间，而且是受文化、规则和惯例制约的社交场所，学生和教师在其中的行为受到空间中固有的规范和惯例的引导和限制。这一框架让我们看到，空间不再是纯粹的背景或承载物，而是直接参与并塑造了人的行动和社会秩序。除此之外，空间也具有结构性特征。在此，空间中的物体、符号和关系并非被动地存在，而是具有能动性的。例如，学校办公空间中的分区设计、课桌设备等的排列以及走廊的布局，都在无形中规范了人们的互动方式和行为路径。人们在空间中的行动受限于空间安排和空间结构，从而呈现出特定的行为模式，这种模式又反过来影响空间的意义。

基于对空间的物质性、身体性和结构动态性的理解，我们再回到此前画面中的空间——操场。一般而言，作为学校最隆重的规定性活动，开学典礼通常发生在操场这一空间。通常,每个班级会选出班上最高的同学,手举班级牌板,作为领队走在班级的最前面。再由班主任带领,按班级秩序依次陆续走入操场。不过有趣的是,在当代都市学校中,在学生进入操场之前,整个场地早已由体育老师按照人数与班级划分为相应的板块。笔者所观察的田野,共有 16 个班级,便划分了 16 个板块,并用相应线条将班级间隔开来,再用黄点标注出各位同学站队的位置。操场不大不小,正好容纳下所有的学生。这种设计经过精确的计算,不禁让人想起柏拉图所说的"只有懂几何者方可入内",在此"只有遵守了文明规则者方可入内"。这种规则是一种明示,标注于地上的线条划清了"里"与"外"。操场,一个看似空旷一片,理论上任由儿童去奔跑的场所,但实际上,每一平方米的功用与定位都早已规定好,孩子们由此可以在空旷与混乱当中一眼找到自己的位置。每当孩子经过操场时,也会忍不住瞄一眼操场上自己的固定位置。正如街道一般:每一条街,每一座房都有着自己的"标识"。这种秩序性往往是不可更改的,或者只有在满足某些条件(移居、变故)时才有可能发生变化。

将操场对空间的秩序化布局与每个班级内部的安排以及周边的环境进行对比时,我们可以充分地感受到两者所存在的视觉意义上的差异与冲击。实际上,与空旷的操场形成对比的正是学校旁边的老居民楼。这些楼是 20 世纪 80 年代开始,工业化建设时所建造的福利房,楼高 6 层,曾辉煌一时。这些有点年代的老房子与学校之间不过一路之隔,中间的绿化隔离带,在古老传统中,增添了许多惬意与生活的气息。反观学校内部的操场,一片刚刚铺好新跑道的大空地,却显得有些孤独。同样,与教室的布局相比,现代教室已出台了相应的建造标准,其中变化最大的无非教室窗户与室外空间的关系。目前教室窗户的功能不再是对儿童而言——它们大多太高,几乎无法看到外面的世界,无异于是一扇"天窗"(或发挥着其照明的作用)。这些够不着的窗户以及拥挤的教室将学生的学习生活与学校生活进行了严格的区分。正是这些物质性构成了学校本身,确切地说构成了"都市学校"本身。相比之下,操场作为一种空间的复杂性、结构性和物质性就更为突显。

其一,操场的入口通常与学校大门直接或间接相连,具有某种明确的通达性和引导性。以笔者所在的田野学校为例,学校的自动大门直接通向操场,使操场具有了某种敞开性与分离性。学校的自动大门一旦开启,学生依次步入操场,这一过程实际上表征了个体从相对私密的、分散的状态进入一个公开的、集体性的空间。这种入口的设置作为一种物理结构，是一种引导集体性行为和身份转变的空间装置。学生从大门进入操场的过程中，逐渐转换了个人角色，接受公共行为的规范化引导，以便融入集体场域。这一进入仪式象征着一种隐性秩序的确立，赋予学生在仪式中所需要遵守的秩序和具备的责任感。

其二，操场的独立性及其镶嵌性也是其空间特征的重要方面。尽管操场在地理上相对独立，但却不可避免地受到教学楼、课堂活动以及学校整体文化氛围的影响。操场往往被安置在学校中心或一侧，紧邻教学楼，形成一种"外部独立、内部连通"的空间状态。它的空间设计赋予了它相对自由的属性，这种自由并非完全独立，而是被围绕在学校的整体结构之中。从而使得操场在空间上呈现出一种"框架中的自由"的状态——虽然具有一定的开放性和活动性，但活动的内容和形式却在学校文化、教学规范和整体秩序的引导下进行。成人以"集合"的方式将儿童"散点"式地"摆放"在操场，操场似乎成了学校"集""散"的重要场所。但同时，随着学校教学活动的竞争力加强，操场这片原本用于嬉戏的地方，也变得不再自由。甚至，为了执行防患于未然的安全规定，操场很少在课间使用，完全变为教学的另一种场所。因此，操场变成了一块既"向往"又"标准化"的场地。

值得注意的是，这一空间的独立性和镶嵌性对升旗仪式有着深刻的影响。操场在升旗仪式中作为公共行为的场所，其空间特性使得仪式行为获得了更加集体化和象征性的表达。升旗仪式中，学生按照班级整齐排列，以面向国旗、旗杆的位置为核心展开。操场的开阔、规则的地面结构和清晰的标线，为学生队列的排列提供了明确的空间指引。学生在进入操场时被引导到特定位置，形成整体队列，这一空间秩序同时也塑造了集体行动的秩序性，展示着共同体的规范化和一致性。这种队列是一种空间安排，是对社会规范的隐性教育。学生在站队的过程中学习到自律、遵从和集体意识，这些都通过操场这一空间得以强化。学校的操场往往为集体活动提供了相对固定的空间和场所，升旗仪式的反复进行在这种固定的空间内形成了一种"空间记忆"，每一次升旗仪式都在强化操场的象征意义和集体价值。

其三，操场的布局设计同样体现了沙茨基所强调的空间对实践的结构性影响。在升旗仪式中，操场的空间划分和标记明显地体现了这一点。每个班级的位置、队列的间隔、面对旗杆的位置等都在标记中被规定和强化，这种安排隐含了一种权力结构的空间化体现。操场上空旷的视野和位于主席台中央的旗杆位置，让国旗的升起成为全体的关注中心。这种空间布局不仅仅是视觉焦点的设置，更是一种权威的象征，使得升旗成为一种庄严、神圣的仪式。这种氛围使得升旗成了专门性的活动，只有专业的升旗手才能上台举行升旗仪式。这些升旗手需要提前演练好升旗的动作，直到能够在没有音乐的引导下，也不至于将国旗升得过快或过慢。在这种专门的活动中，学生理解了何为分寸、何为节奏，而这一切都是在特殊的空间与方式中一次次个体式学习的。此外，学生在升旗仪式中面对国旗时，注目礼成为一种在空间中实现的集体情感表达，操场的结构在这种情感的集体化过程中起到了无形的引导作用。

其四，操场的空间结构还具备了一定的仪式稳定性和重复性。夏兹金认为，空间的秩序对人们的实践行为有着规约和赋权的作用。操场这一稳定的仪式空间设计，通过每周的升旗活动，使学生对其空间秩序产生一种熟悉感和归属感。学生在这种重复性的仪式中逐渐形成了对空间的依赖和认同，而这种认同进一步强化了他们对集体身份和价值观的理解。操场上这种有规律的行为安排和仪式的重复，实际上形成了一种空间的缄默学习。学生在参与升旗仪式的过程中逐渐习得对集体的责任感和对国家的忠诚意识。在此后的岁月里，这些孩子将要在这片操场上见证学校、班级及个人的各种荣誉被给予。

操场的结构化使用已成为都市学校的基本共识。操场成为一种庄严的仪式用地，一种教学用地，操场并不单纯是嬉戏游玩之地。但当我们将操场放入学校空间的整体生态时，会发现其所带来的后果是：教室里的"不文明"现象越发多起来。如：踩踏别人的座椅；上课时争抢座位空间，下课时的肢体对抗；撕扯别人的书本；不慎撞倒别人的水杯，水洒满地板，使学生不时摔倒。为了防止这些现象的发生，班主任不得不全程陪候，或者安排可替代的学生作为一个"小老师"实行这种密切的监督工作。然而，似乎很少有学生能够真正安静下来，甚至那些原本安静的学生也时不时地"牵连"到各种吵闹当中，管理工作变得更为困难。有时，就连游戏的状态也成了老师使用"权力"的一部分——若有谁在课间犯错便会因此而失去一朵小红花。

总的说来，正如夏兹金所言，没有任何"空间布局"不是为了某一事物而展开（人或事）的，没有任何具有社会意义的事物（甚至是所有事物）不是布局的一部分(Schatzki,2001)。学校操场作为都市学校中不可或缺的部分，作为升旗仪式的主要场所，展示和再现了社会文化、集体意识和行为规范是如何在具有张力的空间中进行的。

（二）各就各位，学生就要有"学生样"

在检视完空间以后，让我们将眼光转向场域中的主体，尤其是学生群体。在升旗仪式的操场上，空间的结构与秩序无疑为这一集体实践提供了物理与象征的支持。然而，空间本身并非自足之物。操场的空间秩序之所以能实现其社会意义，还在于其中的主体——尤其是学生群体——在空间中的行为、角色认知与情感表达，主体通过互动性实践赋予空间以意义。在这一框架下，操场上的学生群体既是空间秩序的执行者，也是空间意义的生成者，他们的集体行为、个体身份与集体意识共同构成了升旗仪式的社会价值与教育价值。

学生在操场这一空间场域下开展规范性的行动。学生在升旗仪式中按照班级队列排列，这种队列看似简单，但实际上是一种集体行为的准则。学生必须遵守在特定位置排列、保持整齐和安静的秩序。这里涉及至少三个层面的内容。首先，学生必须十分明确如何排序，其背后所依据的规则是什么？一般而言，对于一年级的学生，排序的基本标准是身高。身高的高矮决定了序列的位置。正是这种基于生理性的客观标准，使得规则本身附着了某种公平性和不可变更性，也更容易获得主体相互间的认可与识别。其次，学生需要控制其身体，在执行与合作的基础上完成规则的实现。这对于一年级小学生而言，并非易事，因此需要学生基于"参考"或模仿式的形式进一步去"观看"规则如何成为可能。这里，基于前后的参照就构成了合作的第一步。失误或犯错，在这个过程中则可能会损害相互关系与利益。最后，由于升旗仪式的时间规定，需要在短时间内完成这项全校性的活动，这就需要每一个个体以最为熟练的方式去完成一整套动作：找到队列、排队、行走去操场、找到其固定的位置。笔者曾观察到一个由 40 个新生构成的班级在经过大概一节课时间的练习，就能完成从陌生到熟练的操练，从准备到排列完成整个过程耗时仅 48 秒。其实上，在这一过程中，学生的身体最初以一种游戏性、合作式的形式参与了列队。此时，学生逐渐学会服从空间的安排，并在无形中接受了"集体大于个体"的价值观念。操场上的行为规范引导学生对规则的遵从，并通过仪式的重复性逐渐内化为一种自我约束的意识。

另一个值得注意的点是，在开学第一天新生一般没有统一的服装，大多穿着自己喜欢的衣服，带着对学校生活的新鲜与好奇，第一次参与这种集体仪式。然而，不久以后，这些新衣服将不会再派上用场，取而代之的是统一的校服。这一变化让新生对集体身份有了更深的体会，也意味着一种规范化的"入场"。有趣的是，儿童的衣服并未因此减少，相反，多了许多一年才能用上一两次的各种表演服装，甚至可能是此生仅穿一两次的演出服（有的孩子实在长得太快）。这种"标准化"与"速食化"在新生的服饰变化中表现得栩栩如生，他们的学校生活从第一天起就被导入高度规范的结构中。

升旗仪式中的学生在操场上展现出强烈的集体身份和共同体意识。作为新生，他们在经历过第一堂"对号入座"的练习后，很快可以在操场上获得自己的"专属位置"。这些位置根据年级、身高、性别不断地流动，但这些"自然"属性仍给"排位"赋予了几分"客观性"。当所有学生迅速而有序地按照这些规定位置站好时，整齐的场面让人不自觉地感叹。在每周的升旗仪式中，学生可以身体性地参与公共生活，他们通过队列排列、同一方向注目国旗的行为表达出一致性。面对国旗的仪式动作，使个体与集体的界限在这一时刻模糊化，个体的身份在集体面前被弱化，个人的行为被纳入集体规范。这种集体行为并非单纯的外在表现，更是一种情感共鸣。

当然，升旗仪式中的学生群体不仅是秩序的遵从者，也是空间意义的创造者，也在日常行为中生成新的意义。学生在操场上参加升旗仪式的经验，不仅让他们体验了集体的力量和规范，还在他们的记忆中留下了操场作为重要集体场所的印记。每一次升旗仪式，学生在操场上观看国旗升起、高唱国歌，这一过程成为他们学生生活中反复出现的记忆片段。这种记忆积累使得操场在学生心目中不再只是活动的场地，而是一种情感的凝聚。特别是当升旗仪式上有特殊活动，如为获得荣誉的班级颁奖时，操场更是成了表彰集体成就的见证地，学生群体在其中不断生成并重塑对集体的理解。

操场作为一种"公共空间的公共行为"场所，也使学生在其中成为自我认知与社会认知的双重主体。当教师邀请学生模范向前一步进行展示时，学生也成了自我观察与反思的参与者。站在队列中的学生，能够看到其他班级的排列、其他同学的行为表现，这种开放的空间安排无形中创造了一个

"集体自我镜像"的环境。学生在观看他人的同时也在被他人观看，这种相互观看和潜在监督促使他们自觉维持行为的规范性和姿态的端正。在这一过程中，学生不仅关注自己的表现，也通过对他人行为的观察与比较，形成对自身集体身份的认知。这种自我与集体的交织，使学生在升旗仪式中既是个体也是集体成员，他们在公共空间的自我表现成为一种社会化的过程，逐渐养成对公共秩序的理解和遵从。

从情感的角度来看，学生作为升旗仪式中的主体，对仪式的参与本身也是一种情感体验。空间的秩序和结构能通过具体的实践与场景，唤起个体的情感反应。升旗仪式作为一种正式的、庄重的场合，其空间和秩序结构无疑激发了学生强烈的情感体验。操场的开阔和旗杆位置的突出设置，将国旗置于学生视野的中心，使学生在仰望国旗的过程中体验到一种崇高感。这种崇高感是一种通过空间安排而传达的情感，学生在这一过程中所体验的情感，进一步强化了他们对仪式本身庄严和神圣的认知。这种情感体验并非强制性的，而是通过空间结构、仪式秩序与集体行为自然生成的结果。

学生的主动性并不会因重复性实践本身而降低，因为每一次实践也意味着主体与身体及情境的一次对话，是批判性的开始。学生会毫不质疑地接受仪式的秩序和规范，特别是随着年龄的增长，学生可能会开始更加严肃而深刻地思考其所开展的仪式活动的内在逻辑到底是什么。这也不难理解，为什么越到高年级，学生在仪式活动中就越可能对这种行动产生怀疑。当然，这种批判性的视角不会只停留在学生的心理层面，也会通过他们在仪式过程中的参与态度体现出来。这也进一步说明，尽管在如此严肃而秩序化的空间中，学生作为一个具体的生命也不只是遵循者，同时是能动的个体并发展出其行动策略。但总的说来，这一批判过程并不会削弱当下空间秩序的权威性，反而为学生提供了一个思考集体行为与个人认知的机会，使他们在空间中逐渐形成自我意识和社会批判能力。

（三）新生必修课："礼貌"中的表演实践

当一切准备工作就绪时，我们就需要转向活动的实质层面。本情景截取的是新生第一次集会中，教导主任所做的一个开场白式的"礼貌"演示，其目的是让小学生进校时学会与他人进行良性互动。整个场景以成人对规则的设定为起点，通过反复地强调来说明这件事的重要性。而后设计一个学习场景，在此以对稍大年龄的模范学生的身体性模仿为基础，来展开具体的学习。这一场景如此微不足道，以至于人们忘记了这其实是都市学校与传统学校日常场景最大的差异，即学会如何与陌生人交往。

要知道，城市空间的结构与社会关系发生了深刻的变化。与传统的熟人社会不同，城市中的人际关系高度匿名化、流动化，个体在日常生活中与陌生人接触的频率显著增加。这种高密度、快节奏的交往形式使得礼貌成了一种必需的社会润滑剂，维系着人与人之间的基本和谐，同时反映着社会结构、文化资本以及人们的身份意识。同样，对个体而言，礼貌是主体在社会场合中以"面子"为中心的一种自我保护策略，可以避免不必要的冲突，代表了一种适度且有效的互动方式。

戈夫曼（1959）指出在陌生人的社会中，礼貌是一种自我呈现策略。他从戏剧表演的角度进一步分析了人与人之间的策略性互动。他认为，每个人都在扮演特定的角色，并根据互动对象、场景、文化背景等因素调整自己的行为，以实现特定的社交目标。礼貌作为一种自我呈现的工具，是个体在社交中展示自身形象的手段，也是保持社会基本互动可以进展下去的基本原则。因此，礼貌行为在某种意义上是一种"表演性的工具"，帮助个体在多变的社会场景中展现自我形象，具有很强的策略性。例如，在商业场合中，服务人员通过微笑、问候、礼貌性称呼等行为来展现专业的形象，以获得顾客的好感。顾客则通过礼貌地点头、致谢等行为，表现出对服务人员的认可。在类似场景中，教导主任要求新生能维持一种基本的"学生样"式的礼貌，在这种"你来我往"的礼貌互动中，表达出对他人身份的尊重，完成自我形象的管理。也正是在礼貌表演的人际互动中，个体实现了自我与他人期望之间的平衡，使得社交情境中的双方都能获得"面子"的满足。

尽管礼貌这一互动模式存在于大多数文化，但是如何表达和呈现礼貌却各不相同，即礼貌具有很强的情景性和文化性，具有多层次的表达功能。例如，在一些文化中，微笑、轻声交谈、避免直接对视等是表达礼貌的常见方式；而在另一些文化中，主动问候、称赞或握手则是礼貌的体现。在此，我们可以看到，学校所期待的一种"礼貌"行动是融合中西理念的表达形式。一方面，我们要向陌生同学鞠躬，这是一种源自中国传统的礼仪与文化。另一方面，我们需要将这一行动用语言的方式传递出来，即"同学，你好！""谢谢!"这样直白式的、以语言形式进行表达，带有西方强调的理性文化的色彩。然而，当这两者进行融合的时候，同学们需要以一种"主动"的姿态，而且要响亮地表达出来，这正是一种城市生活需要的独有气质，即身于竞争的环境，每个人都应主动地去表达自己的诉求，而不是被动地等待。这种主动的联结，需要高分贝地呈现，否则就会被淹没在众多声音之中。

关于礼貌中主体是如何去传递其主动性与被动性的，布朗（Brown）和莱文森（Levinson）在其礼貌理论中将礼貌分为"积极礼貌"和"消极礼貌"展开了进一步说明。积极礼貌是指在满足对方的"积极面子需求"，即希望被他人认同、接受和欣赏的需求。通过积极礼貌，个体向对方传达的是一种亲近感和认同感。例如，在日常交往中，朋友之间的互相称赞、赞同、夸奖、开玩笑，甚至共享个人隐私，都是积极礼貌的表现。这种礼貌策略试图缩短双方的心理距离，使彼此感觉亲密和安全，从而增强互动的愉悦度。布朗和莱文森（1987）指出，积极礼貌往往在熟人或关系较为亲近的人之间出现，因为它的表达更具直接性和亲密性，不会引起不必要的误解。然而，积极礼貌也可能出现"过度"的问题，尤其是在陌生人或初次见面的人之间。如果一方表现得过于热情、直接，可能会让对方产生不适和戒备。消极礼貌则侧重于满足对方的"消极面子需求"，即希望保持独立性、不受他人侵犯和强加意志的需求。消极礼貌通过间接表达、礼貌性道歉、客套等方式，减少对他人的冒犯或干涉。例如，在正式场合，个体可能会使用礼貌的措辞、避开个人隐私或敏感话题，或者在提出请求时表示歉意，以减少对方的心理压力。布朗和莱文森认为，消极礼貌策略通过避免冒犯和减少对他人自由的限制，使个体能够在社交互动中保持一种"心理距离"，避免在交往中产生不必要的尴尬或冲突。消极礼貌在文化差异中尤为重要，例如在一些以间接表达为主的文化中，消极礼貌是维护社交和谐的核心策略。它不仅展示了个体对他人"私人空间"的尊重，还传达了对社交规则和礼节的遵从。

值得注意的是，积极礼貌和消极礼貌之间并非绝对分割，而是一种连续体。在日常交往中，个体可能同时使用积极礼貌与消极礼貌，以实现最佳的社交效果。例如，在商务谈判中，谈判者一方面可能会通过积极礼貌建立亲近感，另一方面通过消极礼貌保持专业性和尊重。在这种情况下，积极礼貌可以增强信任感，使双方关系更加和谐；而消极礼貌则确保了谈判的客观性和公正性，避免过度亲密造成的角色错位。很显然，礼貌行为的选择不只取决于人际关系的亲疏，也受到文化背景、互动情境、交往目的等因素的影响。礼貌在本质上是一种适应性行为，个体通过不同的礼貌策略，灵活地应对不同的社交需求和情境变化。

戈夫曼的礼貌表演学说以及布朗和莱文森有关积极礼貌与消极礼貌的划分，可以让我们更好地理解，学校为什么需要花费如此多的时间，且在如此重要的时间段将看似不惊人的行为进行反复地教导与演练。不过，当我再次回到片段中的学校场景，我们会发现，这里隐含着一个微妙的前提假设，即儿童之间不懂得或基本不知道如何进行基本的相互问候。弗斯(Firth,1951)说明了关于问候的三个层次：转达、确认和进一步承认自己与对方的关系。转达是通过问候传递特定信息，展示出问候者的情感或态度。例如，在日常生活中，问候的用词、语气和身体语言都会传达一种亲近、尊重或疏远的信息。在这一层面上，问候成为一种符号，带有社会或情感含义。转达可以是直接的言语表达，如"早上好！""你好！"也可以是非言语表达，如微笑、点头、鞠躬等。确认层面，问候用以说明或描述彼此的身份和关系。这一层面强调的是通过问候确认相互间的关系和社会身份，以满足个体的面子需求并巩固彼此间的社会地位。如此片段中的"同学，你好！"所确认的是一种同学间平级的关系；而"老师，您好！"所确认的是一种师生关系。进一步承认自己与对方的关系则是指，通过问候，个体不仅确认了彼此的身份，还进一步认可对方的社会地位和关系的重要性。这种互相承认的过程，帮助双方在潜在的交流互动中形成一种社会契约。这一步骤代表了双方关系的生成和承认，是进入交往的门槛。通过互相承认，问候双方建立了一种相互信任的基础，使之后的交流更加顺畅。如果我们观察儿童在非学校中的交往方式，几乎不存在确认性、角色赋予以及关系性确认的行为。自然状态下去观察儿童建立人际关系的方式，我们很少看到儿童相互间展开"自我介绍"式的问候，或基于某种规定性常规的问候。那么，儿童间是如何建立起关系，并且与他人保持一种良好的距离性的关系呢？我们可以通过进一步观察儿童之间的互动来进行确认。在幼儿园阶段，大部分孩子需要在3岁左右才会意识到与他人一起玩是件必要的事，在此之前，哪怕是两个看起来常常共同进出教室的孩子，他们都对独自玩耍这件事表现出自乐之感。他们通过互换礼物、共同游戏建立起了所谓的朋友关系，然而与陌生人建立关系并不是儿童会考虑的事。儿童进入小学以后，交友则呈现了较为明显的差异,孩子会通过基本的"话题"交换,或者共同讨论一个外在的"物"迅速地建立起联系。很常见的是,有的孩子在一起玩耍好几周也并不直接介绍对方的名字。姓名对于他们而言不是通过自我介绍获得的,而是在共同"处事"的过程中构建起交往的可能性。因此,学校这一"礼貌"式的学习场景,实质上是将学生与学生的关系从一种联结式的交往方式转向了一种交流性的交往方式(Bonhsack,1999)。

(四)"我现在是名小学生"了

对于学校而言,如何将一个儿童转化为一名学生是其所面临的第一项工作。在现代学校语境下,一个儿童成为"一名学生"也就意味着成为"一个公民"。这种"学生身份"的转化过程是一个复杂的过程,它不只是教育体系内外显性的行为规范和角色设定,更深层次地体现了社会文化、教育观念以及权力结构如何共同作用,塑造出"学生"的特定形象和身份。学校作为一个重要的社会化场所,通过一系列组织、仪式、行为规范等手段塑造出"学生应该有的样子"。这种塑造包括但不局限于外在的行为举止,如举止端正、穿着规范、行为规矩等。在此之前,学校需要设定一个理想的"学生形象",这个形象代表了社会对于儿童的期许和标准。教育者、家长以及社会文化通常假设儿童目前的状态尚未达到这一理想状态,需要通过教育进行改造,促使儿童成为一个符合社会期待的学生。例如,学校常通过入学仪式、升旗仪式、班级安排等形式,对学生进行规范化培养。在这些活动中,学生并不只是个体,而是作为集体的一部分,接受社会文化对自身角色的定义。通过这些仪式,学生被引导去认同一种集体身份,并逐渐内化这种身份,使其成为日常行为的一部分。显然,学生身份的形成并非单纯的自发产物,而是通过教育体系的设计与社会文化的传递逐步建构的。在现代教育体系中,学生身份往往被设定为具有某种理想化的特征,如纪律性、合群性、高学业成就等。

开学典礼作为一种过渡仪式,展演了学生如何从家庭的私人空间进入学校这一公共场域,显露了学生如何被期待着完成一次社会角色和身份上的转变。开学典礼以一种社会性的宣告和公开性的表演,向学生传递了"从现在开始,你就是一名小学生了"这样明确的信息。仪式的这种强化性已广为人知。然而,从个体的角度来看,仪式实质上也是帮助个体度过了一次

"危机"。因为儿童在构建与他人关系的方式并非以礼貌为前提,这种不适感若不以一种表演的行为进行公共性的宣告,则很难让主体自身得到确认。因此,仪式在某种意义上是以一种缄默的方式完成了这种冲突的解决。此外,孩子从家庭这一私人场所步入学校这一公共场域,面临的挑战包括情感的疏离、身份的重新定义、角色的适应等。这些都可能带来情感上的困惑和不安,仪式的作用恰恰在于帮助学生顺利度过这一转变,平稳地适应新环境的变化。仪式通过固定的结构和规范,提供了一个情感和心理上的缓冲区,使学生能够在集体氛围中共同面对这一身份转变。这一过程并非单纯的外部强制,而是通过仪式行为的参与,使学生在感知上逐步适应,并通过社会认同的方式自然融入新环境。

不过,不得不承认的是,现代学校对仪式的理解过于贫乏,而使得仪式本身落入了形式化,对身体性参与及情感表达表现出漠视的态度。要知道,情感与身体性参与是衡量仪式质量非常重要的指标。如果恢复这种情感的联结,则需要教育重新构建起一种如霍耐特(Honneth,2003)宣称的以"承认"为前提的实践。这就意味着,现代教育并非一个孤立的、个人化的过程,而是一个社会化的互动过程,学生的身份、价值观、行为规范等通过与他人的互动逐步得以构建与确认。在霍耐特(2003)看来,承认并不是一种简单的社会标签,而是个体与他人之间平等的互动和尊重,是社会认同和归属感的核心。教育中的"承认"表现为学生在集体中得到社会身份的认定,这既包括学业上的评价,也包括社会行为、文化认同等层面的认可。例如,学生通过课堂参与、集体活动、仪式性场合等途径,逐渐获得群体的承认和接纳。这种承认使学生在社会行为和价值观的形成过程中获得了支持,进而帮助他们建构起对自身的社会认同与自我价值的认识。"接受"与"承认"是密不可分的。接受是指学生在社会交往中逐步接受学校、教师及同学所设定的规范和身份要求,承认则是在这个过程中学生所获得的来自他人的尊重和认同。这一过程不仅仅关乎知识和技能的传授,更多的是关于社会行为的内化和文化认同的形成。通过与教师、同学以及整个教育社区的互动,学生学会了社会规范、角色分工和行为准则,从而在教育的过程中逐步获得对社会秩序的认同。只有在承认式的互动中,主体才可以获得真正的自我表演的可能。

三、都市教育仪式中秩序的矛盾与分化的陷阱

尽管在过去的半个多世纪里，中国经历了城市化变迁，仪式作为一种实践方式仍深深地嵌入学校的日常生活。学校总是试图通过"仪式这一内容"去规范学生的行为，其背后最大的推力是学校在维护儿童成长秩序上的敏感性。实际上，在儿童成长的过程当中，掌握规则，形成秩序是一门必修课。在学校，教师也常常将形成秩序、遵守规则视为开展教育教学的基础。对于儿童而言，能够快速地理解规则并遵守规则，也是摆脱不确定感、焦虑感、获得归属感的重要方式之一。正如蒙台梭利所言秩序感的建立与否会直接影响儿童的情感与情绪发展。在她看来，倘若儿童发现自己认为的秩序被打乱，就会呈现出不安、焦虑，甚至大发脾气的态度，从而表现出反抗与任性。在幼儿园阶段，都市教育最为重要的任务就是帮助儿童形成秩序感。以下是笔者在东署市某托育所进行考察时所写下的笔记。

在一座城市里，是否有着完善的托育和幼儿园系统对于城市的发展尤其重要。这不仅可以帮助我们释放出新的劳动力，也有助于为我们的孩子打下良好的"城市基础"。对幼儿园系统的关注并不是从城市建设之初就得到了重视。以德国为例：2000 年的 PISA 使其教育的缺陷暴露出来。除了其综合能力的差异以外，一个重要的发现是：移民在拖其后腿。因此，到了 2005 年，德国试图用两种措施减少因家庭因素带来的教育不公：一是增加学校的在校时间（全面推行全日制），二是在各州建立托育机构。

尽管，东署市托育机构的兴起有着另一番新的背景，但幼儿园开设托班仍成了当下改革的一大诉求。这天，像往常一样，孩子身带一张能证明自己身份的卡，测量好体温以后，在保安的注目下，伴随着家长志愿者的看护和老师的指引进入了幼儿园。因为家长开放日的原因，我今天有机会进入幼儿园进行深入考察。据老师称，东署市教育局为了促进家校之间更好地合作，要求包括幼儿园在内的所有教育机构都要设置专门的家长入校日（但遗憾的是，这种家长入校日，原本可以是一个很好的庆典和交流的日子，却变成了另一种视察与监督。其背后的逻辑是"服务"，在此，服务者一定要让被服务者感到满意）。

卫生对于幼儿园尤其重要,因此在入园处设立了一个与孩子高度相当的洗手池。尽管只是托班的小朋友,他们也可以在不需要老师帮助的情况下撸起袖子,将小手洗干净。相比这种自主的卫生需求,还有一种被动的"卫生情况"——门卫处坐着穿着白大褂的医生,学生自觉地将小手拿出来,一一检查后,"安全"地进入学校了。

老师早已将教室布置好,教室里整洁,规范。托班的教室里没黑板,但是一块电子屏幕却显得十分抢眼。在里面已经放置好今天老师要用的 PPT、音乐等教育素材了。托班的教室并不是学习的主要空间,而是将衣,食,住,行都融合的空间中,当然最为重要的是各种与教育相关的理念与用品,如蒙氏教学,瑞吉欧教学等。教室当中较为固定的空间是睡眠区(显然这占据了幼儿在园的大部分空间)、教学区(坐成一个圆圈)、盥洗区。工作区与饮食区是机动的空间。饮食区有时会被设置成为游戏区,工作区也可以兼有游戏的内容。这种区分性的形成对于儿童而言,本身是一种大挑战,也是形成城市原理的第一步——自然地,我们不能在睡眠区饮食,也不能在盥洗区睡觉。

孩子的时间基本是按照 20 分钟(每 5 分钟为一个小节块)来分配的。这种精确性需要孩子从小就配合。最让人吃惊的或许是老师与孩子之间的默契,这种默契远超我们对于表演的想象。在近 3 小时的观察中,小朋友之间没有发生过一场冲突,但同样让人吃惊的是也没发生过一场除了与老师以外的同伴之间的交流。

(笔者 2022 年 10 月 14 田野笔记)

在现实的教育情景中,秩序与主体之间往往存在着巨大的张力,使得我们天然地将其与主体性对立起来,尤其是在强调高度个体化的今天。这种张力与矛盾性如此之大,以至于托克维尔(2019)认为,城市的生活让每个人都退回到自我本身,而表现出对他只是所有命运的陌生人的状态。正如在更加强调尊重和个性化的今天,我们应当探讨的并不是仪式作为一种保持秩序的手段如何被应用,而是教育工作者应当如何才能更有艺术性地开展规则与秩序的教育,以使学校的仪式化活动更为有效且合理。但这一点在已有的研究当中却鲜有提及。

四、小结:仪式产生效力了吗

如果我们承认,仪式的核心是形成秩序。那么作为名词的仪式,其过程不过是秩序的表演过程。此时,我们的研究问题就转化成一个更为具体且有意思的话题,即:人的秩序化形成。在此,笔者试图超越二元和对立的思维模式,认为仪式本质上是一种关系,是种构成活动各要素及要素之间的逻辑关系,不仅涉及人与自己、与他人的关系,更涉及人与活动的关系,在此意义上,本书中的学校仪式的运作机制也是一种关系式探析,不仅探析仪式中人与自己、与他人、与群体的互动关系,更关涉人与外在环境的互动关系以及仪式与教育、仪式与仪式参与者生命成长和发展的关系。教育首先是培养人的艺术、是促进人生命发展的社会活动,更是促进个体社会化的过程,同样也是社会文化传承的必要路径,是教育的宿命,也是教育的使命。因而,教育的目的首先是培养人、其次才是培养某个国家的公民。

使个体社会化的过程,实质上是社会文化传递、再造和创新的过程,社会化中"化什么"的问题是最为核心的问题之一,社会化的本质是个体习得一定社会的思维范式、行为方式和文化模式的过程,因而教育是个体思维范式、行为方式和文化模式习得、内化和创新的过程。学校仪式作为学校教育的有机组成部分,是学校文化建设中不可或缺的要素,是师生之间、学生之间互动交流的重要渠道,学校中的人处于仪式之中,是仪式的存在者,在仪式和仪式互动中获得成长。因此学校日常生活中,仪式是学校场域中的人的存在方式,人是仪式的存在。在学校的语境中,我们的确发现,不同于日常生活的仪式,其更加注重仪式给教育行动带来的"效力"或产生的功率。如为了使课堂更有效率,老师会时常采用一些仪式来规范儿童的行为,比较常见的包括:一二三坐得端、排队歌等。

在研究的过程中,我们发现,除了课堂日常的仪式,其实还存在着很多其他的仪式类型,其作为一种内容支配着学校的日常生活。比如大型的开学典礼、升旗仪式……而有关学校的仪式分类,其实已有相当的研究者有所涉及。这一点可以参考前一章。本章之所以运用"礼貌学习"作为案例,有以下几点想法:① 几乎在所有的文化中都存在着"自我与他人联结"而形成的稳定的互动体系,其中所包含的内容十分丰富;② 在人类学的研究中,"问候仪式"是最基本的姿态语,是描绘"深层文化"最好的路径;其中包含着符号、权力和自我确定;③ 本书的主要目的不是对教育中的仪式进行面面俱到的描绘,而是试图把仪式作为一个基本框架,从另一个"非理性"的视角解读教育实践问题。

第⑤章

权威的失落与守护：
互动仪式中的学校身份表演

文理繁，情用省，是礼之隆也；文理省，
情用繁，是礼之杀也。

——《荀子》

　　仪式作为人类特殊的社会性实践，并不是亘古不变的。仪式的效力常常是由动态性所体现出来的。比如，成人礼是在每一个成熟社会中都存在的一种过渡仪式。在传统的中国语境中，根据性别区分了冠礼和笄礼，并因所在家庭的地位而在程序和内容上有了较大的差异。在此，成人礼作为一种重要的礼仪，强调的是个体获得承担社会性责任的能力和义务，仪式作为一种重要的实践，可以完成这一转变的分类和排序意义上的区分。然而，在现代社会，成年礼以一种公共的或私人式的方式得以表演，强调的是个人自由、成就和自我发现的意义。仪式的动态性、仪式自身的转化从侧面体现出文化的开放性和融合性，及其对异质性的包容。

　　学校生活是嵌套在社会变迁中的具体现象，其本身也随着社会、经济和文化的变迁而变迁。学校中各式各样的仪式实践构成了学校日常生活的基本样态，呈现出教育最为日常性的一面。在具体可见的重复性活动中，学校生活的变迁随着仪式的动态性得以展示。尽管仪式的形式丰富多样，且呈现一定的地域差异，但传统学校仪式大多是发生在学校内部的各主体之间，尤其是师生之间、学生之间。师生通过常规的课堂互动仪式建构着双方的关系，学生通过日常游戏或学习任务构建起同学关系。而教育及学习正是在这些活动当中，不断地生成与发生，构成了学校教育的全部。然而，随着城市化进程的推进，学校成了城市发展中最为重要的配套产品，也被视为一种稀缺的资源与商品，在竞争的驱动下，家长以前所未有的方式，或主动或被动地参与学校的日常生活。因此，一种新型的家校互动的方式得以产生。

　　本章主要探讨仪式何以成为窥探教育变迁的一种透镜。本章通过对近半个世纪教育中新兴仪式化互动现象的剖析，以及其中出现的仪式断裂，进一步探讨了城市化背景下学校角色及其定位调整的必要性。我们将学校中的教育活动分为两类：一是涉及以教育为目的的学校内部各主体的实践，主要涵盖课程、课堂和学校教学活动；二是城市化进程中逐步发展起来的新兴内容，如新媒介、家校合作和组织管理等。新兴内容需要相应的仪式化活动赋予其合法化，由此构建了新的仪式行动模式。限于精力和篇幅本章关注家校合作这一新兴形式是如何仪式化展开的，并分析其背后又蕴含着对教育怎样的认识与异化。本章的核心假设是：在城市化进程中，教育不仅是受影响的一方，更在积极地参与着城市化建设。因此，当前学校中的教育活动总是在"开放式教学"和"封闭式教学"之间不断摆动和权衡。这种摆动可以被视为一种新的仪式实践模式。比如:在城市背景下,由于对安全逐渐重视,教育活动中对学生行为的仪式化管理趋于严格,往往表现为重视对身体行为规范的仪式化训练,忽略了基于关系和情感的仪式实践。正是这种倾向,使得教育仪式具有了强烈的外部化特征,即通过一系列形式化的行为来维护秩序、保障安全,这在某种意义上也规定了学校的管理逻辑以及家校之间的互动模式。

一、仪式框架下的学校教育活动分类

在对学校的研究中普遍存在着一个误区,认为那些有意识设置的内容,有目的有计划展开的活动,才应当成为研究者所关注的对象。现代教育政策倾向于将教育视为理性化和科学化的产物,强调标准化测试、明确的学习目标和"基于证据的教学方法"。因此,长久以来,学校的课程建设、课堂中的具体教学方式以及学校管理等都是研究学校日常最为重要的内容与对象。然而,自波兰尼的缄默性知识提出以来,大量的研究已不断证明,那些暂时无法被我们观看的行为,那些"非理性"实践才可能是推动教育实践的真实动力源,是进入日常生活的钥匙。如早在 20 世纪 60 年代,美国学者杰克逊(1968)就深刻探讨了学校生活中隐性层面对学生的影响,揭示了"隐性课程"作为教育过程的重要组成部分,如通过未被正式列入教学计划的规则和行为,学校塑造着学生的态度、习惯和身份认知。比如,学校通过集体规则和隐含的期待传递社会化经验。为此,学校会有严格的时间安排和课堂纪律使学生习得遵守社会秩序的技能,而教师对学生的评价和行为管理则帮助学生内化自己的角色认知,形成对"好学生"或"差学生"的身份认同。此外,学校生活中普遍存在的竞争性活动,例如考试排名和表现评估,强化了学生对个人努力和成就的认识,进而塑造学生对社会地位的理解。

但令人遗憾的是,尽管我们意识到了这一点,学校隐性维度对日常生活的影响却是很难有意识避免的,因其根植于学校的组织结构和日常行为中。即使教师和管理者并未有意识地设计这些隐性内容,学生会通过日常的课堂互动、同学关系以及学校环境的整体氛围习得一系列非正式的规则与价值观。例如,课堂上学生的言行举止、师生间的互动方式、教室布置和座位安排等,都可能传递某种潜在的信息。这种隐性课程对学生的性格、价值观和社会适应能力产生的影响,甚至比正式课程更加持久。隐性课程的影响是双重的。一方面,它们可以帮助学生学会服从规则、尊重权威、培养责任感和团队合作能力,为未来融入社会打下基础。另一方面,它们可能带来负面效应,例如强化社会不平等和刻板印象。教师对不同学生的潜在偏见可能会导致某些学生被边缘化,过度强调纪律可能抑制学生的创造力和批判性思维。此外,隐性课程通过潜移默化的方式教会学生如何与权威互动,如何理解社会规范以及如何在更大的社会结构中找到自己的位置。在这一过程中,隐性课程往往强调等级和秩序感,这种教育方式虽然维持了学校的秩序和文化逻辑,但也可能固化既有的社会分层。因此,通过仪式去揭示学校生活的构成部分可以让我们更好地认识到这些隐性课程的分类,并使教育工作者理解隐性课程对学生成长的深远影响,掌握在日常教学中反思的方向与调整的可能。

在把仪式作为一种框架时,我们需要根据仪式本身的维度和属性重新设定对学校的观察维度。如,从仪式自身的属性看,那些不断重复、习惯性的仪式,那些具有教育功能的大型正式教育仪式应当得到认可;从仪式出现的时机看,那些具有过渡和转化性的仪式可以构成另一个维度;从仪式的参与者看,那些基于层级之间的互动仪式可以构成第三个维度;从仪式表演的场景来看,那些发生在校园内外的仪式化活动,即场域差异性的仪式活动构成了第四个维度。当然,基于这种划分而获得的学校仪式活动在分类框架中仍有重复与交叠,但这并不影响具体实践中的仪式识别。学校仪式分类及类型一览表见表5-1。

表 5-1　学校仪式分类及类型一览表

仪式维度	仪式类别	仪式活动
重复、习惯性的仪式	日常仪式	晨读、课堂互动、同学互动等
	正式仪式	毕业典礼、入团仪式等
过渡和转化性的仪式	角色过渡	开学典礼、结业典礼;体育比赛、知识竞赛等
	表演转化	公开课等
层级之间的互动仪式	冲突处理	师生问候、答题起立、课堂纪律等
场域差异性的互动仪式	对外仪式	家长会、校社合作等

　　对于重复、习惯性的仪式，我们可以将其分为正式的仪式和日常的互动仪式。这类仪式具有高度的重复性，且深度嵌入我们的日常生活，参与者视为理所当然，若缺乏了这类仪式，参与者会深感不安。正式的仪式包括毕业典礼、开学典礼和体育比赛等。正式仪式是学校中那些显而易见且具有高度形式化的活动。这些仪式具有强烈的象征性，通常通过统一的服饰、特定的语言和固定的流程来体现集体身份与社会团结。相比正式仪式，日常互动仪式更为隐蔽但却无处不在。这类仪式指的是学生和教师在日常课堂中无意识参与的小型互动行为。例如，课堂开始时教师要求学生保持安静、学生举手示意发言、课后告别等行为，都是典型的日常互动仪式。这些仪式不仅有助于维持课堂秩序，还在潜移默化中塑造了学生对权威的服从和对社会规范的认同。这类日常仪式在学校生活中占比较大。因为，教室是学生学习生活的主要场域，学生在校的三分之二的时间待在教室中，教室构成学生学习生活的主要场所，为仪式活动提供了主要的空间基础和条件。课堂是学生日常学习的主阵地，课堂上充满各种交互仪式，这些交互仪式构成了完整课堂，师生在交互仪式中互为表演者和观众，教育教学在课堂仪式中发生发展。课堂学习中的交互仪式，即发生在课堂过程中的师生、学生互动的仪式礼节。尽管目前教育中形成了公开课这种新形式，并有可能重塑着新型的师生关系，但师生的日常学习生活仍是由一节节平常的课组成。公开课只是师生学习生活的"极致体现"，平常的课才是师生日常学习生活的最为真实、真切的学校生活的反映。课堂学习中的仪式以师生生活中的交互性为基础，与公开课的本质区别在于后者是相对程式化的互动，遵循一定的表演规则、秩序。

　　过渡和转化性的仪式。转化性仪式是指那些能够促成身份转变和社会角色再定义的仪式。这类仪式通常围绕学生的成长节点，例如从小学到中学的升学仪式，某些学生被选为班干部的宣誓仪式、少先队仪式。特纳从仪式的动态性出发，指出转化性仪式往往包括"分离""过渡""再整合"三个阶段。在学校环境中，这些仪式为学生提供了从一个角色向另一个角色过渡的象征性通道。在此，比较典型的就是入学仪式，学生此时从原有身份或角色中分离出来，离开原来熟悉的环境进入陌生的学校场景，在此，他既不是原有身份的代表，也未完全获得新身份。通过欢迎仪式，学生正式被接纳为一种学校社区的一员，获得身份的合法性。除此之外，我们会发现，在当下都市学校中有一种特殊的课堂——公开课。这类课程构成了最为常见的教师过渡仪式。通过公开课，教师有可能获得某种外在的奖励，也可能在身份上实现跃升。公开课本身就是典型的仪式表演，是最具仪式意味的课堂展演。很多公开课都已经在最自然的班级状态中演练过，同一位教师、同一拨学生，在班级中经过多次演练，然后再用表演的形式——公开课展现给前来听课的"外来者们"。课堂在此种意义上成为一种仪式展演。教室是舞台，教师是仪式策划者，教师要与学生一起力求完美地展现这场表演活动，学生和教师成为仪式的参与者。在公开课中，其他来访者是仪式或者表演的观看者和欣赏者，但又不纯粹是一个旁观者，这些来访者要发表对公开课的看法，他们是师生表演活动的评价者。这种评价，尤其是大学教授和其他专家的评价可能会影响到上公开课教师的职业发展状况（比如比赛中的公开课），正是这种角色的双重性和多样性，使得公开课中师生的教学活动更具表演性和戏剧性。

层级之间的互动仪式。这类仪式是不同级别或者具有明显权力结构或差异的群类进行的互动仪式。这里涉及权力和控制，相关主体通常通过维持权威结构来确保学校的稳定运行。例如，教师通过纪律手段对学生的行为进行规范，学生通过表现出适当的"尊重"来获得教师的认可。这类仪式不仅维系了学校内部的等级秩序，还将这种秩序转化为学生对社会权威的认可。其中，这些仪式发生的前提是社会规范的强制性意义。

场域差异性的仪式活动。传统的学校教育，尤其强调学校作为一个特殊的场所对学生的育人价值，同时也强调学校教育的孤岛性。"孤岛式学校教育"的特点在于学校的相对封闭性：关注点主要在课堂教学，课程内容由学校单独设计，学生的学习活动也局限于校内。随着全球化、科技发展和社会对教育期望的提升，这种教育模式发生了重大变化。学校逐渐认识到，单一的课堂教育不足以满足学生全面发展的需求，外部社会资源（如企业、社区、科研机构）可以成为学校教育的重要补充，学校从传统的"孤岛教育"模式逐渐转向"大教育"模式。这种转变反映了教育理念的深刻变化：学校不再是封闭的知识传授场所，而是一个与社会广泛互动的动态场域。在"大教育"模式下，学校通过与校外机构或组织的联系，为学生提供多元化的学习资源和实践机会，这一过程中催生了许多具有场域差异性的仪式活动。其中，典型的仪式包括家校互动仪式、协同育人模式等新型互动仪式。

二、城市化进程中新兴教育仪式实践：家校合作互动

家庭作为社会的基本单位，曾一度承担起了后辈的生存延续和教育任务。然而，这一切，随着工业化、城市化和社会结构的深刻变迁，也正悄然地发生转变。传统家庭在农业社会中承担着主要的生产职能，成员通过合作劳动共同参与经济活动。工业革命的到来，社会分工的深化使得家庭的生产功能逐渐外移，工业化促进了劳动的社会化，家庭从一个生产单位转变为消费单位。涂尔干(1997)在《社会分工论》中指出，工业化导致了社会角色的分化，家庭不再直接从事生产，而是主要通过购买商品和服务满足成员的需求。与此同时，教育功能也发生了外移。传统家庭在儿童教育中的主导作用逐渐被现代学校体系所替代，义务教育制度的普及使学校成为儿童教育的主要承担者。尽管如此，家庭依然在非正式教育中发挥着重要作用，特别是在文化氛围的营造和早期教育上，家庭的支持对儿童的学业成就和社会适应起到了积极的促进作用。随着现代社会信息化的加速，媒体、学校和同伴群体对儿童的社会化影响日益增加，家庭在社会化中的直接影响逐渐减弱。吉登斯(Giddens,1990)认为，现代社会的信息化和全球化使得儿童的社会化渠道变得多样化，家庭不再是唯一的社会化场所，家庭的功能更加聚焦于传递基本价值观和提供情感支持。换言之，家庭原有的生产和教育功能外移，家庭逐渐成为情感支持的核心场所。帕森斯(Parsons,1955)更为直接地指出了现代家庭最重要的功能之一是提供情感避风港，帮助家庭成员抵御外部社会竞争和不确定性的压力。贝克(Beck,1992)进一步研究指出，现代社会的不确定性和风险增大了家庭作为情感支持场所的重要性，亲密关系的建立和维护成为家庭功能的核心，父母对子女的陪伴和支持对儿童的心理健康具有至关重要的作用。家庭功能的演变并非单一因素驱动，而是由多重社会、经济和文化力量共同作用的结果。经济结构的变革、文化观念的转型以及政策的推动，尤其是女性劳动力参与率的提高和性别平等观念的普及，使得家庭角色变得更加灵活和多元。

现代学校教育正是在家庭功能不断转变的过程中产生的。家庭功能的转变，尤其是家庭的生产功能和教育功能上的外移，为学校教育的产生和发展提供了动力。现代学校承担了大量原本由家庭负责的教育功能，尤其是

在道德教育、社会化以及知识传递方面。现代学校建立之初,为了确立合法性,学校和家庭之间常常存在着十分微妙的关系。这种关系凸显在寄宿制学校当中。寄宿制学校最早可以追溯到中世纪欧洲的修道院学校和贵族学校。当时,宗教教育占据了主导地位,修道院和教会学校往往接纳学生进入校内进行长期的学习和生活。从 18 世纪末到 19 世纪初,随着欧洲社会的现代化进程,寄宿制学校逐渐成为开展上层社会教育的重要方式。寄宿制学校提供了一种相对规范化、集中的教育环境,旨在帮助学生在一个由纪律和规则主导的环境中成长。寄宿制学校试图将孩子从家庭中隔离开来,为孩子提供一个更加"纯净"的学习和生活环境,基于某一教育理念去构建一种理想化的教育和生活条件,使学生能在知识系统和道德规范上得到高度统一的发展。寄宿制从其根本上讲对家庭作为一种教育机构产生怀疑,将家庭视为学校教育的抑制力量而被学校管理者排除在外,学校并不信任其能为学生的全面发展提供合适的环境。这种孤岛式的教育实验,这种基于理想国式的教育模式在后期深受质疑。这表现在:首先,从人的成长过程来看,亲密关系的建立是无法通过学校教育来完成的;其次,学校当中所形成的关系形式过于单一,因而无法对文化的传统起到积极的作用。尽管如此,寄宿制学校一直未被排除在教育制度之外。

在 20 世纪六七十年代,家庭和学校之间的关系再次成为教育研究当中最为重要的话题。在教育领域,这一时期的改革主要集中在消除教育中的不平等和不公正,特别是基于社会经济地位的不平等问题。一些西方国家的教育系统长期存在着贫困地区学生与富裕地区学生之间的巨大差距,特别是在教育资源的分配上。学者和教育政策制定者意识到,学校不再是一个独立于社会背景的教育场所,它深深植根于社会经济结构中。比如科尔曼(Goleman et al. ,1996)在《科尔曼报告:教育机会公平》中指出,家庭背景对学生的学业成绩有着显著的影响,其中家庭的经济状况和父母的教育水平,是学生教育机会的重要决定因素。布迪厄(Bourdieu,1986)的文化资本理论也在这一时期开始得到广泛传播。在布迪厄看来,家庭中所传递的文化资本(如语言、价值观、教育期望等)决定了孩子在学校中的表现。不同社会阶层的家庭拥有不同的文化资本,这就使得家庭与学校之间的关系极大地影响了学生在学校的社会化过程和学术成就。

在此背景下,研究者纷纷认为家校合作是解决教育不平等的关键方式之一，政府也为驱动资源向贫困地区学校倾斜，开始积极介入教育系统。这极大地引发了当时美国的学校改进计划。在政策上，最为人所知的是美国的《初等和中等教育法案》、"开端计划"等。具体的措施包括：提供免费的学前教育课程和服务、家长参与培训、健康与营养服务、特殊教育服务、文化和语言支持服务、幼小衔接的支持等。在家校合作的推进模式上，经过多年的发展研究者也给出了不同的理解与方案。如在早期的家校合作模式中，家长的角色被视为辅助性的，强调的是家长对学校教育的直接支持，他们通过参加家长会、志愿服务和家庭作业辅导等方式支持学校的教育工作。随着社会政治运动的兴起，家校合作开始被看作一个涉及个人权利的问题。在意大利，这种模式的转变体现在"社区基础管理"（gestione sociale）系统中该组织是法律规定和保护的，它由选举产生的家长、公民和教育者组成的咨询委员会在市政学前中心、婴儿—幼儿中心和其他教育项目的运行中发挥正式作用。家校合作的概念也从最初的强调的参与、参加、合作（involvement、engagement、partnership）转变为现代的深度参与合作形式。这种基于深度参与的方式，将家校合作转变为一种互惠式的理解，强调家庭和学校之间的相互贡献和长期合作，是以信任和尊重为基础而不仅仅是短期的、任务导向的形式化参与。

在中国教育语境中，家校合作在 20 世纪 90 年代开始为人所关注，并在近几年日益成为一个重要的话题。1985 年《中共中央关于教育体制改革的决定》颁布后，家校社协同育人机制的构建开始受到重视，社区教育的发展标志着家校合作模式的创新。这一时期的家校合作开始强调学校、家庭和社区三者的有机结合，旨在通过多方面的合作促进学生的全面发展。进入21 世纪，随着信息技术的发展和教育观念的进一步更新，家校合作模式呈现出多元化和个性化的特点。家长参与的渠道和方式不断扩展，家校合作开始注重家长的主体性，强调家长与学校之间的平等对话和合作。政策层面上，如《中华人民共和国家庭教育促进法》的实施，进一步推动了家校合作的法治化和规范化。当前，中国家校合作模式正朝着更加开放、灵活和多元的方向发展，强调家长、学生和教师三方的互动与合作以及家校合作在促进学生发展、提升教育质量和推动社会进步中的重要作用。在实践层面，中国家校合作模式也从传统的家校合作模式中对家长的角色工具化，忽视了家长的多样性和个体差异，转向更为多元主体的家长参与，关注弱势群体的家长,如农村留守儿童的家长、进城务工人员的家长等,努力消除参与障碍,促进教育公平。同时,家校合作模式也开始重视家长的教育话语,倡导家长参与家校关系的共建,尊重家长的经验和智慧,共同促进孩子的健康成长。我国家校合作除了关注学生的学业表现,还涵盖了学生的品德、习惯养成、兴趣爱好等方面。家校合作的重要性在于,它为学生提供了全面发展的环境,促进学生的学习效果和心理健康,培养他们成为有社会责任感的公民。

家校合作模式的引进和变迁要求教师和学校都进行重新定位。教师不再仅仅是知识的传授者和权威的代表,而是成为家校合作的引导者、协调者和参与者。教师需要与家长建立平等的合作关系,共同探讨孩子的教育问题,共享教育资源,实现教育目标。家校合作是一个长期而复杂的过程,它需要学校和家长之间的相互信任、理解和支持,理解双方在合作当中的界限与职责。然而,这也正是在实践过程中家校合作可能产生的间隙所在。在城市化的背景下,教师和家长之间可能由于信息传递不畅、沟通方式不当或文化差异等原因导致沟通困难,使得家校沟通并不总是带来好的结果。一些家庭可能缺乏对教育的了解或参与度较低,而另一些家庭可能过度干预学生的学习,导致学校需要去处理规定动作以外的协调任务,家长和教师都可能面临时间上的压力,难以找到足够的时间来参与家校合作活动。另外,由于家长和教师在合作上并无专业的知识和培训基础,这就导致家校合作常常是基于经验或校长等前辈的说辞而见机行事。这些困难和挑战,从表面上看是一些技巧或能力的问题,但实际上所涉及的是教师关于权威与家长乐于筹划之间的种种张力以及角色的对抗与冲突。因此,接下来,我们将从仪式的角度来观察和分析家校合作作为城市化背景下的一种新兴实践方式,如何重新构建了家校之间的关系,又如何反过来影响了学校的角色与定位。

三、一门必修课:如何走进"千家万户"

无论是偏重通过家校合作来实现教育的公平发展,还是偏重通过协同育人来促进儿童的全面发展,家庭与学校间的互动是希望通过对话的方式来形成教育合力。如美国教育学者爱泼斯坦(Epstein,2011)认为,家庭、学校和社区形成的"三环互动模式"是教育成功的关键,是促进学生全面发展的关键。教师作为直接面向学生开展教育的执行者,在家校合作中扮演着多重角色,包括协调者、信息沟通者以及教育策略的共同制定者。研究表明,家校合作的成效取决于教师能否积极主动地参与并引导这一过程(Jeynes,2012)。然而,在实际的操作中如何有效地实现这一合作,对于教师来说并非易事。因此,在当前的师范培训体系中,教师与家庭和社区的互动能力已成为教师专业发展的重要组成部分。教师需要了解不同家庭的文化背景和价值观,以尊重和包容的态度与家长沟通,建立信任和合作关系。

(一) 家校社合作真是一场"双向奔赴"的实践吗?

为了更好地理解学校以外的仪式化互动机制,我们通过深度访谈包括社区、家长和学校管理者和班主任教师在内的各种角色的教育利益相关者,并以家校合作的故事进行了情境化、本土化的访谈设计。让我们十分意外的是,几乎不存在纯粹的家校合作,总是伴随着社区的参与和协调。换言之,家庭和学校的互动总是不可避免地涉及社区这一中介角色,社区十分乐意作为连接家庭与学校的纽带,提供资源和社会性支持。以下是我们在进行田野调查时的一段访谈记录。

> 你说它(社区)大其实它也不是特别大,因为它正好在市中心。这个城区已经有两千多年的历史了。从行政区划上来看,我们街道一共有6个社区,其中有一个社区是古法社区。这所中学(该社区所在的中学)也有两千年左右的建校历史,现在它是我们市里的重点中学,渊源还是比较长的。整个片区的历史文化是串联起来的。我们游客(注:因为此地以旅游著称)也是就像我刚才说的……我们其实更倾向于去古法街上旅游,但因为古法街只是一个街区,不大,这样,自然街边的文化景点也会成为游客参观的一个方面……去年街上,我们有导赏服务,就是针对中老年人做导游的培训。如果有兴趣的话,他们(学校教师)就可以来做导游。我带的游客大多不是说去看景区里面,而是去看景区之外的其他人到底是怎么生活,怎么延续我们这两千多年历史的体验。这就需要我们学校的支持……所以当时我们做的活动,就是研学服务,学校的学生、游客都非常感兴趣。对于旅客来说,对景区不是特别感兴

趣，反而对外面的文化更感兴趣。学校就能完成这种文化的解说与传承。

（某社区负责人　2023 年 3 月 26 日）

尽管家校合作构成了教育话语中的主流，但在实际的构建过程中，社区扮演着十分重要的作用。在本案例中，社区人员在合作中是以一种主动的姿态推动与学校合作的形成，其中展现了一个以历史文化为中心的社区如何通过与学校合作推进文化传承与社区发展。我们可以从社会嵌套性、文化传承机制和角色协同三个维度对文本材料作做一步说明，社区成员是如何超越了对城市消耗式的营销与沉积式的旅游之间的张力。

社区人员认识到了空间中的社会性嵌套，指出社区的地理位置和历史背景，即市中心的一个具有两千多年历史的街区。社区不仅是一个行政单元，也是一个文化网络，承载了丰富的历史资源与文化符号。这种嵌套性反映了社区在社会系统中的独特地位，它既是地方性的，又具有与更大社会结构交互的能力。如，本案例中的"古法社区"显示了社区的多样性和分工协作的潜力。在此背景下，社区充分提升了学校作为一所千年名校所具有的价值。在社区人员看来，学校不仅是教育机构，更是历史文化的载体，与社区的文化遗产形成共生关系。学校在此的历史性和功能性构成了社区文化传承的一个重要节点。这种社会嵌套性表明社区和学校并非独立存在，而是通过地理、文化和功能联系形成有机网络，成为其中最为重要的节点。

合作的前提在于对自身明确的定位与清晰的合作思路，在此，社区工作人员很快找到了社区与学校所具有的共同使命，即文化传承。社区通过学校的参与，实现了历史文化的传递和创新。这种传承不仅体现在学生的教育活动中，也体现在社区对游客的导赏服务和研学活动上。上述提到的导游培训项目的案例，通过对中老年人提供专业培训，不仅提升了社区成员的参与感和专业能力，还拓宽了文化传承的维度。更有意义的是，导赏服务超越了传统旅游中对"景点"的单一关注，将游客的视线引向景点之外的"日常生活"。这种设计体现了文化传承的动态性，将传统的静态展示转变为互动性体验。这种基于生活化场景的文化传承策略不仅增强了游客的参与感，也深化了社区文化的可持续性。正是这种基于文本本身的，对人类行为的意义建构，使得文化传承并非单一的输出过程，而是社区、学校、游客三者共同参与的协作性实践。学校通过学生的参与，成为文化解说与传承的重要媒介,游客的兴趣又反过来强化了社区与学校的合作动机。

在此过程中,社区人员尤其强调了社区和学校在文化传承中的协同作用。在此合作过程中,学校可以为学生提供教育,但同时还在更广泛的社区实践中承担了文化解说与传承的角色。这种角色协同显示了功能重组的趋势,即学校教育与社区文化实践的界限逐渐模糊。例如,研学服务不仅是学校的教育活动,也成为社区旅游的延伸。学生在这种活动中既是学习者,也是文化传播者。学校教师的参与进一步强化了这种协同效应,他们通过担任导游为游客提供深度文化体验。社区人员中反复提及学校的支持,表明这种协同并非偶发,而是社区运作的一部分。这种协同关系拓宽了教育的场域,也深化了文化实践的内涵。角色协同表明社区和学校的功能性边界正在被重新定义。社区通过激活学校资源,使教育与文化实践产生了有机联系,学校通过参与社区实践,为学生提供了多元的学习情境。这种双向互动构成了社会功能整合的新样本。

正如访谈中所呈现的,社区人员充分认识到了在城市建设过程中其应当如何树立起自身的品牌。社区人员并没有将城市当作一种一次性文化进行销售,而是充分认识到在"沉淀"后的城市,最终应当对人的行为赋予意义。为了把这种意义进行身体性记忆,社区人员必须从生态的意义上对其所在的空间进行集体性打造。这种打造,在某种程度上是超越了商业的认知和经营模式,一种文化的传承因而变得十分重要。学校在此,作为一种与城市共同成长、共同见证的空间或产物就成为城市宣传最为重要的中介者。在时间的共同叙事中,这种合作本身也就变得自然而然,且义不容辞了。

如前所述,在学术的语境中,家校社合作虽然是由教育话语在构建,但实际上其内在的驱动力并非总是来自学校内部,社区在此过程中也扮演着重要的角色。这一转变十分有趣,因为早期的社区建设,并未将学校视为其资源,而主要将其服务的群体定位于住户。随着教育话题越来越成为社会公共议题以及城市化进程中社区服务功能的体现,中心城区社区资源自身的有限性使得社区在很大程度上有意愿向学校"索要"更多的资源,比如体育馆或公共场地。对于学校而言,在义务上并不需要与社区进行合作,但为了保证有良好的生源,学校在会在很大程度上让步。

另外,社区也认为与学校的合作可以在无形当中减少很多不必要的工作。如在一次访谈中,社区党支部书记提到社区总体说来是为了服务业主。

本案例中的社区住户以家庭住户为主，这样育儿问题就需要很多的指导，这就需要学校出面，而且通过育儿也能将社区中的业主很好地联合起来，促进社区和谐发展。

作为社区负责人，保障社区和谐是最为重要的任务。和谐良好的社区不仅能赢得户主的称赞，和谐甚至成了社区经济发展的重要指标。社区党支部书记有意识地将精神安全与物质安全有机地结合起来，推进居民自身的素质有所提升。

另外，一些社区管理者也认识到，原来的社区自身定位过于狭窄，而学校其实也应当作为一种资源被纳入管辖范围。特别是疫情过后，学校与社区的联动本身可以很高效地开展工作，学校的场所也可以提升社区生活，打造具有青年气息的社区环境。

> 他们在主业以外开了不少兴趣课堂，有一定的延伸服务。因为对学校与社区来说，都是为国培养人才。实际上，我们是结合起来，从小孩抓起来，我们开设了至少20种兴趣课堂……所以说重点是在于学校跟社区的公共资源的有效衔接和开放，比如说现在咱们这个辖区，可能各位都发现了，没有看到我们一个公共的、很大的体育场馆，因为在咱们辖区的规划设计上，它实际上是一个居住型社区，居住型社区就没有那么多的公共空间。公共资源用于锻炼，这方面的需求人群是很大的，当然有收费的，有专业场馆……但是从公共资源来说，实际上我们现在办公响应的要求是要开放性办公，以前我们是有围墙的，现在老百姓要求我们搞服务……但是我们真正的办公受到影响……还好跑跑小学在咱们这也是友邻单位，搞的共建，实际上跑跑小学的设施，包括它的操场，它的设备功能是都是跟我们有协议，无偿地对辖区的居民开放。
>
> （某社区党支部书记 2022年11月20日）

可以说，尽管家校社合作在一些已有研究中表明是一条十分有效的，可以帮助儿童综合性发展的路径。但是在我国语境当中，一些学校因自身的条件特点其实并不太注重家校社合作。首先，都市学校是在原有乡村学校的理解基础上建立起来的，其在设施与配置上都是按照"整套"的标准来完成，如学校必须要有操场、体育馆，基本的实验室条件等，使得学校有可能自成一体而不用过多依赖于社区的资源。另一方面,由于学生的学业压力过重,加之教师自身不仅需要回应学生和学校的需求,有时还需要应对填不完的表格,使得能进行社区专项的教师有限,因此无法系统性地跟进合作。在研究过程当中,我们甚至发现,社区工作人员,在与学校合作上表现出极为热忱的态度。近年来,社区越来越意识到精神生活对于大众的重要性。因此,社区会主动与学校商议共建事宜,包括资源共享,服务到家,讲座培训等。另一个显著的变化是,社区甚至拥有了自己的专项基金,可以为这种校社合作筹划专门的项目。在这一背景下,学校有了一种被"倒逼"而不得不开放"校门"的姿态。因此,在具体的合作中,我们也不难理解,为什么学校总是以"配合"为关键词进行家校社合作的表述。

（二）初次见面,请你"亮剑":家访作为一种制度化实践

相较于学校在一种倒逼式的环境中去参与社区活动,学校与家长的互动则更加呈现了某种矛盾性和差异性。由于城市中学校的区位、学校性质、学校生源以及家庭对学校本身诉求所呈现的差异,导致在具体的家校合作方面也呈现了很大的差异发展。雷望红(2019)通过考察江浙两地城区学校家校互动的逻辑指出,都市教育中家校合作存在的竞争性逻辑。首先学校与家庭之间的竞争性合作,即学校面对不同家庭的教育需求,采取分类治理的策略,而家庭则依靠自身的资源和权利与学校展开竞争,以期在学校的教育决策中获得更大的话语权。其次,是不同家庭之间竞争后形成的家校合作,这主要是指学校在转移部分管理责任时,不同家庭基于教育能力的分化,竞争参与学校管理的权力,导致部分家庭与学校形成了更为紧密的合作关系,而另一部分家庭则在这种选择性合作中被边缘化,与学校保持一种隐性的竞争关系。这种竞争性合作关系的形成,是教育体制深化改革、城市阶层结构变迁以及学校权威结构重塑等多重因素综合作用的结果。它影响着学校的主体性和公共性,还可能对普通家长的教育利益和学校发展的教育目标产生负面影响,弱化了学校教育的公平性和公正性。

在具体的学校互动仪式中,我们可以更加具象化地看到这种矛盾性。比如,各地方政府为了推进家校合作,曾专门研发了一款名叫"晓黑板"的沟通平台。通过此平台教师可以十分便捷地发布信息和任务,家长可以通过平台了解自己每日应当做的任务。这种一对一的任务方式,似乎保证了每

一个孩子被看见。但另一方面，则使得家长角色和学校角色之间的权限界线变得模糊，家长作为一种工具性的存在也被放大。另一种可以让家长沟通的方式则是社交平台的普及，但在这些虚拟共同体中，似乎都以老师单方面发布信息，家长方应和为主。

事实上，这些家校合作的基本姿态在一开始就已经仪式化地被定型了。为了说明这一点，我们可以在家访这一初次见面仪式中窥探一斑。在笔者所在的田野学校，家访是该地区的一项制度性的要求，即：每位教师在学生入学前必须进行一次家访，而在学生就读期间，除了日常性的交流，还需要至少家访一次。从政策制定者的角度来看，家访是一种重要的教育实践方式，通过教师走进学生的家庭，与家长面对面交流，了解学生的成长环境和家庭情况，建立起密切的家校合作关系。家访可以成为家校合作的桥梁，有助于提高学生的学业成绩，更重要的是促进学生全面发展和身心健康。

不过，家访这项制度性的要求在具体落实的过程中却呈现了另一番风景。一般而言，家访是由班主任来承担。但由于目前的班主任制度（特别是小学阶段）大多由新老师担任，缺乏足够的"底气"以及与不同家庭沟通的基本经验，因此在每学期开展新生的家访之前学校十分重视，会对家访老师进行专门培训。一般而言，这种培训是由分管校长负责，但没有任何现成的成体系的文档或规则。因此培训大多从经验的角度对家访的目的、内容、常见的问题等进行技能性的培训，说明教师在家访时的礼仪和态度以及基本规范。如：家访时不宜在孩子家里待得过长，以免给对方带去压力，一般以半小时为宜。少于半小时，不符合交往礼仪，家长会认为老师对学生不够上心。笔者曾跟着一名不善言辞的老师进行家访，她在十分钟内就已经把开学前要做的事告知完毕，此后家长为了缓解尴尬只能让孩子表演自己的才艺——弹钢琴。几首钢琴曲后，老师如释重负地离开了。对于家访的老师，校长会三令五申、义正词严地告知不允许收取家长的任何物品，更不要说购物卡、礼品券了。因此，笔者曾多次看到新入职的老师在开展家访时，甚至连家长倒的茶水也拒绝饮用。后续采访中，家访老师提及此行为解释说，这样做避免引起麻烦。

实际上，对于老师来说，家访可能真会带来潜在的"麻烦"。家长方也是如此反馈。家长对家访的焦虑能够通过社交平台上的"家访攻略"或妈妈群里的各种案例得到反馈。每逢家访日，妈妈群里就会有一批新家长询问过来人，应当如何去准备迎接老师，即便过来人会告知其不用过多地准备。但各种育儿公众号对该话题的讨论，则潜在地告诫家长，事关孩子，非同寻常，应当慎重对待。因此，有的父母为表现家庭对孩子教育的重视，双双提前下班，而将原来照护孩子的爷爷奶奶"藏起来"。在笔者家访的过程当中，几乎没有看到隔代照顾的情况，即便这在现实中已是一种常态。有的家长会提前赶到出租屋，以表现出自己的学区并非"造假"（由于笔者所考察的城市是按学区入学，对于好的学校，一些家长通过一些手段帮助孩子入学。如购买小房子挂学区，或租住房屋）。亦有家长会提前准备好学生的各种奖项，待老师到来时一一展示，希望老师在日后的教学中能够多多重视自己的孩子。

笔者原以为在家访中，老师会针对孩子的情况做一些特殊的了解。但实际上，真正的家访总是老师在向家长布置各种任务，也就是说老师需要提前准备好一系列的"专业活动"，是一种"带着任务"的家访实践，而非随意地聊天，了解学生的家庭情况只是附带性的工作（对于老师来讲，学生住在什么社区、父母的简历等信息基本在学校备案中已有所了解）。笔者所参与的家访，往往是按照以下流程展开：① 交接录取通知书，介绍学校情况；② 家长会的时间及学校家委会的相关制度；③ 学生开学前的准备工作；④ 衔接中可能需要注意的问题。此时，一位老师是"新手型"老师还是"老手型"老师，通过其时间控制和聊天的方式便可以判定。"新手型"老师一般会准备一张纸，按照程序一点点向家长介绍，而"老手型"老师往往能通过十分自然的方式将需要讲解的任务，通过聊天的方式"顺带"告知对方。由于，一般每位老师需要在 3 天之内完成全部的家访工作，这使得家访的日程随时都被安排得满满的——每半天需要拜访 6～7 名学生，甚至无暇吃饭。所以，"新手型"老师一天下来可能因为时间安排不当而变得疲惫不堪，而"老手型"老师则因为采用了亲切的聊天方式而热情满满。

我们可以通过校长培训中的预设，进一步为家访过程中出现的场景获得解释。在培训时，校长会将家访比喻成老师与家长的第一次"交锋"，因此老师要抓住机会去表现自己的权威性。尤其在东署市这样的"大城市"，家长中间"高手"如云，学历又很高，因此家长难免会"自以为是"，这时老师一定要在家访时"压得住"他们。对于"新手型"老师，校长又会特别嘱咐鼓励他们,不要因为自己是新手就感到害怕,要时刻表达自己是学教育的,更具有发言权,要学会时不时地"亮剑"。当然,在实际的家访中,我并没有看到老师真的需要"亮剑"的时候,但互动过程中老师极力地要掌握话语的主导权的想法却时不时地被体现和表演出来。

家校合作作为近年来的重要实践不断地被提及。城市化的进程,不仅重塑着家庭,也重塑着学校,更重塑着他们之间的相互关系。至少从理论上讲,通过家访,教师可以深入了解学生的家庭环境、家庭成员、家庭文化等方面的情况。这些信息有助于教师更全面地洞悉学生的个性、需求和潜在问题,从而制定更有针对性的教学计划和辅导方案。反过来,通过面对面交流,家长更容易向教师表达关于孩子学习和发展方面的想法和担忧,教师也能更好地向家长传达学生在学校方面的表现和需求,进而增加家长参与学校教育的意愿。然而,现实"家访"中,笔者深深地感受到了吉登斯(2011)在其《现代性的后果》中所谈及的"信任"的脱嵌感。吉登斯指出现代社会中人与人之间信任的缺失,城市生活使信任其实早已脱嵌于具体的事与人,人与人之间的关系常常靠着符号维系。在家访的过程中,老师试图地要塑造自己作为一个专家的形象,试图塑造基于专家系统的信任,而无关乎于其所面临的这位学生和家庭的具体情况。家庭一方,因为对于教师这个不速之客的到来,因缺乏相关的仪式参与,而不知所措。这种城市背景中防御式的家校合作方式实为一件令人深思的事。

这种防御式的家校合作在正式的家长会中也显露无遗。在跑跑学校,新生入学前一般会安排一次家长会,叮嘱家长应当如何准备学生来校第一天的相关事宜。是日,跑跑小学以"让我们携手托起明天的太阳"为题开启了又一期的家长会。但与会的家长似乎并没有因为看到学校将其孩子看作"明天的太阳"而兴奋。剧场式的会议室,将两百余新生家长与教师截然分成了两个阵营,也无法观察到这种"携手"是如何发生的。不过,在会议最后,每一位家长都在各自的笔记本下记下了"好父母都是学出来的,好孩子都是教出来的,好习惯都是养出来的,好品质都是感化出来的。"似乎经历过这次家长会,家长们真的掌握了培养一个好孩子的秘诀。

（三）距离产生美:认可作为一种压力

在实践中,学校对家校合作中竞争性合作关系的敏感性,直接影响着其互动过程中的边界感。在家校合作中,大多数校长和教师都认为保持一种基本的距离是家校合作当中必要的环节,也能体现一个班主任为人处世的智慧。因此,边界感的确立与否甚至被认为是确保教育合作能否顺利进行的关键因素。这种边界感意味着在教师的专业自主权和家长的教育参与权之间建立明确的权利与责任界限,以确保双方能够在一个健康、有序的环境中合作。首先,在学校语境中,校方希望能通过制定相关的规范明确教师和家长的权利边界,减少因规章不清而造成的模糊地带,减少不必要的干预和冲突。校方认为,教师作为教育专业人士,拥有专业自主权,包括制定教学计划、选择教学方法等,而家长则有权参与孩子的教育过程,包括了解孩子的学习进展和提供支持。明确这些权利与责任有助于避免冲突和误解,同时,教师和家长的自主权应在制度的规范与约束下展开,这意味着他们的行动需要遵循一定的规则和程序,以确保教育环境的稳定和效率。然而有趣的是,这种基于边界感的规章制度甚至有时使得校方不得不把家长的赞美也拒之门外,因为这也可能带来潜在的麻烦。从以下田野笔记的记录可以窥见一二。

笔者:在家访的过程中,我发现家长对学校还是挺认可的。

校长:认可不是件好事。

笔者:怎么讲呢?

校长:认可越高,期待越大。但如果学校没有达到要求,家长又要怪学校。学校有的孩子素质真的没那么高,成绩上不去。家长就会把"怨气"转嫁。比如说,我们学校有个孩子上课的时候不好好听课,玩墨水。老师就开玩笑说:"墨水难道能吃吗?"那孩子竟然真吃了一口。然后回家把这件事告诉了他妈妈。结果第二天他妈妈直接跑到校长室要求解决。说要么开除教师,要么向上级反映此问题。

我说,消消气,我们多方了解,不能听一面之词。然后我一一去向老师了解,也问学生。学生后来自己也说自己的妈妈"小题大做"。后来我们了解到,其实这位家长本身就一堆怨气,在家做全职太太,平常老公出差多,自己照顾两个孩子,这个孩子成绩本来就不太好,自己心情也不好。

(某校长　2018 年 10 月 18 日)

尽管，我们有理由相信校长是出于本能谦虚地道出了以上实情。但一个不得不承认的事实是，当学校背负着"好学校"的名声时，它不得不为它的"好"做出相应的形象管理。同时，学校在应对家长的相关诉求时也表现得越来越具有理性和策略性。我们可以从认可与期待、情绪转移和边界侵犯以及冲突解决和边界维护这三个层面进一步分析学校在家校互动中的理性管理。

认可与期待。在上述访谈中，校长对于家长的"认可"并没有表现出太多的兴奋，取而代之的是一种基于风险的本能性拒绝。在校长看来，家长对学校的高度认可往往伴随着高期待，一旦学校没有及时回应这种期待，这种认可对学校而言就是一把双刃剑。在"距离产生美"的框架下，学校需要通过明确的沟通和合理的期待设定来管理家长的期待。学校应明确教育目标，并与家长分享这些目标，保持与家长的沟通渠道畅通，及时分享学校的政策变化、教学计划和学生表现。透明化的沟通有助于建立信任，并减少误解。学校还应定期向家长提供学生的反馈，包括成绩报告、行为表现和个人发展，这有助于家长了解孩子的状况，并调整他们的期待。通过定期的家校会议和教育工作坊，学校可以讨论教育目标、学生表现和家长的关切，教育家长如何在家中支持孩子的学习。学校需要帮助家长建立合理的期待，强调个性化教育的重要性，并鼓励家长根据孩子的能力设定合理的期待。同时，学校应鼓励家长将教育视为家校合作的过程，而不是与其他孩子竞争的场所，以减少家长之间的不必要比较，从而降低不切实际的期待。期待管理也面临着文化差异、家长的个人经历和对教育的不同理解等挑战，学校需要认识到这些差异，并采取相应的策略来应对。

情绪转移和边界侵犯。在家校交往过程当中，学校显然理性地认识到了家庭本身的复杂性及其对家长情绪和行为的影响。经济压力、工作变动、家庭结构的多样化以及文化价值观的多元化等因素，使得家庭面临前所未有的挑战，家长可能因此感到无力和焦虑。学校意识到，家长可能因为对教育责任的共同承担、信息不对称、家庭压力的外溢、社会期待与教育现实的差距、缺乏有效的沟通渠道、学校作为公共机构的角色以及学校对家庭的支持责任等原因，将个人的焦虑、期望和不满投射到学校身上。同时，教育工作者的职业道德感使他们即使在面对不合理的情绪转嫁时，也尽力保持专业和耐心。怎么去权衡其职业的道德感与利益的守护者就成了学校伦理困境的选择。

冲突解决和边界维护。当冲突成为一种日常时,从不同的角度去取证才能使问题的解决变得更加合理且符合理性的原则。本案例中,校长在处理冲突时,通过调查和沟通来解决问题,而不是简单地满足家长的要求,这种做法体现了在维护学校权威和教师权益的同时,也尊重家长的参与权。同时,校长通过多方调查保护了教师自身的专业自主性,避免家长对教学过程的过度干预。在"距离产生美"的理念支持下,校长在与家长沟通时,较好地把握了保持适当的距离这一准则,既不过于亲近,也不过于疏远。

四、小结:学校权威失落与出路

中华民族拥有良好的尊师重教传统,学校曾是传承文化和智慧的高地,是智慧和知识的殿堂,享有较高的权威。学校作为严肃的学习场所,学生认真地学习着老师传授的知识,认可学校独一无二的权威,听从教师的一切指导。然而,随着城市化进程的推进,学校不得不面临着从孤岛走向社会的必然转变,这种变化与社会整体价值观的变化,新媒体的诞生以及学校自身的制度缺陷密不可分。正是这种倒逼式的开放性,使得家校,甚至校社之间的合作成为一种必然选择,构成了都市教育当中的一种新型仪式化互动模式。然而,这种仪式化的互动本身就存在着很强的矛盾性。首先,家校合作的基础是双方共同促进学生发展的愿望,但在实践中,由于家庭教育需求的分化和学校分类治理的现实,家校之间形成了竞争性合作关系。在这种关系中,学校需要面对家庭之间分化的教育需求和家校之间分化的教育目标,导致在家校互动中涉及教育资源和权利的分配问题,从而产生利益冲突。其次,家校合作的矛盾性还体现在家校之间的权力互动上,即家校通过互相竞争和互相钳制实现了相互支配,在相互支配中塑造对抗关系或合作关系。家长可能会利用政策漏洞扰乱教师角色和学校责任,而学校则可能利用专业能力弱化家庭教育的合法性。此外,家校合作的矛盾性还表现在家长诉求表达与学校回应之间的张力上。家长在表达诉求时可能会超越正常的需求表达范围,提出过度的或策略性的权利表达,而学校则需要在维护自身权威和满足家长诉求之间寻找平衡,有时不得不做出妥协。最后,家校合作的矛盾性还体现在家庭教育能力分化与学校管理权力分配上，导致家委会成员的选择存在竞争，部分家庭与学校形成合作关系共同管理学校，而另一部分家庭则被边缘化，形成了与学校之间持续的显性合作和隐性抵抗关系。这些矛盾性体现了家校合作在实践中的复杂性，需要通过重塑学校权威、明确家校互动规则与界限、推进渐进合作等方式来解决，以实现学校管理的良序善治。

以上这些矛盾性，与学校自身的定位和社会价值的转变极为相关。具体说来：首先，在现代社会，追求个性、独立和自由的价值观逐渐占据主导地位。学生越来越倾向于对学校权威持怀疑态度，认为学校的规则和制度束缚了他们的自由发展。这对学校的权威造成了冲击，导致学校在学生心目中的地位逐渐降低。其次，家庭教育和社交媒体的兴起也对学校话语权威造成了冲击。在过去，家庭教育与学校教育相辅相成，家长对学校的教育工作给予高度的尊重和信任。然而，现代社会中，家庭教育和学校教育之间的边界逐渐模糊，家长对学校的决策和教育方式产生了质疑。同时，社交媒体的兴起为家长和学生提供了更多获取信息和发表意见的途径，他们更容易通过互联网获取各种观点，进而质疑学校的权威性和合理性。第三，教育资源不均衡也是家校合作呈现矛盾的重要原因。在城市地区，教育资源相对充足，学校教育水平较高，学校权威相对稳固。但在农村地区，教育资源匮乏，师资力量不足，学校的权威容易受到质疑。由于教育资源不均衡，学生和家长可能对学校的教育质量和权威产生怀疑。

因此，在这一复杂的语境中，学校仍想保留其传统的权威形象就变得异常困难。而面对学校权威的失落，大部分学校似乎本能式地采取了防御式的仪式化互动或工具式地对待家长的诉求，这使得学校在与家庭或社区合作时显得十分疲乏。因为，一方面学校在不断地回应和妥协中可能会感到情感上的疲惫，尤其是当家长的诉求与学校的教育理念和目标不一致时，学校需要不断地调整和适应，这在情感上的消耗是巨大的。另一方面，资源消耗、权威冲突以及效果有限等问题也加剧了学校的疲惫感。学校在维护自身权威的过程中，可能会与家长产生冲突，这种冲突不仅消耗了学校的精力，也可能导致学校内部的紧张和矛盾。

因此，学校在与家长和社区的交流中，需要找到更有效的沟通机制和合作方式，来缓解这种疲惫感。从仪式互动的角度来看，我们需要构建一种基于信任而非工具化的互动，基于责任而非基于权利的互动，以儿童长远发展为目标的互动而非利益的互动。

第一，基于信任的仪式互动重构。传统的家校互动中，家长和学校之间可能存在一种工具化的关系，即双方更多地关注如何利用对方资源来实现自己的目标，而非建立真正的合作关系。这种工具化的互动往往缺乏深度和真诚，导致双方在交流过程中感到疲于应付。通过重构基于信任的仪式，学校可以与家长和社区建立更为坚实的合作关系。这种基于信任的仪式强调的是开放、诚实的沟通，以及对彼此意见和需求的尊重。例如，学校可以定期组织非正式的家长聚会，提供一个轻松的环境，让家长和教师能够在非正式的场合中交流，增进相互之间的了解和信任。通过这种方式，家校之间的合作不再是单向的信息传递，而是双向的、基于信任的互动。

第二，基于责任的仪式互动。在家校合作中，如果互动仅仅基于权利的行使，那么可能会导致家长和学校之间的对立，因为双方都在争夺对教育过程的控制权。这种权利的斗争往往会引发双方的不信任，因为它涉及不断的协商和斗争。通过重构基于责任的仪式互动，学校和家长可以将重点放在共同的责任上，即共同为儿童的教育和发展负责。这种基于责任的互动仪式鼓励家长和教师共同参与决策过程，而不是单方面地行使权利。例如，学校可以邀请家长参与课程设计和学校政策的讨论，这样家长就不再是被动的接受者，而是积极的参与者。通过这种方式，家校合作变成了一种共同承担责任的过程，而不是权利的争夺。

第三，以儿童发展为目标的仪式互动。在家校合作中，如果互动仅仅关注具体的事物或问题，那么可能会导致双方陷入细节的争执，从而忽视了儿童发展这一根本目标。这种针对事物的互动往往会极大消耗精力，因为它涉及不断地解决问题和应对挑战。通过重构以儿童发展为目标的互动仪式，学校和家长可以将注意力集中在儿童的成长和发展上，而不是具体的事务。这种以儿童发展为目标的互动仪式鼓励家长和教师共同关注儿童的需要和潜力，从而制订更为有效的教育计划。例如，学校可以与家长一起制订个性化的教育计划，关注每个儿童的独特需求和兴趣。通过这种方式，家校合作变成了一种共同促进儿童发展的过程，而不是针对具体事物的争执。

总的说来，家校互动、家校社合作作为城市化背景下的一种新兴实践，需要较长的时间去帮助学校和家长双方磨合和明晰自身在合作过程中的站位与权限。通过上述三种互动仪式的重构,学校与家长和社区的交流可以变得更加畅通和富有成效,进而缓解因互动模式所带来的疲惫感。这种重构不仅能够加强家校之间的合作关系,还能够确保教育过程更加符合儿童的发展需求,最终发挥教育合力。

第六章

学校形象的塑造：
作为身份再造的教育仪式

始吾于人也，听其言而信其行；今吾于
人也，听其言而观其行。

——《论语·公冶长》

每年 6 月,酷暑前夕,都是青少年情绪最为激昂、最为炙热的时间段。在这个月,参加高考的这群年轻人将所有人都紧紧地绑定在一起：警察为之开道,广场舞为之停歇,教育部为之献策,父母为之操劳,总之这一个月是全国人民的仪式,牵扯着数万家庭。在这个月,人们在备考、开考、取得成绩单、录取的时间轴中不断地感受着屏住呼吸、深吸一口气、大声呐喊、集体狂欢或失落的情绪跌宕。那些直接参加高考的家庭,以亲历者的方式向人们诉说着自己为此而付出的努力,那些观看者也因为参与高考话题的讨论得以获得一种全新的谈资。试问,在这样一个加速的时代,还有怎样的力量能将不同背景、不同地域、不同年代的人如此紧紧相连呢？近几年来,随着高等教育性质的变化,这种集体性的仪式变得越发地隆重。这场隆重的仪式似乎使得教育的局内人获得了最大的满足感,并极力地活在这种“神话”制造的光环当中。这种幻觉一直持续至其迎来新一批的学子,生活还被转移到接下来的工作中。这时,一场关于“卷”的竞争由此拉开序幕,教育自身成了一种仪式化的表演。

我们打着“万般皆下品,唯有读书高”的旗号,确信这种现象的发生是文化传统使然,老师一方面感叹其只不过是延续着“尊师重教”的传统,帮助每位学生实现“鱼跃龙门”的心愿；另一方面又不得不感叹,这不是真正的教育,教育完全被仪式化组织了。我们因为“文化的惯性”陷在这样的矛盾困境中,并无奈于时代对其施加的压力,而全然不思考自身或许在这场竞争中也掺入了必要的分母,使得教育的分量不断被加重。

本章节所关注的一个基本的问题是,如果教育自身的仪式化原本不是如此,那么学校在这种教育仪式化的过程当中扮演着怎样的角色？为了摆脱这种“无用论”的困境,学校曾是如何在其中挣扎并完成其使命。从仪式的角度来看,学校从一个基本的观念转向具体的实践,进而形成品牌化效应,这实际上是如何让一个“物—观念”符号化的过程。与这一过程相伴随的是清晰的观念、情绪共鸣、系统化设计以及周期性的重复。在此,我们需要重新定位对学校的观察视角,把学校发展的历史看作一部挣扎的历史（而不是发展的历史）,尤其是在市场经济的席卷下,对这种挣扎的真实性描写尤为重要。这种挣扎史可以用过去几十年间,新学校不断地去创造自己的“品牌”或将学校品牌化的这一现象加以分析。正是这一系列具有挣扎意义的“学校创业史”,使得教育主体形成了自我生存的策略,得以在群雄当中立足。本章的案例主要源于笔者在调研西部某城市的"学校教育的智能化构建与发展"情况时获得的相关材料。这些案例讲述了一所学校如何抓住时代的契机，使学校品牌从无到有，从有到优的过程，可以说这所学校的成长史就是这个城市的发展史。尽管它无法代表所有都市学校的创业之路，毕竟在具体的路径上学校发展千差万别。但它确实从侧面说明了一所新兴学校追随时代的步伐，如何深度地卷入城市发展，如何与市场化深度融合。

一、创一座新城市，建一所好学校

2008 年，对于全国人民而言是五味杂陈的一年。在那一年我们经历过最为痛苦的记忆，雪灾、沙尘暴、地震、水灾以前所未有之势席卷着从北到南，从东向西的华夏大地。在那一年，中国人民沉浸在地震所带来的悲痛中、金融危机所带来的恐慌中，但也体验着来自集体欢腾的喜悦：奥运会的成功举办、神舟七号载人飞船的成功发射。人类的脆弱与激昂在短短的 12 个月，此起彼伏地被唤起。这一年对于历史学家而言，绝不是可以被一笔带过的一年。但尽管如此，对于位于西部的西署市而言，这一年它的经济表现既不好也不坏：由于远离全球经济中心，其并未受到当年金融风暴的影响，像往年一样，仍有许多新兴的企业兴起，也有新兴的企业衰落；这一年，学校教育仍然延续着此前的改革态势，准备迎接更多的涌入该市的新生力量。这一年，对于西署市确实不需要过多的书写。

但是对于西署市的泡泡小学而言，这一年并非普通的一年。作为区里规划的一部分，政府需要在该区的一片废墟之中建造一座高档小区，以吸引更高端的科技人才。政策的定位与导向固然可以改变一个地区的发展，但具体的操作却是美好愿景实现的第一步。作为一所为人期待的高档小区，在实然中如何去实现则变成了艰巨的任务。一个突破口许或在于：办一所让人民满意的学校。泡泡小学就是在这样的背景下应运而生。作为政府支持的项目，学校决定利用老牌学校的"品牌"效应，与当时的已颇有名声的学校联合共建，以冠名的形式进行招生"集团化办学"。然而，消费主义下成长的青年家长，除了愿意对符号买单以外，学校的实质性定位与内容性发展也变得尤其重要。换言之，无论在软件上还是在硬件上，泡泡小学都需要真正地说服新时代的家长。而这对于一所毫无资质，缺乏社会和资金支持的学校而言并非易事。

正在此时,学校迎来了一个好的机会:西署市收获了一批来自大洋彼岸的平板电脑。如果说这百台平板电脑对于一所拥有千人级的老校而言是鸡肋的话,那么对于这一所新兴的、还没有任何学生的学校来说,则是照亮其品牌发展之路上很好的"明灯"。在当时校长的带领下,学校决定以"信息化"作为一大品牌,开始对外招生,以"信息普及化"的方式开始打造自己的新队伍,而这也成了当时学校发展的主线。2008 年,信息化对于西部中小学校还算是一种崭新的概念,因此这种品牌定位很快使泡泡小学从众多学校中脱颖而出,赢得了年轻家长的认可。

二、打造一所名校:新兴学校的品牌化之路

时针倒拨至 2008 年,翻盖手机是当时青年人最喜爱的手机款式,个人电脑已经开始在大学里面流行,MP3 是每位大学生的标配,网络世界里大家还习惯用着免费的软件,平台意识尚未建立。那一年,西署市某些区域已经开始在思考技术如何能运用于学校教育当中。尽管这种尝试还是十分浅显,全国范围内也没有全面铺开。正在此时,来自大洋彼岸企业捐赠的平板电脑给了教育政策制定者以灵感,在这一年,新区教育局开始进行基于技术赋能教育的综合改革实验。在那时,技术在教育里完全是一个十分新鲜的词,而电子书包、PPT 都还没有成为讲课的载体。为了推进区域层面教育信息化的学校建设,教育局选定了 13 所不同层次的学校(包括知名老校、新建学校、敢于创新的学校)开展试点实验。泡泡小学就是这批实验学校的一员,并自此确立了将教育信息化作为学校的办学特色,开启了品牌化建设之路。

在这一路的改革中,泡泡小学课堂变革前期经历了初代的电子白板交互、基于大数据分析的课堂提质,再到目前的信息化学习型社区推进的迭代发展。规模化、常态化、持续性开展智慧课堂实践研究,建构学习任务"数控台"、学习活动"资源馆"、学习交流"空间站",打造教师有效教学、学生深度学习、课堂持续改进已成为当前泡泡小学的信息化 4.0 的主要内容。截至2022 年 5 月,泡泡小学被确定为"基于教学改革、融合信息技术的新型教与学模式"国家实验区市级先导学校,也被各种全国性的、省级性的和市区级

的奖项包围。仅建校几年,泡泡小学已然成了该区最为人称赞的"名校"。这一奇迹是如何发生的呢?这需要重新回到其"品牌化"建校这一仪式化实践上来。

(一)符号与定位:集中力量办大事

犹如一切其他领域的创业史,新兴学校创办之初也面临着激烈的竞争与严峻的生存挑战。这要求它们必须从一开始就精确定位自己的发展方向和教育特色,没有试错的空间与可能。这意味着新兴学校必须在有限的资源里做出最精准的决策,确保每一步都朝着既定目标稳步前进。这也意味着,新兴学校需要集中所有可用资源,包括资金、人才和时间,以确保能够在特定的教育领域或服务市场中快速站稳脚跟。这不仅涉及对市场需求的深入分析,还包括对内部运营效率的极致追求,以及对教育产品和服务质量的持续优化。唯有如此的精确定位才可以帮助新兴学校在众多竞争者中脱颖而出,建立起自己的品牌优势和市场地位。

> 不要分散力量。学校一定要错位发展,你是从哪一个角度切入,都是为了学生的发展,只不过每个学校的切入口是不一样的。我们要集中精力,我们的人力和财力决定以这个领域(信息化)为切入口,要它打造到极致。

> (某校长 2022 年 3 月 26 日)

城市化的背景下,消费主义深深地影响着当代学校教育的发展。教育作为一种可以被选择的"产品"呈现在家长和学生面前,学校能够被选择往往依赖于学校的教育质量、特色和声誉。因此,新兴学校必须明确自己的教育使命和目标群体,以便能够提供符合特定需求的教育服务,这包括但不限于确定学校的教学理念、课程设置、师资力量、学校文化等方面。清晰的目标定位,可以使学校更好地明确接下来的行动策略,也可以使其更具有辨识性。对于新兴学校而言,具有辨识性具有十分强的符号意义,也是学校社会身份的重要内容。符号化是一个通过赋予特定事物象征意义以传递文化和价值观的过程(Blumer,1969)。根据符号互动论的观点,人类社会通过符号来实现意义的交换和文化的传播。城市化的进程极大地推进了新媒体的出现,如何在众多信息当中被人所识别,就显得尤其重要。符号化在某种意义上是将信息结构化、图像化，是连接品牌与受众情感、认知的重要桥梁，进而快速地传播其核心理念和文化属性。在 20 世纪 90 年代，艾克（Aaker，1991）从人格特质的角度论述过"赋予品牌独特的个性特质，会有效地增强品牌识别度，帮助消费者建立情感连接"。通过符号化的形象定位，可以赋予其教学理念和文化目标以象征意义，弥补创业初期历史积累不足的问题，并快速建立起社会认知与文化认同。尤其是在竞争日益激烈的教育市场，符号化能够帮助新兴学校脱颖而出。上述访谈中，我们看到学校团队在打造新学校的过程中，所选取的符号定位正是当时大多数学校所缺乏的，也是此后几十年我国各级各类学校致力于追求的。这种准确的定位，以及差异性的发展，使学校从同质化的环境当中脱颖而出，迅速被家长所识别。

　　然而，符号化的构建并不是一个静态的过程，其在本质上是一连串的符号化仪式实践，以及符号化如何更好地与公众进行对话的能力。接下来我们分三个方面来解读该学校符号化仪式实践过程及其采用的策略。这三个方面对于新兴学校的成长，尤其是在其初期起着举足轻重的作用，这包括视觉符号化、行为符号化和叙事符号化。

　　1. 视觉符号化

　　视觉符号化是指通过视觉元素传递意义、构建认知和表达价值的过程。在巴特（Barthes，1967）看来，视觉符号是具有高度概括性和象征性的媒介，能够超越语言的局限性，以直观的形式传递复杂的信息。视觉符号比文字更容易被记忆，且能激发受众的情感共鸣（Henderson et al.，1998）。它可以是具体的视觉设计（如标志、图案）或抽象的视觉风格（如色彩、构图），这些元素共同构成了一种"视觉语言"，通过强化感官体验和文化关联，增强信息传播的效率和影响力。例如，全球知名的麦当劳"金色拱门"标志，通过简洁的设计和高度识别性，成为快餐行业的象征。这种符号的独特性不仅提升了消费者对品牌的认知，还能在跨文化传播中打破语言障碍，实现品牌的全球化扩展（Henderson et al.，1998）。

　　在教育当中，这种视觉符号化的运用也极其普遍。例如，英国伊顿公学的视觉符号化集中在其传统的校服设计和徽章上，以此成为高端、精英的象征；德国的"双元制教育"学校常通过设计具有现代感的校徽和教学空间，来呈现创新和对职业教育的偏爱等等。学校常常通过校徽、校服、校园建筑等常见的物品或场所来嵌入视觉符号。这种情况也同样适用于该访谈学校。

在访谈的过程中,校长尤其指出其所在的教育集团要求每一所集团学校都选择一种颜色作为主体色,来装饰学校的所有建筑,学校的校徽和校服也要以该颜色为主。这种方式既能表现出其对集团学校理念的信仰,又可以通过名校选择的颜色去发挥各自关于教育的想象。

> 当初我们在选颜色的时候,定了很多方案,最终确定下来的是今天你们在建筑上所能看到的:鹅黄色和大海的深蓝色。我们觉得,鹅黄色鲜亮,那是童年应该有的样子;大海的深蓝色深沉,那是学校应该传递给孩子的一种感觉。
>
> (某校长　2022 年 10 月 10 日)

后来,笔者相继带着调研团队去过该教育集团的其他学校,皆是以两色相间搭配融入学校建筑的主体和学生日常的穿戴。需要我们注意的是,在集团学校所使用的颜色当中,大多是以鲜艳的色彩为主,这是人为所选定的。相比起白色、原木色等日常房屋常用的装饰颜色,学校所选用的颜色的再加工、再搭配实际上是十分困难的,其可塑性也极其有限。从视觉审美来看,其所带来的审美疲劳也是显而易见的。当然,视觉符号的意义不仅在其工具性,更在于其文化表征,以及其可能带来的身体性和审美性记忆。也就是说,孩子在走进这样的校园时,其所看到的并不是颜色本身,而是由这些颜色而搭配出现的各种场合以及各种有关教育的想象和学校的记忆。

2. 行为符号化

从本质上看,行为是可以被"编码"和"解码"的文化语言(Barthes,1967)。行为符号化是通过行为动作或互动模式表达特定意义的过程,它将行为赋予象征性功能,使其成为一种交流工具和文化传递方式(Turner,1967)。行为符号化的意义在于,它不仅是动作本身,更是一种承载文化意义和社会价值的交流形式。这种符号化通过仪式化或规范化的行为,将抽象的价值观、文化内涵或身份认同具象化为具体的行为表现。例如,握手作为一种国际通用的行为符号,传递了友好与平等的意义。

行为符号化对于个体具有十分重要的意义,因为它为新成员提供了融入组织文化的途径,快速适应组织的需要。当然,对于组织而言,行为符号化可以有效地强化成员对组织价值观的理解和认同,也能使其抽象的观念代代传承,不至于失落。在教育语境中,比如哈佛大学的新生入学典礼要求,新生需穿上传统学术服并宣誓;剑桥大学等级分明的学堂晚宴等,其皆具有明显的行为符号化意义。一般而言,行为符号化是通过日常的互动仪式,学校的各种重大活动以及颁奖典礼等所训练和培养起来的。

泡泡小学自建校之初就将信息化引入日常教育,尤其关注儿童与各种数字化媒介之间的互动。因此,在学校的主大门口最为显眼的地方,放着一台机器人。每当有学生经过时,就能听到机器人向其问好的声音。偶尔也能观察到学生驻足在此将自己的信息输入机器人系统,与之互动。校长说:"机器人具有记录人的身高和体重的功能,能够记录和捕捉人的心情,进而提供基本的心理抚慰。"

> 我们的孩子特别喜欢与机器人说话。他们有时三五成群,有时单独一人来到机器人面前来与其互动。我们认为,我们的孩子已经养成了通过机器人来完成自省的习惯。
>
> (某校长　2022 年 3 月 26 日)

行为符号化将个体的行为与具体的场景相结合,是个体在不同场景当中对身体的一种基本调用。身体作为一个重要的符号载体,承担着在不同场景下展现社会角色、表达文化认同和执行社会规范的功能。在这些场景中,个体的行为并不是孤立的,往往通过身体动作与环境之间的互动构建意义(Merleau-Ponty,1962)。例如,在一个正式的教育场合中,学生可能会通过端正的坐姿、恭敬的站姿以及标准化的问候语等来符号化自己作为"学者"或"学生"的身份。而在泡泡小学,通过将机器人引入儿童的日常生活,其确实重新塑造了一种新的身体语言,构成了一种以关注而不是以规范为中心的行为模式,这是一种基于自觉式的内化行为符号。

3. 叙事符号化

在赫拉利(2014)看来,人类不同于其他动物的地方在于,人类具有虚构故事的能力。叙事思维是人的一种特殊本能,也是人类与生俱来的一种能力。正是这种能力,让人类对他者保持好奇,对身边的环境时刻关注。人类通过语言、身体、图像等多种媒介将人类经验和生活实践以叙事的方式转化为易于理解的符号系统。在叙事符号化的框架下,个体或群体通过故事的讲述,将抽象的社会概念、文化认同和情感体验具体化、情感化和社会化。正是在这种叙事逻辑中,个体的生活经验可以被很好地保存,还被赋予了一种具有普遍性和共性的信息,从而在社会集体中进行分享和传播。

每个社会和文化都有其独特的叙事传统,通过这些叙事的符号化,社会成员能够获取有关其历史、价值和规范的知识。例如,不同文化中流传的民间故事以及历史叙事等,都是通过叙事的符号化使社会成员从中汲取文化力量,塑造集体认同,并指导其日常生活中的行为。每一个家族也有其叙事的风格,长辈总是不厌其烦地传颂着家族的光辉史,童年时的晚辈总是乐于讨教一个又一个的家族故事,哪怕那是再平凡不过的小事。

每一所学校也同样有着其独特的叙事传统:有着悠久历史的学校,通过故事来讲述其光辉的沉淀;有着国际背景的学校,通过故事来讲述其斑斓的世界;但对于一所新兴学校而言,其艰苦的创业史就成了其叙事的主题。根据校长的说法,该小学是一所见证过历史,同时又经历了苦难的学校。

> 我们的学校是震后建起来的学校。5 月份地震后,我们就对建筑进行了 8 级的紧急加固。当时我们学校的名字还不叫泡泡小学,而是叫新区幸福学校。为什么呢? 因为旁边的社区当时就这个名字。后来,拨下来的建校资金不足,旁边的小区就是名叫新区幸福的国企公司建的。我们去谈合作,说学校给他们公司 3 年的冠名权,解决部分职工的入校,他们很快给我们投了 800 万元……当时学校只有 5 号楼这边,后来扩建到了占地 21 亩……我们的教师都是三十几岁的老师,意气风发、斗志昂扬地和我们一起创业……如今我们已经在风风雨雨中共同走过 15 年了。

(某校长　2022 年 3 月 26 日)

艰苦创业式的叙事通过描述创始人或团队成员在面对困境时的坚持、努力与牺牲,能够激发听众或团队成员的同情心、敬佩心,甚至对自身生活困境的反思。特别是在资源有限、外部环境恶劣的情况下,通过讲述对目标的坚持、对梦想的追求和不屈不挠的精神等故事,可以加强故事与听众之间的情感连接,进而促使个体产生情感上的认同感。在创业故事中,塑造了"奋斗者"或"成功者"的身份,艰难创业的历程也往往成为群体成员共同的记忆和经验,起到强化集体认同感的作用。对于泡泡小学而言,这些故事都是具体而真实的,每一次成功都源于集体的共同协作,这也赋予了学校成长的可能。

新的平台，新的阶段……所以我们也特别需要在这个方面（即，教育数字化）再去推大家一把，我觉得这是一个新的契机，因为我们从来都是把任务变成契机。

（某校长　2022 年 10 月 10 日）

（二）关键引领：校长作为一个经理人

领导力是组织取得成功的关键因素之一。强有力的领导力在塑造和维持组织文化方面起着核心作用。领导者通过其言行和决策，深刻影响组织的价值观、行为规范以及沟通模式，这些因素共同作用，形成了组织独特的文化氛围，并且对员工的行为和工作态度产生深远的影响。缺乏强有力领导力的组织往往面临方向不清、士气低落和创新乏力等问题，无法有效应对环境变化和市场竞争。根据巴斯（Bass，1990）的变革型领导理论，领导者通过激励员工、塑造愿景和提供方向，能够激发员工的内在动力，从而推动组织向着长期目标发展。领导力能够激发团队成员的潜力，提高他们的工作投入度和创新能力，这对于组织在激烈竞争的环境中保持活力至关重要。

作为学校的主要负责人，校长的领导力直接决定了学校发展的质量与高度。很多研究表明，校长的领导力在推动教育创新、优化学校管理、提升教学质量和创建积极校园文化等方面发挥着重要的作用。如，斯伍德（Leithwood et al.，2004）研究指出，具有变革型领导力的校长，擅长于调动教师积极性，鼓励他们寻求新方法，因此更容易激发教师的专业发展和创新能力，起到改善教学质量并提高学生成绩的效果。施恩（Schein，2010）认为，缺乏强有力领导的学校，则可能面临文化混乱、方向不明确的问题，而这将极大地影响学校内部的行为模式，同时对外部社会产生不良的辐射作用。富兰（Fullan，2001）指出，校长需要为教师创造一个开放的、支持性的环境来呈现其学校领导力，这样一来教师能更好地建立起有效的合作机制和评价体系，进而提升教师的职业素养和教学水平。

我比较喜欢经营发展，因为我觉得依我个人的能力肯定做不了那么多事情，所以我们每个人动起来就对了。我只要把他们每个人带领好，他们一层一层地推动。

（某校长　2022 年 3 月 26 日）

校长必须明确其身份,正确定位其在组织当中的作用,并时刻反思组织是否正在有效地运作。这就要求校长不仅需要紧盯目标,还需要自我沉淀。

要想做出成绩,校长必须要在学校待上起码 6 年。

（某校长　2022 年 3 月 26 日）

现代学校制度给校长带来了极大的挑战。在现代学校的建设和发展中,校长的角色已经不再仅限于履行传统的教育管理和行政职责,不再局限于"对内"的事务了。因为,教育已经不再是单一依靠学校内资源的活动,而是需要多方合作的行为。学校与家庭、社区、企业、政府及其他教育机构之间的联系和互动,已成为推动学校发展的重要力量。校长需要通过建立和维护外部合作关系,调动来自各方的资源,为学校的教学、科研、课程设计和教师培训等方面提供支持。通过与地方政府的合作,校长能够争取到更多的教育经费与政策支持;通过与企业的合作,校长能够为学生提供更多的实习和就业机会,帮助学生更好地与社会接轨;通过与其他学校或教育机构的交流合作,校长能够借鉴其他成功经验,推动学校的教育改革。换言之,现代校长不应当只是一个守门人或管理者,而更应当是一个经理人,懂得如何去"建立并扩大其朋友圈"。

我们也要成立我们的联盟,把我们周边的这些单位,包括派出所、图书馆、文化馆、社区,甚至包括我们的周边的超市等联合起来,全部纳入成为我们的大场馆……例如,我们的法治教育课程就会到派出所去;我们的很多课程就要到社区继续跟他们联合来开展;我们的图书馆课程就是去图书馆,我们的灯彩课程就是去文化馆。新区文化馆的非遗基地,我们的灯会是跟文旅局、文化馆等一起联办的。我们就把它们全部纳入作为我们的教育资源,纳入教育过程。很多这种课程现在我们都不断地在开发,包括我们的独家厨房课程,纳入对外交流促进协会……我刚才给您介绍的这次我们的五年级的研学,就是去灯彩博物馆和灯彩集团。

（某副校长　2022 年 10 月 10 日）

城市化带来了资源的高度集中,组织能够接触到的资源种类和数量比以前更加丰富。通过资源的整合和调动,使资源在不同的组织层面上发挥最大的效益,成为学校提升竞争力的重要途径。能够将这些资源有效结合并加以利用的组织，往往能够在激烈的市场竞争中占据更有利的位置。另外，学校组织同样需要不断面对快速变化的社会需求和复杂的外部环境。一所学校能否适应环境的变化并迅速做出决策，关键在于它是否具备快速调动和整合内外部资源的能力。明茨伯格(Mintzberg,1979)曾指出，一个好的管理者不仅是决策者和控制者，更是信息的整合者和资源的调配者。

实际上这种现象不仅出现在泡泡小学，大部分都市学校都有着同样的管理策略。笔者曾在东部某城市的学校开展学期田野观察时发现，该校校长常常会到校门去迎接学生来到校园。在最初，我以为这是他出于对学生的关爱，以及表示出成人对儿童的尊重。但当笔者与校长一起站在校门迎接孩子们时，笔者发现校长只是偶尔地与孩子打招呼，倒是不断地与学生的家长攀谈。其间，校长不断地向我介绍这些家长是某博物馆的工作人员、某财务局的科长、某大学的教师，如此等等。在该校长看来，学校里有很多流动的资源，校长就是要善于去利用这些资源。至于教师，他们应当更多地专注提升其专业能力。

> 我们一直跟老师说，只要你愿意，学校就给你搭台子，你来唱戏。
> 我们学校整个的微环境是非常好的，无论是制度，还是管理的各种变革，都做得很好。
>
> （某校长　2022 年 9 月 18 日）

当然，校长作为经理人的领导力不仅仅体现在资源整合上，还在于其在社会舆论中对学校形象的塑造与传播。这需要校长具备经纪人的职能。随着信息化时代的到来，学校的影响力已经不再受限于其地理位置或传统的教育声誉，外部社会对学校的认知和评价在很大程度上决定了学校的声誉、吸引力和竞争力。在这一过程中，校长作为学校的代言人，需要利用其拥有的社会资源，通过积极参与各类社会活动，推动学校的品牌建设，深化公众对该校的社会认知程度。校长通过参与公共政策讨论、组织学术会议和讲座、推动社会责任项目等方式，提升学校的社会影响力和知名度。譬如，校长在与媒体和社会各界的沟通中扮演着至关重要的角色，能够塑造学校的形象，提升社会对学校的认同感。尽管如此，在这些外部认同中，同行间的认同至关重要。因此，学校会十分乐意与自己没有过多竞争关系的学校进行合作。

我们还有很多"辐射学校"。你不仅要把自己做得最好，还要去引领别人……我们很多课都直播的，可以给相对贫穷地区的学校使用。你要拿出来，你要有这个能力。"送教送培"是经常的事。

（某校长　2022 年 3 月 26 日）

（三）可持续化发展的基本路径：重复与创新

20 世纪 90 年代初，教育被划分为第三产业，鼓励更为多元的主体进入教育领域组织办学，促进学校创新型办学模式的推进。20 世纪 90 年代中期，杭州率先尝试各类学校合作，探索由一所名校牵头，若干非名校、农校、弱校、新校、民校共同发展的新模式。这样的探索构成了集团化办学的雏形。2012 年，国务院印发《关于深入推进义务教育均衡发展的意见》，首次在国家层面提出通过"集团化办学"推进义务教育的均衡发展。随后，中共中央办公厅、国务院、教育部等进一步明确集团化办学的模式和机制，以完善义务教育均衡优质发展的体制机制。这样，集团化办学就构成了中国教育改革中的一项重要措施，获得其合法化地位。集团化办学的基本目的是通过契约为纽带构建的学校组织形态，实现优质教育资源的覆盖面扩大，促进教育公平和教育质量的提升。政策上，它是各级政府推进义务教育优质均衡发展和城乡一体化的重要制度设计，其价值追求在于促进教育公平和高质量发展。通过集团化办学，可以打破校际的资源壁垒，集聚、转换和融合文化、管理、师资、课程等多种教育资源，形成"共享场"，激发学校办学活力，为学生提供更优质的教育环境。

经历了 20 余年的探索和实践。从最初的"名校＋弱校""名校＋新校""名校＋农校"等不同模式的探索，到如今形成了"北京模式""杭州模式""南山样本"等典型案例。办学模式也呈现了多种不同的取向。如根据集团化程度和组织间关系的不同，可以分为选择型、联盟型和集权型等；根据集团化办学的内容不同，可以分为纵向链条式教育集团和相同学段互助型教育集团，核心连锁模式和合作共同体模式；根据资源分配，权力关系的维度，集团化办学又可分为均衡型或依附型等。这些模式虽然在组织机构、运行机制上有所不同，但共同体现了组织互动与资源共享的核心特征。这些集体性和共同性在新兴学校成长的初期十分重要。但是随着学校自身的成长，在"异质中求差异化发展"才能最终体现学校自身的生命力。

> 我们集团有共同的一些东西:三大宣言、一样的校训,一样的教育
> 信仰。但是我们也有不一样的,每个学校要根据你的地域特点和学生
> 特点,提出自己的办学理念,它是不一样的。
>
> （某副校长　2022年9月18日访谈）

尽管集团化办学在政策层面立意为促进教育的均衡发展,但由于学校本身的历史、区位以及生源的差异,使得很多集团化学校出现"集而不团"、同质化和依附性等现象。从中找到平衡,推进学校个体的异质性发展,就需要单个学校内部有较强的、可以自我复制的创新基因。在泡泡小学,校长尤其强调学校内部创新的重要性,认为学校的成员就是最具潜力的和动态性的资源。因此,必须调动每一位学校教师的主动性,使其在发展过程中实现自我引领。

> 每个学校中的领导班子必须成为引领者。领导班子现在都有自己
> 团队,每个人引领一个项目。团队成员可以自己选,但是要把自己的团
> 队组建好。
>
> （某校长　2022年3月26日）

泡泡小学自建立之初就极大地得到了集团的支持,基础设施得到了基本的保障,也使其在建校理念的确立与身份的定位方面少走了许多弯路。这样的高起点,也使得其对未来有了更多的想象。因此,尽管当时信息化还未进入西署市的大部分学校,泡泡小学就开启了学校建设的数字化之路。

> 2008年我校偶然得到一批电子白板的捐赠,由此开启了我们教育
> 信息化发展的1.0时代……当时我们全是新老师,我们就想通过他们
> 去学习如何利用电子白板把课堂调动起来……就这样,进入到2.0时
> 代用了10年,进入到3.0时代用了3年,目前我们正在为如何把学校建
> 成更加智慧的学校而努力。
>
> （某副校长　2022年10月10日）

尽管信息化构成了学校管理和日常课堂实践的重要方式。但是在回应教师作为一个基本的职业这个话题时,学校管理层仍然认为,教师只有掌握一些基本的硬技能才能使自己在竞争中立于不败之地。因此,学校会不定期地开展数字化教学的培训,迭代教师的数字化能力。与此同时,学校仍认

为保留教师的基本功十分重要,包括传统的板书设计。

> 我们的关键能力训练之一就是板书设计。对板书的设计体现你对这个课的整体理解,一个结构化的构造,我们给学生的引领,包括你要给的思想方法,你可以用电子版或者用粉笔或者用什么方式,但是板书这个东西必须要有。
>
> (某美术教师 2021年10月26日)

新兴学校在创业初期面临诸多挑战,包括资源匮乏、社会认同不足和竞争激烈等。这些问题塑造了学校的危机感,促使其在传统教育要求的"守正"与时代要求新学校的"创新"之间找到平衡。在泡泡小学,身份意识和危机意识促使学校在教学内容和模式上不断改进,例如结合传统教育价值观与现代技术工具,如线上教育平台和个性化学习系统。这种创新既可以满足家长对优质教育的期待,也能确保学校在市场中的竞争优势。然而,学校的创新举措往往需要与传统育人观念中对教师的核心价值要求保持一致,避免因过度追求市场化而丢失教育的本质。因此,学校在此种实践中强调教师的真本领,强调引入诸如传统文化教育、艺术教育等课程内容,以守住其"教育领地"。

三、小结:浮华背后的身份焦虑

从一所新兴学校发展成当下家长口中"难进"的泡泡小学,我们已经可以通过张贴在其正门口的各种奖项窥见其所取得的成就。每一个奖项,都承载着一个真实的故事和一群真实的人为之而奋斗的新历程,也蕴含着其创业过程当中的雄心与斗志。当我们以仪式为框架去考察学校的品牌发展之路时,不难看出学校如何使用了符号化的叙事逻辑构建其最初的观念,凝结团队成员的信念;校长如何在与外部环境的互动中,调整其原有管理人角色,形成新的经理人的身份,构建新的互动仪式;在模式的发展上,其如何基于仪式化的复制去迭代和发展其与集团之间的关系,更新课堂的教学手段,但同时守正其对于教育的基本理念。

实际上,自20世纪80年代以来,中国教育也随着改革开放的浪潮开始思考开放与发展之路径。"并不是所有的学校都具有同样的价值"这一命题似乎成了这一发展路径的具体认可。在这条建设道路上,品牌化或特色化建设成为了最为基本的学校建设方案。越来越多的学校通过着重打造和塑造自己的品牌形象,在竞争激烈的教育市场中脱颖而出。① 通过宣传,提高影响力。学校为了提升学校的知名度和形象,学校开始加大对宣传推广的投入。他们积极运用各种媒体平台,包括广告、宣传片、社交媒体等,展示学校的优势和特色,以吸引更多的学生和家长的选择。② 设计专属口号与品牌。许多学校开始着重设计自己的品牌标识和口号,以形成独特的视觉形象和品牌特征。这样的标识和口号往往强调学校的核心价值观和办学理念,帮助学校在人们心中建立起鲜明的形象。③ 校园建设和装修升级。为了提升学校形象,许多学校进行校园建设和装修升级,创造出具有现代感和吸引力的校园环境。这样的环境不仅可以给学生提供更好的学习体验,也有助于学校外部形象的塑造。④ 排名竞争,参与公共讨论。学校争相争取各类媒体的宣传机会,希望通过媒体报道和排名评比来证明自己的优势和实力。这种竞争往往激烈,甚至个别学校会不惜一切手段去争取高排名和公众好评。⑤ 专业团队和顾问聘用。一些学校雇佣专业的品牌顾问和团队来帮助他们进行品牌化建设。这些团队会制定专业的品牌策略和推广方案,协助学校在市场上更好地宣传和展示自己。

　　尽管品牌化建设确实使学校作为一种"配套"推动着一方区域发展,也为学校内部的发展提供了更多的支持与创新活动,新时代的教师也不同于以往被赋予了更多的角色。然而,过度追求品牌化同样容易使学校偏离教育本质,忽视教学质量和学生的真正需求。同时,品牌化建设的竞争也可能导致一些学校的过度攀比和不良竞争行为,影响整个教育市场的健康发展。从教育的内在价值和长远发展来看,如何将区域本身的文明建设与学校发展进行整体性规划与整合,应当成为新时代教育认真思考的事。

第七章

作为城市"配套"的
学校教育发展与变革

城市是一种心理状态。

——帕克

　　让我们来做这样一个思想实验:请你闭上您的眼睛,想象一下:如果我们画一幅城市的地图,在上面,我们突然把学校这个单位删除掉,城市的(生活)地图将发生怎样的变化?

(笔者　2022 年 3 月 11 日　田野笔记)

　　在研究期间,笔者偶然间阅读到 1965 年《泰晤士报》(*The Times*)上的一篇关于教育的报道,它的开篇如是说:当下,教育无疑已成为一个公共话题,频繁地登上各大媒体的头版,但如果我们去阅读当前新闻媒介关于教育的讨论,会发现这样一个惊人的事实,即:现在有关教育的许多讨论其实与教育本身无关,它总是与国内生产、国际竞争、社会公正和未来需求这些词直接关联在一起。历史是多么惊人地相似! 笔者没想到,这篇写于半世纪以前的文章,仍然并且可能会在很长一段时间仍然适用。遥想,在 21 世纪之初,世界各国就开始了教育的各种改革,在欧洲以新教育为开端,在美国以进步教育为先声,但是在历史的长河中,我们又不得不接受一个事实,教育并未真正完成人们对它的诉求,甚至相反。

　　中国的教育有近五千年的历史。教育从其产生而言,是人类基于自身生存、维持和发展的需要,是人类活动当中自然而然的组成部分。正如《周易·蒙卦》所记"蒙以养正,圣功也"。对于幼稚蒙昧的青少年而言,教育是其第一要务,也是其神圣而庄严的事业。当时,教育的目的是培养具有正气,懂得传统美德的儿童。教育的内容常常是社会生活组织所认同的伦理与道德,并以一种非正式的教育手段而展开。一言以蔽之,教育即教授社会文化中人们所基本认可的常识性问题。对常识的传承深深地塑造着早期包括蒙学、庠序、书舍、书馆、乡校、家塾等在内的古代学校组织。但在 19 世纪中叶,现代教育的重新定位重塑了对教育该有的理解。学校以一种全面的实用、改造、变革的术语重塑着教育的使命。无论是其学习的课程,还是其采用的教学手段都更加具有科学性和技术性的诉求。如作为中国近代第一所新式学堂的京师同文馆仅学习外国语言、算学、天文、格致等西学的内容。新教育理念的诞生,催生着围绕培养下一代而形成的专门机构的形成,即现代学校组织的产生。其中,于 20 世纪初陆续颁布的壬寅学制、癸卯学制、壬戌学制更是加快了学校作为专门化机构的落成。

　　虽然,当今作为组织的学校在其身份或制度上,都比此前的学校更为复杂与多样,但是上述历史的观察仍然是有效的。对于我们的研究而言,当我们从纵向的历史角度去重新思考学校的形成时其促使着我们获得了以下两点有关学校的理解。首先,作为"知识"或"观念"的学校。也就是说,"学校"作为一个词虽然包含着实体和现实存在的意义,但学校本身的实践更多的是一种观念或有关学校知识的一种落成或演化。其次,作为制度或实践组织的学校。也就是说,学校最终的实践并不是零散的,也不是任意的,其总是基于一定的规划,以一种半组织性和半制度化的方式在向目标迈进。对本书而言,我们认为这种区分是十分重要的,因为作为一种"知识"或观念的学校,使学校本身具有了更动态的内涵,也因此而可以突出其社会-文化性。这样的观察视角,使我们理解都市学校作为一个整体其不同于乡村学校的特质;另一方面,都市学校内部由于城市本身的特性,又显示出身份上的不同。就第二点而言,我们可以更好地通过仪式这一视角去透视,学校的实践制度或模式是如何通过符号化的规定而展开的。在此,我们发现在城市化的背景下,学校大多是以"配套"这一话语而生成一系列实践逻辑,围绕着实现"配套"的功能,校长不得不转变其身份功能,从一种对内当家人的状态,走向一种对外资源人的角色转变。

一、作为观念的学校:一种历史观察

德籍阿根廷教育史学家卡路索(Caruso,2015)在其《课堂中的挣扎:19世纪教学组织之路》开篇提到一个很有趣的场景:这是 1857 年普通的一天,25 个来自不同国家的代表团们汇聚于维也纳的第三次国际统计大会。他们试图为当时的国际世界,开发出一套可以衡量各国发展水平(包括学校与教育)的指标。当时,委员会在对教育进行讨论时,发现很难针对具有文化多样性的学校开发一套统一的指标。因为,在学校当中无论是课堂组织的方式,教学的方法还是教师质量这些当今看起来自然而然的指标,在当时并未成为一个可以比较的范畴。这则小故事告诉我们,直到 19 世纪末即使在西方发达国家,在"何为学校"这一问题上,仍未达成观念上的统一。学校作为一种统一的制度也是很晚才得以形成的,且其从一开始便与社会现实、工业化发展直接相关。

18 世纪末的工业革命推动着社会的发展、技术进步以及经济的全面变革,这对现代学校系统的形成与发展产生直接且深远的影响,催生了我们今天所熟知的综合教育体系。当时,工业革命伴随的是城市化水平的提升,农业人口转向城市大面积的聚集,使得城市面临着新的挑战。另一方面,随着工厂的兴起和城市化的发展,对熟练和受过教育的劳动力的需求不断增加。许多国家开始实施义务教育相关的法律规章制度。政府规定儿童在一定年限内必须上学,确保所有人都能获得基本的教育。义务教育有助于减少童工,并促进了识字率的提高。在这一背景下所催生的教育体系,无可避免地烙下了工业革命的印记。就学校组织而言,受到工厂高效组织和标准化的启发,学校开始将教室、课程表和课程结构进行类似的管理。学生按年龄分组,引入了严格的时间表,以便有效地管理大批学生。因此,当时的学校基本上采用流行的工业社会的组织方式,形成了一套工厂式教育模式。为了获得工作从业的资格,学校必须按照工厂或企业的要求培养其所需要的人。工厂或企业往往需要相应的标准才能确定其需要的人力,因此一种基于学段的学习就成为可能,以年龄分组使得这一过程的效率大大提高,标准化的考试则使得这一分段具有合理性。在那时,标准化考试被视为一种评估学生知识和进步的方式。这个制度便于跟踪学生的学业表现,并根据年龄和考试成绩将其晋升到更高年级。比如:当时地处欧洲的普鲁士王国对塑造现代教育实践起了关键作用。其教育制度由洪堡等教育家开发,重点提供标准化和全面的课程给所有公民。这个制度极大地影响了其他国家的教育改革,包括现在的美国。在现代学校课程体系中,需要开始反映工业经济的需求,同时回应人的内在需要。除了传统的阅读、写作和算术,学校开始纳入技术技能、职业培训和科学等实用科目,为学生在工业劳动力中扮演特定角色做准备。工业革命也带来了公立教育体系的扩张。随着城市人口的增长,对教育的需求也不断增加。政府开始投资公立学校,为更广泛的人群提供教育,培养国民认同感和社会凝聚力。

值得注意的是,工厂式教育模式和标准化教育后来受到了各方的严厉批评。研究者认为这种方法无疑会大大地扼杀儿童的创造力和个性,一刀切的教育体系更是无法满足每个学生的独特学习需求。除此以外,强调死记硬背和基于考试的评估也使人们陷入单一的学习模式当中,会深深地阻碍学生对知识的透视和批判性思维的获得。因此,在 19 世纪末 20 世纪初,一些教育改革者开始尝试寻求另一条基于儿童身心发展、基于学习科学的道路。其中包括了美国的进步教育思想以及欧洲的裴斯泰洛齐、福禄贝尔、蒙台梭利等人的新教育改革运动。在杜威看来，学校应当将学生放置于教育的中心，应当关注学生的兴趣、需求和体验，以及他们的个体差异。学校的教学应当注重实践性教学和社会参与，倡导合作学习和建构主义教育，教师应成为学生学习的引导者和合作伙伴，创设丰富多样的学习环境，鼓励学生主动参与、发现问题和解决问题。从总体上看，学校应该创造一个积极的学习环境，培养学生全面发展的能力，使他们成为独立、有创造性和有社会责任感的公民。在此，杜威将学校视为家庭与社会的过渡地带，是完成社会化的一种尝试场所。

当时，几乎与美国进步教育提出的同时，欧洲掀起了一场以"新教育"为理念的教育改革运动。不过，相比于美国的进步教育，欧洲对学校角色的理解在新教育时期则稍显保守，其更多地基于学校与儿童自身的关系开展了相关讨论。深受传统学校中对知识的盲目崇拜的影响，记忆式教学成为主要的教学方法，使得一些改革家认识到学校体制的缺陷。因此，当时包括裴斯泰洛齐、福禄贝尔、蒙台梭利等在内的一批教育改革者加入了教育实验的阵营，并重新定义学校的教育位置。如裴斯泰洛齐强调个性化教学的重要性，提倡基于实物或具体的教具开展抽象概念的教学，强调通过儿童实践促进其包括道德和情感等全方位的发展。福禄贝尔则从儿童出发，强调要将学校建造一个儿童的花园，通过儿童游戏和儿童的自我表达，构建一个具有创造性的环境，使儿童以一种积极向上的方式进入学校场域。无独有偶，蒙台梭利同样强调自主活动，例如，使用特制的教具，基于儿童天生的好奇心去发展儿童的创造性，将学校建成一个具有自主管理能力的组织。尽管这些思想在第二次世界大战后深受批判，但不可否认的是新教育运动所强调的积极学习、体验式教育、批判性思维和问题解决能力的发展，构成了当下欧洲学校教育的主流。

学校，从一开始并不必要与教育直接挂钩，这一论点在中国亦是成立的。尽管，中国有着源远流长的"尊师重教"的传统，早期的庠序、师塾制度和书院等制度的建立也提供给我们关于古代学校制度的诸多想象。但作为组织或具有统一制度的学校并没有在我国古代形成。陆游的笔下的："雨余溪水掠堤平，闲看村童谢晚晴。竹马踉跄冲淖去，纸鸢跋扈挟风鸣"（《观村童戏溪上》），表明当时学校不兴确实是现实的状态，且与教育的兴盛无关，与社会的发展也不具有实质性的关联。如陆游曾在其《绍兴府修学记》中提到："八卦有画,三坟有书,经之原也;典教有官,养老有庠,学之始也"。实际的情况是,自周季以来,"世道衰微,于是'士散而无统',学校不兴"。学校正式进入公共体系以来,学校不兴是为常事,如"今畿内之郡,皆仅有一学,较于周不及百之二,而又不治"。对于当时以农业为生的农家子弟而言,从其出生开始就充当了家庭的劳动力。因此,在春耕、夏耘、秋收当中都不得不跟着成人的步伐,与土地为伴,鲜有时间学习。"冬学"便成了其家闲时的一种"游戏"方式,也是儿童接受教育的路径之一。而这一活动主要发生于冬天,农闲之季,这也不难理解,为何蒙学总是以故事、诗歌、曲调为主要内容。

这种关于教育和学校的定位直到清末才发生转变。当时,甲午战争战败,中国的薄弱与落后引发了对改革与现代化的思考,中国近代化运动也因此进一步兴起。学校教育的改革也正是在这一背景下,围绕着救国的使命而展开的。当时,一批教育改革者认识到清政府在国防建设和军事教育方面的不足,意识到传统教育体系已经无法适应现代社会的需要,急需进行教育现代化的探索。因此,一种基于实科的教学应运而生。因此,反对传统的一批改革者对仅基于道德伦理而开展的修身式教育进行大力地批判,并试图引进西方的科学和民主的教育模式,旨在培养更加独立、具有创造性和实用的人才,以适应社会和经济的发展需求,进而推动学校积极地加入城市和国家的建设当中。这些努力为中国教育带来了新的方向和动力,成为后来教育改革的重要基础。总的说来,我们可以将当时针对教育和学校体制的改革归纳为以下三个方面。

(1) 西方教育思想的引入。当时,一些学者认识到西方国家的教育体系更加科学实用,因此主张取长补短,借鉴外国教育经验,从而推动中国教育的现代化。其中最具影响力的思想包括启蒙主义教育、实用主义教育和自然主义教育等。启蒙主义教育强调培养独立思考和批判性思维能力,倡导学生发展自我意识和主动学习的精神;实用主义教育主张教育要贴近社会实际需求,培养实用技能和应用能力,这为当时的职业教育和技术教育的发展奠定了基础,并提供了基本模板;自然主义教育则强调将教育与自然相结合,倡导"教育从自然中来,又回归自然中去"的理念,这一教育思想促进了户外教育和实践教学的发展,使学生能够在实际环境中学习和体验,从而更好地理解世界与人类发展之间的关系。

(2) 学校体制改革。甲午战争过后,地方政府开始将学校作为一块试验田,进行学校体制改革,试图创造更加适应现代社会的学校模式。一些以培养学生的实践能力和综合素质的新型学校应运而生。其一,民间教育家和企业家开始创办私立学校,试图通过自主管理和经营来提高学校的教学质量,这类学校在一定程度上推动了教育的多样化和多元化发展。其二,在实用主义教育的影响下发展起来的职业教育开始受到重视,国家开始培养工匠式的技术人才,以适应国家经济的发展需要。其三,女性的重要性得到了重申,以女子为主体的学校开始普及,这为中国的妇女教育和社会地位的提升奠定了基础。

(3)新教育方法的尝试。为了促进教育的现代化,该时期的教育家和教育学者开始尝试新的教育和教学方法。体验式教学、启发式教育和个性化教育等就是在这一语境下诞生的。其中,体验式教学深受自然主义教育的启发,学校提倡让学生走出教室,亲身参与社会实践和实验研究,通过培养学生的观察力、动手能力和创新思维,来引领其能力的发展;启发式教育则强调学生的自主探索和发现和学生独立思考和解决问题的能力。在此,师生之间的关系不再是知识传授者和接受者之间的关系,而是在互动和引导中相互促进的关系;个性化教育则深受启蒙主义教育的影响,强调学生的个性差异,强调教学需要根据学生的不同特点和兴趣进行量身定制,让每个学生都能得到最好的教育。

以上提及的这些学校改革曾在中国教育领域掀起了一股改革风潮,并对当时的中国青少年产生了深远的影响。学校作为一种教育路径,并不是整齐划一的机构,而基于各办学者对不同学校自身的定位进行角色分配。但总的来说,爱国主义、国际视野和社会责任成为教育的主要内容,使得教育的使命得到了更新。学校也正是借着这一契机,顺利地将其联结个体与国家命运这一使命发挥得淋漓尽致。这种有关学校的知识或观念,在历史上第一次得到更新和确认。

二、城市化进程中的教育缺席与问题

进入新中国以后,学校继续完成着国家身份与个人命运的联结。但一种称为现代性的学校则在 20 世纪 90 年代才逐渐初见雏形,也正是在此时,学校才逐渐从松散性、低效的传统教育场所转向系统、高效的现代学校

（Caruso，2015）。2004 年，《2003—2007 年教育振兴行动计划》，首次将学校整体作为一个重要的指标列为教育改革发展的新目标。2010 年，《国家中长期教育改革和发展规划纲要（2010—2020 年）》更进一步明确了要建设现代学校制度的想法。这些新的改革方向亦说明了学校在城市化这一动态背景下，其所遭遇的挑战与困境。这也在某种意义上标志着现代学校制度的兴起。

不过，当我们将研究放置于更大的背景中，即对城市化进行各种学术讨论时，我们会发现这样一个有趣的现象，即：对于大部分社会科学中有关城市化的研究者而言，教育似乎是一个涉及极少的话题。学者文娟和李政涛（2004）在研究中发现，在早期的研究杂志有关城市化或城镇化的讨论当中，对教育进行讨论的论文数为零。即便是反思和回顾我国改革开放以来城市化发展的综述性论文当中，也无一篇与教育相关。值得庆幸的是，这一现象，在近几年有所改善。又尤其是教育研究者持有的社会学自觉，使得更多的研究者加入了城市化这一大话题当中。然而尽管如此，我们发现，当前研究者有关城市化的讨论仍然套用了西方的话语体系，即将都市教育视为一种问题对待。

在英美等国，最早的都市学校可以追溯至十七八世纪。与现代型的都市学校不同，当时的都市学校大多是由教会赞助或个别老师兴办的私立学校。教育仍然被视为个人或家庭的事，与国家及城市建设无关。在美国，直到 19 世纪中下叶才出现了现代意义上由国家兴办的都市学校，这当然与当时美国的工业化、移民潮以及城市化发展有关。这种多样化、文化接触中的冲突使得都市学校被赋予了新的使命——以稳定社会为主题，充当国家与城市公民之间冲突的调节器。因此，美国都市学校建立初期也充满了不和平的声音，其受到了一些移民家庭抵制，认为这是一种文化同化机构。这也是为什么美国的都市教育以平衡各种文化价值和社会冲突为前提。随着美国的城市化进程朝着大都市发展，社会问题日益凸显，都市教育作为一种问题的讨论已成为美国都市学校的主要基调与话语框架。

这从 20 世纪 60 年代城市教育所研究的话题中可以见一斑。1964—1965 年美国瓦兹地区和哈莱姆地区出现了动乱，使得城市中的教育公平问题成了最迫切需要解决的问题。当时，哥伦比亚大学教师教育学院开展了一系列以此为题的研究。与此同时，1964 年的《城市教育》和 1969 年的《教育与城市社会》等杂志在这一时期应运而生，使得作为问题的都市教育学研究在制度化上又向前推进了一步。

科南特（Conant）和哈维赫斯特（Havinghurst）在助推这种问题化的城市教育当中起着重要的作用。哈维赫斯特原是芝加哥大学的教授，后任密苏里大学都市教育问题研究中心的主任，在此期间出版了《芝加哥的公立学校》、《大都市区域的教育》和《都市化：对教育的挑战》等著作。他主要是基于量化研究，对城市中的教育投入进行了深入分析，指出城市当中资源的不均衡分配是导致种族隔离与两极化的重要原因，这种分配在中心城市与郊区也呈现了两极分化。科南特（1970）的表述则更为直接，也更清楚如何使教育获得更多的公众关注。因此，1961 年他以一种新闻记者的胆魄发表了《我们大都市中的社会炸药》和《贫民窟与郊区：对大都市地区学校的报道》，引起了社会对都市教育的极大关注。科南特指出："在城市的贫民窟中，有成千上万的青少年，既不上学，也不工作，这是一种社会炸药。"为了解决这一问题，他提出用选修计划来调节"就业"和"升学"的建议，调和精英主义与大众教育之间的矛盾，从而实现教育公平，解决美国教育的城市问题。此后的文化回应等理论的兴起则是在关于都市教育的论断当中发展而成，构成了中国城市教育研究的基本思想源泉。

总的说来，在我国的学术话语当中，城市教育学虽然还未成形，但与城市教育学相关的议题已经得到了关注，但这一关注大多是基于西方关于"都市教育作为问题"这一框架展开的。基于这一现象，我们初步得出以下结论：其一，城市化作为一种背景，已经成为我国研究者开展各项教育研究的主要色调，或者说缄默性知识；其二，中国的城市教育深受西方框架的限制，因此都市教育或都市学校总是被视为被动的参与者，甚至是问题的制造者；其三，尽管有关城市背景中的议题已经纷繁复杂，但各种主题相互独立且分散，且并未被纳入都市教育学这一话语体系中进行整体性观察。

三、作为"配套"的都市学校

在中国城市化过程及教育与城市的互动过程中，教育的独特性并没有很好地得到凸显，使得教育和学校不得不被视作一种附属品与城市相伴相随。正是在这样的话语下，在城市规划者（尤其是政府）和家长的口中，教育或学校常常被称为"配套设施"。"配套设施"构成了学校在城市中的自我定位。从词义来看,配套是一个十分中性的词汇,是指把各种相关的事物组合成一个整体。显然,一座城市的发展并不仅仅依靠建筑、工业或企业等直接具有生产力的机构,也依靠其他可以满足人们生活条件所需要的物质与精神需要的机构,教育、医疗、超市和购物商场等都无疑归属于其中。"配套"意味着教育并不是一种"零售"产品,而必定要与其他机构进行密切的互动,且在某种意义上要"配"得上城市对其的定位与期待。进言之,都市学校作为城市化进程当中很重要的"节点",成了编织城市生活很重要的行动者,与其他机构或组织形成一种相互认同,相互承认,同时又相互依存的关系。

然而,根据拉图尔(Latour,2005)的行动者网络理论,行动者网络中的各行动者(本书中主要涉及的是都市学校)之间的关系在最初应当是平等的,但随着行动的推进存在着诸多的不确定因素,作为一个节点如何获得其重要性(权力)则需要行动者基于一定技术性的、物质的和信息化的方式去采取系列化的行动。就都市学校(尤其是新兴的学校)而言,其对变化与挑战是敏感的,以至于其出现了强烈的生存压力与竞争压力,从而不得不构建一种与传统教育不同的新模式来构建其在公众中的"符号化"地位。这些模式包括教育连锁超市现象(集团化办学)、品牌化发展(国际学校、民办学校、公办特色学校)等。在此过程当中,校长无疑成了行动者中最为重要的力量,都市学校中的校长需要扮演更多"对外"(整合各种资源)和"向上"(获得整合各种资源的合法性)的工作角色,而非"体恤"学校内部要求的人员,校长在某种意义上成了最优秀的经理人。都市学校的这一变革或转型无疑都是通过仪式化表演来完成的。

新建学校为了在城市化背景下获得一席之地,无法再沿用传统的"文化深耕"模式,不得不转向使用特色发展、品牌化创业的模式去塑造自己的身份,以吸引更多更好的生源。传统老校则占着老字号的优势,以一种创业的模式去打造自己的"教育连锁超市",通过加盟或集团化使自己的品牌更为牢固。在这一背景下,资本成为一种显性变量,调节并反映着社会资源的整体使用情况。学校与资本之间的关系变得更加密不可分了。

当我们将学校视为一种配套时,除了强调其内在的必需性,实际上也是不断地重申教育应当承担的社会功能,以及在城市化过程中社会结构的构建。学校是社会大系统中的有机组成部分,是开放的互动系统,社会各种现象和问题在学校中或多或少都有所体现。因此基于一种仪式的视角,或许可以让我们更好地理解"配套"的社会性意义。实际上,已有许多研究者从社会学的视角对学校中的仪式进行考察,认为仪式是实现权力运作及社会控制的手段;探析学校仪式背后所蕴含的社会学意义,揭示仪式过程中权利的选择,发现其中存在的不合理要素,进而寻求更为合理的仪式程序,改进仪式过程中的问题。程天君在《"接班人"的诞生:学校中的政治仪式考察》中,以教育学的问题,即教育目的:"接班人"的培养为切入点,从社会学的视角,以跨学科的视域对学校中的政治仪式(升旗仪式、少先队仪式等)进行考察,试图滴水见太阳,建构一个新的研究领域和学科——学校政治社会学。他以具体分析仪式如何塑造国家"接班人"为例,展现学校仪式的全过程。程天君选择将一个教育学的问题,用社会学的视角、用综合融通的方法对其进行分析阐释,展现学校仪式操演和运作的全过程,但是却陷入社会学的立场而不能自拔,教育学的立场在此被边缘化和消解,教育学问题仅仅成为其进行社会学实践的场域而已。王海英在《构建象征的意义世界:学校仪式活动的社会学分析》中认为仪式是象征性的、表演性的,由文化传统所规定的整套行为方式、一系列专门设计的程序化活动,一个较为集体和公开地予以陈述的事件;从社会学的"转向背后"和"探寻关系"的研究旨趣出发,对国家文化再生产的机构中的一系列仪式活动进行研究,探究学校仪式的类型(根据格雷姆斯的仪式六大分类将学校仪式分为仪式化、礼仪、典礼、庆典)、特征(象征性、半工具半表达、集中性、神人性、虚拟性)、功能(社会记忆和仪式叙事、社会凝聚、社会化情绪、群际冲突的化解、教化),在分析仪式功能和特性过程中,结合具体学校场景中具体的仪式展演,描绘了一种不一样的仪式学校的仪式景观:象征意义的世界。在象征意义的世界中,国家始终充盈其间,保持以不在场的方式在场,对象征世界中的存在者有一种隐蔽的规训,仪式成为个体社会化的一种方式和社会的稳定安全阀。宋萑在《学校升旗仪式的人种志研究:对一所中学的田野调查》中,采用人种志的方法对东署市某学校升旗仪式进行探讨,亲自参与、融入升旗仪式之中,并对不同的参与主体进行访谈,展现多元主体的声音,了解不同群体对升旗仪式的观点、感受,进而透过升旗仪式看见学校文化、教育文化甚至是社会文化和国家权力。在以上研究中,似乎存在着对仪式的诸多偏见,将仪式视为一种形式,视为一种工具及功能性的存在等。在此,我们认为可以在世俗世界中、日常生活中观察到无所不在的仪式,我们在仪式中实现个体生命的发展、群体文化的认同与传承和社会秩序的达成,仪式是人的一种存在方式,人在日常生活中,在与他人的互动中不断进行角色转换并实现自我呈现(这种呈现往往以他人期望、理解等方式来表达),人是生活在社会剧场之中的动物,终其一生都在进行着从台前至台后再至台前的循环往复,人正是在这种循环往复之中实现与他人、与社会的交流,使其成为社会人。

在本书中,我们不仅仅局限于对仪式内容的剖析,而是将仪式作为一种基本的理论视角和工具,运用于学校作为主要研究对象来考察。具体而言,我们试图通过仪式这一框架来透视在城市化背景下,学校教育的变迁及其背后的深层次机制。仪式在此扮演着揭示学校制度变革中的秩序、身份和自我定位的重要角色。仪式作为框架,帮助我们建立了一套由身体和符号构成的话语体系,这一体系引导着学校中的各种实践和行为。这些符号与身体的互动,深刻影响着教育的形式与内涵,尤其是在如今的城市化进程中,我们可以看到学校如何成为社会变迁的一个缩影。在这个框架下,学校不仅仅是一个教育场所,也逐渐与资本、效率、品牌和身份等社会因素密切相关。例如,家长本着"有面子、有路子、有身份"的观念参与学校选择与互动,这种行为与城市化过程中的社会分层和身份认同息息相关,甚至在一定程度上决定了学校的运作模式和教育资源的分配。

四、"配套"之外的另类学校:国际教育与国际学校

在研究的过程当中,我们发现正是因为配套话语的兴起,基于需求与选择模式的教育形态兴盛与发展起来,其中最为突出的是国际学校的兴办。实际上,早在 1993 年《国务院关于〈中国教育改革和发展纲要〉的实施意见》就指出:"企事业单位和其他社会力量按国家的法律和政策多渠道、多形式办学。有条件的地方,也可实行'民办公助'、'公办民助'等形式。"1996 年,《全国教育事业"九五"计划和 2010 年发展规划》的颁布,明确提出了"九五"期间,"积极发展各类民办学校。现有公办学校在条件具备时,也可酌情转为'公办民助'学校或'民办公助'学校。"学校教育作为一种第三产业,在城市化的浪潮中并没有停止过探索和创新。也正是乘着教育改革春风,我国国际学校的迎来了初步发展。尤其是 2000 年以后,我国国际学校进入了井

喷式的发展阶段。据《2015 年全国教育事业发展统计公报》的数据显示，2000 年至 2009 年期间，我国新建国际学校 271 所，其中公立学校国际部 75 所，民办国际学校 133 所，外籍人员子女学校 63 所。一项由国际学校咨询机构(International School Council，ISC)于 2019 所发布的《全球国际学校发展状况》的报告指出，截至 2019 年，全球已有国际学校 100 400 所，其中中国的国际学校(以英语为教学语言)已经达到 884 所，占比排名全球第一。毫无疑问，国际学校俨然已构成了中国教育中的一支独特的力量，而中国国际学校的发展也势必影响，甚至有可能去引领着其他国家国际学校的发展，当然随之而来的还有资本的进入。

不过，相较于国际学校在实践上如火如荼地发展，学术研究领域在很长一段时间却少有对国际学校的关注。近 5 年来，有一些研究者开始从本体论和意识形态层面对其进行了探讨。如王熙(2015)等探讨了国际教育在全球化背景下的复杂性，指出随着全球资本主义的扩张，教育逐渐被视为一种商品，遵循市场逻辑进行生产和销售。这种趋势导致了教育质量的标准化和同质化，学校为了在全球市场中竞争，纷纷寻求国际组织的认证，以提高其"产品"的全球认可度和竞争力。比如在国际教育中认可度较高的国际文凭组织(IBO)和美国大学理事会(College Board)等，它们通过提供标准化课程和考试，成了教育质量的"认证者"。学校为了获得这些机构的认证，往往需要支付高昂的会费并遵循严格的标准，这不仅增加了教育成本，也使得教育内容和方法趋于一致，失去了多样性和创新性。教育的商品化导致了教育的功利化，学校和家长更加关注教育的"投资回报"，即学生能否通过教育获得更好的升学和就业机会，而非教育本身的价值和意义。

随之而来的是，国际教育的精英化趋势使得优质教育资源越来越集中在少数人手中。高昂的学费使得国际教育成为精英阶层的专享，这不仅加剧了国内的贫富差距，也加剧了全球范围内的教育不平等。在发展中国家，国际教育往往被视为通往发达国家高等教育机构的桥梁，但其高昂的费用使得大多数家庭望而却步。这种教育的不平等分配，不仅限制了个人的社会流动，也加剧了社会阶层的固化。在这一背景下，都市教育不能只观照于本市或本区的发展，也需要从全球角度，重新探索教育的公共性和公益性，促进教育的公平和多元发展。

第八章

余论:秩序、身份与情感: 儒家传统仪式再解读

礼之理诚深矣,"坚白"、"同异"之察入焉而溺;其理诚大矣,擅作典制辟陋之说入焉而丧;其理诚高矣,暴慢、恣睢、轻俗以为高之属入焉而队。

——《荀子》

　　西方对仪式的兴趣大多是建立在"无文字"民族的研究基础之上。当我们把目光转向中国时，我们发现中国传统文化仪式或礼的逻辑，大多具有文字基础，其中不乏《周礼》《仪礼》《礼记》《大唐开元礼》等礼仪大辞典。由此可见，相比西方在仪式上的曲折探索之路，仪式话题在中华传统文化当中历来是个显性的议题。我国为"礼仪之邦"，正如唐代儒学家孔颖达言：中国礼义之大，故称夏；有服章之美，谓之华。华、夏一也。因此，也有学者将"礼"视为中国文化之根本特征与标识（邹昌林，1992）。重新理解仪式的中国意义，将有助于我们深入探讨城市教育当中如何开展仪式的内涵与意义。

　　值得注意的是，与西方传统中所提及的仪式研究相比，中国文化并没有将礼或仪式与社会生活相对立起来，或视其为日常生活的"例外"活动。这一点在考古发现中可以得到很好的证实。如过去约百年来考古相继发现的红山文化、良渚文化、金沙遗址等中国早期文明皆挖掘了许多重要的礼制器物，这些器物作为中华民族文化模式的整体，与百姓的生活息息相关，蕴含着丰富的意义。中国的"礼"或仪式文化，包含了西方文明中的文化（culture）、制度（institution）、仪式（ritual）、常规（convention）、礼仪（etiquette）、法典（code）、培养（cultivation）等内涵。因此，在讨论都市教育中的仪式表演时，就不得不再开辟专章去讨论，礼在中国传统文化中的认识、立场与变迁等问题。

　　由于传统文化中礼的突出地位，有关礼的研究（尤其是礼的内容层面）已是汗牛充栋。因此，一种方法论的创新则可能帮助我们看到不一样的"礼"文化。在前述讨论西方仪式的理解时，笔者遵守了西方理性主义的研究方式，更多地以"逻辑"为中心开展对仪式的研究。本章仍然延续这种写作风格，但是在内容呈现时，试图打破完全以"观念"为中心的内容呈现，试图以"在场-不在场"的再现为主线，探讨中国的传统"礼"文化。在德里达（Derrida）看来，西方以逻辑主义为中心的传统就深受质疑。一种从观念到命题，再到理论的思路适合表达人类真实的生活状态，理应受到批判与质疑。因此，他强调写作中应去关注那些图像性的、身体的在场-不在场的复杂性写作。本书认为，这种写作的呼吁尤其适合去研究中国的传统文化。因为，总的说来，中国传统文化并不以发展理性为喜好，文本叙事也不以概念为中心进行阐释，相反，"感知"应视为写作的中心。法国汉学家、人类学家余莲（2009）曾提出过类似的观点，在他看来，中西方在传统上由于长期的隔绝，无论是思想还是语言体系都形成了两个完全不同的"平行世界"，因此，在探讨中国文化时最重要的是方法论上的突破，应当以中国自身的文化逻辑为起点，去探寻其特有的内涵、意义网络和运行机制，进而作出差异性的比较。基于这种"在场—不在场"的写作呈现，对于处理含蓄文化、强调身体与行动的仪式研究尤其重要。接下来，本章将探讨以下问题：在传统中国文化当中，仪式源起于何处？仪式的内涵是什么？在社会-文化组织体系当中，仪式以何种角色与立场呈现自我？在阐述这三个问题时，本书试图揭示，当其呈现"是什么"的时候，又试图在掩盖什么，仪式中所涉及的是在与谁进行着对话。

一、儒家"礼"的起源说

在先秦诸子百学中，以儒家最推崇礼乐，诚如《礼记·乐记》有云"故礼以道其志，乐以和其声。"礼乐的目的在于培养善德，调和人性。儒家对礼的认识大多记录在三大重要典籍中，即《仪礼》《礼记》《周礼》。其中，《周礼》是以王制经济制度为主，透过其可以看到国家治理和组织的方式；《仪礼》是以礼仪节文为主的专门典籍，具有技术性；《礼记》以义理为主。在诸多与教育相关的"礼"中，成人礼涉及了人的成长，但是其在我国礼制中消失了一段时间。冠礼在周代是非常重要的仪式，但在战国时期开始衰落。到了隋唐时期，尽管冠礼作为国家礼制的一部分仍然存在，但实际上已受到冷落。两宋时期，士大夫试图复兴冠礼，司马光和朱熹都对冠礼进行了改良。明清时期，冠礼多依朱熹的《家礼》进行，但随着时间的推移，冠礼逐渐在民间消失。

相较于西方研究的仪式大多无成套的文字，中国的礼的很大特点在于其"成文性"。这些文字从操作的角度，规范着人们的行动，同时也束缚着君王的定位。周以前大多是祭政合一，当时的祭祀活动便是教育活动。因此，《礼记·文王世子》里云："凡始立学者，必释奠于先圣先师"。自周公制礼作乐以来，有关"礼"的讨论就从来没有缺席于中华民族的文化建制当中。这一方面得益于周王朝早期所构建的关于礼的庞大而完美的体系，从而确定了礼的整体方法与框架内容，使礼文化的根基牢固而少有动摇；另一方面，周礼得以在五千年源远流长更多地应当归功于儒家对其的阐释与传承。这些内容都包含在四书五经当中,以《礼记》《周易》最为系统和完善。毫无疑问,在儒家思想当中礼学占据了核心的地位。在具体的实践当中,孔子常常教导自己的学生以礼为准绳,以礼为内容钻研学习,一如《论语·季氏》对其子的教导。

> (子)尝独立,鲤趋而过庭。曰:"学诗乎?"对曰:"未也。"对曰:"不学诗,无以言。"鲤退而学诗。他日,又独立。鲤趋而过庭。曰:"学礼乎?"对曰:"未也。"对曰:"不学礼,无以立。"鲤退而学礼。
>
> ——《论语·季氏》

作为老师,孔子并不只要求其弟子后代以礼为绳,同时也以身作则,以礼而行之,一如《论语·为政》所记载。

> 子曰:"吾十有五而志于学,三十而立,四十而不惑,五十而知天命,六十而耳顺,七十而从心所欲,不逾矩。"
>
> ——《论语·为政》

诸多古典文集都表明,自周朝以来,礼乐文化就构成了华夏文明的核心与精神气质,并为儒家思想代代传承。但问题是为何周朝、儒家会将"仪礼"放置于如此重要的地位呢? 儒家又是如何发现了礼,其如何去定位礼与其他社会组织、人类发展之间的关系呢? 典章制度,绝非偶然出现,其必有渊源深长之时代背景。

关于"仪礼"的起源,学界已有许多讨论。如段玉裁从文字的起源角度,指出礼起源于祭祀活动,王国维则结合文字与考古学的角度,认为礼是古代用于祭祀行礼之玉器,是由"事神致福"的仪式而来。在中国的传统当中,礼自始至终都被放置于社会生活当中进行讨论。

> 礼的起源很早,还在原始氏族公社中,人们已经习惯于把重要行动加上特殊的礼仪。原始人常以具有象征意义的牲口,连同一系列的象征性动作构成种种的仪式,用来表达自己的感情和愿望。这些礼仪,不仅长期成为社会生活的传统习惯,而且常被用作维持社会秩序、巩固社会组织和加强部落之间联系的手段。进入阶级社会后,许多礼仪还被大家沿用着,其中部分礼仪往往被统治阶级所利用和改变,作为巩固统治阶级内部组织和统治人民的一种手段。我国西周以后贵族所推行的

「周礼」,就是属于这样的性质——是有其悠久的历史根源的,许多具体的礼文、仪式都是从周族氏族制末期的礼仪变化出来的。

(杨宽,1965)

荀子将礼的起源与天地、人性结合起来,认为由于人生来就具有某种自然本性,因此人无法通过自我控制去实现完善。在他看来,"礼有三本:天地者,生之本也;先祖者,类之本也;君师者,治之本也"(《荀子·礼论》)。正是在这一认识基础上,礼自然而然地成了人控制自我,构建社会和谐、人伦关系和政治秩序的关键。在这一意义上,礼起源于人的需要。

总的说来,有关礼的起源问题依据不同的学科取向,大致可以分为四种不同的路径:一是从文字学的字源考察出发,来探究礼的原始意义;二是从人类学理论、古代神话及原始社会的田野调查结果入手,分析礼起源于氏族社会的原始习俗,并考察其与国家形成的关系;三是利用考古遗址及出土文物,试图说明各个史前文明中的原始礼制;四是从美学的角度出发,指出礼作为一种广义的艺术形式,是出自人类表达情感的需要,并仪式化而成为人群集体意识的内在机制。实际上,以上跨学科的研究成果,可以整合为以下两种不同的起源说:礼本乎于人情说,礼本乎于历史说。

(一)礼本乎于人情说

尽管随着社会科学的完善,我们已经可以通过考古学、地方志史学等方法以一种实证的方式去探寻仪式的起源问题,但是回到文本自身也可以作为一种经典且可靠的方式,去帮助我们深入地认识礼的起源问题。毕竟,对礼的起源问题的追溯并非近代学者才开始关注,早在先秦儒学中就有意识地被认识到。

夫礼之初,始诸饮食,其燔黍捭豚,污尊而抔饮,蒉桴而土鼓,犹若可以致其敬于鬼神。

——《礼记·礼运》

在此,孔子描绘了中国先民是如何通过礼来向神灵表达敬意,如何希望通过敬奉食物的方式来获得神灵的庇护和赐福的。对于先民而言,使用烧熟的黍米、烤熟的小猪、酿造的纯酒、鼓乐都已是到达一定文明程度的结果,这并不是"自然"的结果,而是结成"社会"以后,富余食物可用于供奉的结果。因此,在孔子看来,实际上礼的起源与社会生活有着紧密的联结。这种种联结建立在社会生活中对不确定情绪的集体表达。这种社会性的"情"在《礼记》的其他文本中也得到了进一步诠释。

> 何谓人情?喜、怒、哀、惧、爱、恶、欲,七者弗学而能。何谓人义?父慈、子孝、兄良、弟悌、夫义、妇听、长惠、幼顺、君仁、臣忠,十者谓之人义。讲信修睦,谓之人利。争夺相杀,谓之人患。故圣人所以治人七情,修十义,讲信修睦,尚辞让,去争夺,舍礼何以治之。饮食男女,人之大欲存焉。死亡贫苦,人之大恶存焉,故欲恶者,心之大端也。人藏其心,不可测度也,美恶皆在其心,不见其色也,欲一以穷之,舍礼何以哉?
>
> ——《礼记·礼运》

这段话明确地说明了,礼来源于情。但与西方强调的礼是用于表达情不同,这里的礼是用来节制情,合乎理。礼在此被认为是从人的本性而起,而人之本性情欲是从天地而来,那么礼此时也成了宇宙、天地万物和人类的根本规律和法则(邹昌林,1992)。

> 是故夫礼,必本于太一,分而为天地,转而为阴阳,变而为四时,列而为鬼神。其降曰命,其官于天也。夫礼,必本于天,动而之地,列而之事,变而从时,协于分艺,其居人也曰养,其行之以货力、辞让、饮、食、冠、昏、丧、祭、射、御、朝、聘。
>
> ——《礼记·礼运》

荀子同样认同这种礼源于"情"的表达,但是他将这种"情"更多地定位于"个体",并以个体情与社会的制度相互交错而形成礼的这一过程进行了系统的阐释:

> 礼起于何也?曰:人生而有欲;欲而不得,则不能无求;求而无度量分界,则不能不争;争则乱,乱则穷。先王恶其乱也,故制礼义以分之,以养人之欲、给人之求,使欲必不穷乎物,物必不屈于欲,两者相持而长。是礼之所起也。
>
> ——《荀子·礼论》

荀子认为礼起源于对人的情欲的节制和规定。但问题是,人的本性又源于何处呢?礼果真就能起到一种节制的作用吗?在《周易》中有如此一段，或可说明问题。

> "故人者，天地之德，阴阳之交，鬼神之会，五行之秀。天秉阳，垂日星；地秉阴，窍于山川。播五行于四时，和四气而后月生。是以三五而盈，三五而缺，五行之动，共相竭也。五行、四气、十二月，还相为本；五声、六律、十二管，还相为宫；五味、六和、十二食，还相为质；五色、六章、十二衣，还相为主。故人者，天地之心，而五行之端，食味、别声、被色而生者也。
>
> ——《礼记·礼运》

该段将人视为天地、阴阳、鬼神、五行的产物，由此类推，人的本性也是其产物。既然人之本性与情欲皆源于天地、阴阳、鬼神、五行，那么礼的起源可以类推。由此一来，礼原本只是人情欲的节制，但在此又扩散至天地万物的根本法则，变成了一种客观的、不变的规律。

（二）礼本乎于历史说

另一种说法是"礼本乎于历史"，与时间具有紧密的关系。如在《礼记·礼器》中，记载有这么一段文字。

> 礼，时为大，顺次之，体次之，宜次之，称次之。尧授舜，舜授禹；汤放桀，武王伐纣，时也。《诗》云："匪革其犹，聿追来孝。"天地之祭，宗庙之事，父子之道，君臣之义，伦也。社稷山川之事，鬼神之祭，体也。丧祭之用，宾客之交，义也。羔豚而祭，百官皆足；大牢而祭，不必有余，此之谓称也。诸侯以龟为宝，以圭为瑞。家不宝龟，不藏圭，不台门，言有称也。
>
> ——《礼记·礼器》

在此文本中，礼的内涵本身被赋予了另一种层次性的理解，在此，"时"被放置在了比顺（敬事父母等）、体（天地人之别体）、宜（义）、称（指礼之可能涉及献祭之物）更高的位置。事实上，在中国传统当中，"时"是一个十分难解释的词。它既包含了与当代相同的意思，即时代、时候（时间的维度），也包含了时机（避免冲突）的内容。将礼回归到时，既作为看到其作为客体的一种"自然性"，也能看到其社会功能的意义。

君子曰：礼之近人情者，非其至者也。郊血，大飨腥，三献爓，一献
熟。是故，君子之于礼也，非作而致其情也，此有由始也。

——《礼记·礼器》

在这一段当中，更为细致地讲解了为什么"礼虽然近乎人情，但并不是
礼产生的根源所在"。其通过举例说明显然若以情为根源来说明礼，就无法
解释为什么在祭祀中，人们会以生血祭天，用生的牲口祭祖先，用半生不熟
的牲口祭祀社稷五祀，用熟的牲口献祭于祀群小祀了。毕竟以上并不是人
类真实饮食的规则。

值得注意的是，在中国的典籍当中，"情"与"本"并不是相互排斥的，而
是相互依赖，不可分离的。比如，在《礼记·礼器》中有这么一段记载。

礼也者，反本修古，不忘其初者也。故凶事不诏，朝事以乐。醴酒
之用，玄酒之尚。割刀之用，鸾刀之贵。莞簟之安，而稿鞂之设。是故，
先王之制礼也，必有主也，故可述而多学也。

——《礼记·礼器》

邹昌林在基于郑玄和孔颖达对该段解释的基础上，从"本"与"古"之间
的关系进一步说明了"情之源"与"古之源"两者之间的关系。他认为，礼本
身包含了"本"与"古"的根源，且两者可以有机地结合在一起，譬如"先王之
制礼也，必有主也"就是一个很好的体现（邹昌林，1992）。

二、中国的"礼"史与内涵再解释

通过对礼的起源的追溯，我们固然可以看到中国礼的根基之深厚，历史
之悠久，可谓中国文化之根本特征，但这并不意味着古今的仪式是一成不变
的。其实，早在孔子论及"礼"时，他就注意到了礼本身的变化性。如"夏礼，
吾能言之，杞不足征也；殷礼，吾能言之，宋不足征也。文献不足故也。足，
则吾能征之矣"《论语·八佾》。在此，孔子明确地指出了仪式是一种变化的
实践。孔子同时也指出，礼有好坏，因此需要依据时代与情境进行甄别，如
他说"殷因于夏礼，所损益可知也；周因于殷礼，所损益可知也。其或继周
者，虽百世，可知也"。即，三代之礼本身是有损有益、有因有革的，《周礼》是
其中的集大成者。由此可见，孔子并不是"固守某一种礼的形式"，而是认为

礼本身应当随时代而变。

从另一个方面来看,由于中国仪礼文化的渗透性,其从理念上与中国文化、哲学息息相关,在实践上则与个人生活、家庭关系、社会交往和国家统治有着紧密的联系。诚如荀子所言"礼者,以财物为用,以贵贱为文,以多少为异,以隆杀为要。文理繁,情用省,是礼之隆也。文理省,情用繁,是礼之杀也。文理情用相为内外表里,并行而杂,是礼之中流也。"在具体实践可以根据情境的需要进行适当的调整和变化。从历史和时间的维度来看,中国仪式到商朝逐渐形成,到了周朝形成了系统的礼制体系。然而,到了春秋战国时期,虽有儒家学说的极力维护,社会整体却呈现了礼崩乐坏的情况。及至秦汉时期,统一的中央集权政府则是再次认识到礼仪的重要性,加强了礼仪的规范和实施。

(一) 中国"礼"的史学回顾:作为实践的礼

1. 先民古礼

中华民族最早的文字记载可追溯至商朝,因此商朝以前的礼仪更多的是通过考古或图像等的形式呈现。尽管,那些无声的史料十分有限,我们仍可以看到仪式活动在夏商时期以前已经变得十分丰富了。研究发现,中国的礼制始于夏朝,以祭祀为主要内容。但当时并没有形成一套完备的制度,礼仪的形式也较为初级简单。到了商朝,甲骨文中已经出现"礼"字,而礼仪文化已初具雏形。如,考古发现,在商朝时期社会结构已经呈现出严格的等级制度,而其中礼仪发挥了重要的规制作用。当时,贵族阶层与君主之间的关系是商朝社会的核心。贵族们通过参与君主的宴会、祭祀和其他仪式来巩固自己的身份与地位。在仪式活动中,参与者遵循特定的礼仪规范,包括穿着特定的服装、采用特定的姿势和动作,以及使用特定的礼品和器具。

除此以外,夏商时期礼仪活动被广泛应用于社会生活和政治活动等不同的场合。如在祭祀活动,夏商时期已出现了神灵献祭食物和酒,并进行特定的祈祷仪式。在祭祀中,礼仪规范非常严格,要求参与者按照特定的次序和仪式进行行动。在日常生活中,礼仪也起到了重要的作用。人们在日常交往中注重礼貌和尊重,如年长者被视为地位高于年幼者的人,年幼者在与年长者交流时需要使用特定的敬语和姿势,以示尊重。

此外,夏商时期还有一些重要的礼仪文物和器物,如青铜礼器。青铜礼器是贵族地位和权力的象征,用于宴会、祭祀和其他重要的仪式。这些礼器精美而华丽,制作精良,体现了当时社会对礼仪的高度重视。

由此可见,尽管我们对这一时期的了解有限,但通过考古和文献的研究,我们能够描绘出一幅大致的图景,展示了古代中国礼仪的起源和发展,看到夏商时期及之前的中国礼仪的复杂且庄重的体系。

2. 从夏礼到周礼:尚施传统的形成

与夏不同,周人"遵礼尚施,事鬼敬神而远之"(《礼记·表记》)。周礼更加强调其"施"的层面,强调将"君权神授"与"德"合二为一的实用性观点,即不仅强调礼仪要在祭祀中使用,还进而将其转化到社会世俗层面。当时,《周礼》是最早系统阐述礼仪的文献之一,它规定了各种仪式、祭祀和礼节,以及官员的职责和行为准则。《周礼》对后来的礼仪发展产生了深远的影响。通过《周礼》,我们可以清楚地看到,其如何强调礼在维持政治事务和私人关系当中的重要性,又如何通过等级尊卑概念的严格规定,将礼渗透到日常生活。

(1)承袭殷礼,发展礼乐

殷商时期人们更加注重的是祭祀仪式,且活动十分频繁。在日常仪式活动中,几乎很少论及民之所需,强调"民神异业""民神杂糅",在社会生活中也是反复占卜吉凶,以求安稳。因此《礼记·表记》中记载:"殷人尊神,率民以事神,先鬼而后礼"。

到了周朝,其一方面延续了殷商时期的传统,周人仍相信祭祀神灵可以祈求天地的恩泽和保佑,维护社会的稳定和繁荣。周朝设立了宗室的祭祀职位,如太师、太宰等,负责主持祭祀仪式。这些祭祀仪式包括对祖先和神灵的供奉、祈祷和表演乐舞等,体现了对于传统信仰的尊重和守护。但是其加入了新的建制方式,尤其是西周时期,创立了昭穆制度,大规模地削减祭祀的名目,全面地改革殷商体制。尤其是其对礼乐制度的施用,更加强调了社会道德的规范和培养。如在《周礼》当中,其对于礼乐制度的内容和原则进行了详细规定。《周礼》中明确了君臣、父子、兄弟等不同社会关系的义务和行为准则,强调了各个阶层和个人之间的权利和责任。通过礼仪的规范,周朝试图建立起一个道德和谐的社会秩序。因此,可以说西周完成了从原始社会的盲目崇拜,到人为的社会信仰这一重要转变。

（2）完善的礼乐内容

《周礼》记录了比较完整的礼仪活动,其中有关"五礼"和"五乐"的内容是其核心部分。这些概念代表了周朝礼乐制度的基本架构和理念,体现了周朝对于社会秩序、道德规范和文化传承的重视。具体说来"五礼"是指"吉礼""凶礼""军礼""宾礼""嘉礼";五乐则指"乐舞""乐教""用乐""诗乐""乐悬"。前者构成的是一种体系,后者则偏重制度。

在五礼中"吉礼"与"凶礼"相互对立,其中吉礼为五礼之首,"凶礼"与"吉礼"相对而言,包含五个方面"丧""吊""荒""禬""恤"。丧——悼念死者时候的礼仪,吊——对他国发生水灾的一种慰问,荒——对他国发生的饥荒、人民挨饿的一种同情,禬——对自己的友好国受到外来侵略给予相应的补偿,恤——对邻国受到的内乱提供一定的帮助。除了吉礼和凶礼,军礼顾名思义就是军事活动的礼仪;宾礼就是对外国来访使臣的礼节;嘉礼则表示处理个人社交关系的礼仪。

吉礼是指各种吉利喜庆的场合和仪式,如生日、婚礼、祭祀等。吉礼强调欢乐和庆祝,通过祭祀、歌舞等形式,表达对神灵和祖先的感恩和祝福,同时也加强了家庭和社会的凝聚力。

凶礼是指对逝者的悼念和葬礼仪式。凶礼注重庄重和哀悼,通过丧葬仪式、祭祀等形式,表达对逝者的敬意和怀念,并帮助家庭减轻因丧失亲人带来的痛苦。

军礼是指军队组织的各类仪式和庆典。军礼通过庄重的仪式和礼仪传达对军队的尊重和赞美,加强军队的纪律和凝聚力,表彰军人的功勋和忠诚。

宾礼是指接待来访客人和外交使节的仪式和礼节。宾礼强调礼遇和友好,通过热情的接待、宴请和礼品赠送,表达对客人的尊重和友好。

嘉礼是指各类庆典和盛会的礼仪和仪式。嘉礼以庄重和隆重为特点,通过盛大的仪式、丰富的宴会和歌舞表演,庆祝和纪念重要的事件和成就。

总的说来,五礼涵盖了各个重要场合和仪式,旨在规范人们在不同情境下的行为和礼节。每一礼都有其特定的仪式和规定,贯穿了生活的各个方面,涉及个人、家庭、社会和国家。五礼的设立和实施,体现了周朝对于礼制和道德规范的重视。通过规范仪式、强调礼仪的重要性,周朝试图建立一个和谐、有序、文明的社会秩序。同时,五礼也是文化传承和社会凝聚的重要途径,帮助人们在不同场合中理解和传承古代智慧和文化。

与礼相对应的便是乐了,五乐中的"乐舞""乐教""用乐""诗乐"和"乐悬"在周朝的礼仪活动和社交场合中扮演着重要角色,既具有艺术性和娱乐性,又体现了社会秩序和道德规范的要求。其中乐舞规定的是从天子到诸侯在举办舞会时,应该采用的规模,西周舞蹈的阵列,天子可用"八佾",一佾8个人,一共64人,诸侯可用"六佾",一佾6个人,一共36人,士大夫可用"四佾",士只可用"二佾",人数以此类推。乐教是一种教乐制度,即设立专门的音乐机构来教授乐器,主要的职责是掌管音乐以及教化。在其中设立了"大司乐"——为乐教的行政长官,其下设有"乐师""大小胥""大小师"等众多乐官,共1 400余人。诗乐是乐曲的选择要和《诗》的内容保持一致,乐悬又可以理解为悬乐,指的是悬挂式的钟磬类乐器,有着严格的规定和使用规范,《周礼》中有记载:"王宫县,诸侯轩县"。宫县为东西南北四面都要悬挂乐器,轩县指的是避开天子南面的,只挂东西北3个方向。

乐舞是指音乐和舞蹈的结合形式,常用于庆典和宴会等场合。乐舞以欢快、活泼的节奏和动作为特点,通过音乐和舞蹈表达人们的喜悦和祝福。

乐教是指音乐教育和培训活动。乐教旨在通过音乐的学习和教导,培养人们的审美情趣、道德修养和文化素养。

用乐是指音乐在日常生活和社会活动中的应用。用乐包括音乐的演奏和演唱,常常用于祭祀、宴会、军事仪式等场合,以增加仪式的庄重和娱乐效果。

诗乐是指音乐和诗歌的结合形式,常用于吟诵和演唱古代诗歌。诗乐强调音乐和诗歌的和谐统一,通过音乐的节奏和旋律来增强诗歌的表现力和感染力。

乐悬是指音乐在宗教仪式和祭祀活动中的应用。乐悬以庄重、肃穆的音乐形式为特点。

五乐在周礼中具有重要的地位和作用。它们不仅在社会仪式和庆典中起到了烘托气氛、庄重庆祝的作用,也在文化传承、道德教育和宗教仪式中发挥着重要的功能。因此,五乐的实践不仅丰富了周朝的文化生活,也体现了对音乐和舞蹈在社会发展和个人修养中的重视。

3. 春秋时期的礼崩乐坏

春秋时期是中国历史上的一个重要时期,也是社会与政治深度动荡变革的时期。这种动荡来自分封制度的衰败、政权下移和法律制度的兴起等重要转变，与之相对应的自然便是礼乐文化的衰落，即所谓的礼崩乐坏。① 礼的崩坏：当时随着国家割据和封建割据的出现，各国采取了不同的礼制和礼仪标准，导致礼的多元化和混乱。原本应该统一而有序的礼制逐渐失去了约束力，礼的规范性和准确性受到了严重破坏。不同国家之间的礼仪差异导致了互相排斥和争斗，社会秩序逐渐松散。② 乐的坏乱：乐在春秋时期的坏乱主要体现在音乐的流行趋势和演变中。原本庄重神圣的乐曲逐渐被轻浮、低俗的曲调取代。音乐的主题和内容也逐渐从崇高的领域转向了娱乐和消遣的方向。这导致音乐失去了本质意义，乐的传承和发展走上了一条错误的道路。③ 礼乐与道德的脱节：在春秋时期，礼乐与道德之间出现了脱节的现象。原本礼乐应该是道德规范的一种体现和支撑，然而，由于各国的权力斗争和割据局面，一些统治者将礼乐作为权力斗争的手段，丧失了其应有的道德功能。礼乐的形式得到了保留，但其背后的道德准则却被逐渐忽视和违反。④ 礼乐的商业化：随着商业的兴起和社会经济的发展，礼乐逐渐商业化，成了一种营利和交易的手段。乐人和礼官为了追求经济利益，开始迎合市场需求，演奏和展示一些媚俗和低级的作品，导致了艺术的堕落和乐的坏乱。

由此可见，春秋时期的礼崩乐坏是由于政治动荡、社会割据和商业化等因素的综合影响所导致的。礼乐作为文化传承和社会凝聚的重要手段，失去了其应有的规范和准则，导致了社会秩序的混乱和价值观的扭曲。春秋时期的礼乐崩坏是后来儒家思想兴起的背景之一，儒家学者通过强调礼乐的正统，努力修复社会的秩序和道德准则。

4. 大一统之后的礼制

实际上，春秋以来，礼的核心内容已发生了许多变化。到了秦国统一之时，秦始皇认识到仪式的重要性，但是由于新礼并没有在战国时期被建立起来，因此只能采用六国礼仪，并择其善者而从之。出于当时的政治考量，在仪式当中将对"君王"的礼仪的重要性提到了前所未有的高度。但总的说来，秦朝并没有建立新的仪式制度，只是在古礼上加以修辞改造。

至汉朝，休养生息成了时代的精神取向，在汲取秦亡经验教训的基础上，汉代各君王尤其关注以礼教来淳化风俗。与此同时，为了使礼的整体不被湮灭，当时的圣人也开始将礼当中那些最为核心的内容进行了记录与编写,如《左传》《国语》《论语》《孟子》《荀子》《礼记》都是这方面努力的结果。孔子以"不学礼,无以立",作为君子的安身立命之道,并将礼视为"仁"的外在表现。孟子则把礼视为善之发端,并常以"恭敬之心,礼也"为训。荀子则是礼之集大成者,称"礼者,人道之极也",即将礼视为人的目标。正所谓,秦之后仪礼成了个人至君王的一种准则,出现了"人无礼则不生,事无礼则不成,国无礼则不宁"的情况。

邹昌林(1992)看来,春秋以后所勾勒出来的"礼"的核心集中在两方面,即"一是人们在生产上或其他方面与自然之间的关系,基本是这个核心左右不了的;二是文明与野蛮的区分,这是在这个核心形成以前就存在,以后无法改变"。前者涉及人与自然之间的关系,后者涉及人与自我,人与社会之间的相互"进化"的可能。此后的中国礼仪文化也以此为准绳,规范着人们的行为举止,维护着社会秩序,强调社会和谐,彰显着传统文化的价值观,培养着人们的品德美。通过遵循礼仪,人们可以建立起和谐的社会关系,传承和发扬传统文化的精髓。一种外在重"形",内在重"象"的礼仪观念由此而形成。

(二) 中国"礼仪"的内涵

基于对仪式的起源和发展历程的研究,我们可以初步得出,"礼起于祀神",而后"扩展至人",继而又以"各种仪制"加以固定与规范。那么,回到作为一个概念的仪式本身,其内涵是什么呢?

从词源来看,《说文》:"礼,履也。所以事神致福也。从示从豊,豊亦声。"许氏以声训解之(礼、履二字上古皆为脂部来母字),实有所本。《荀子·大略》"礼者,人之所履也",当为始作俑者。《诗·商颂·长发》:"率履不越,遂视既发。"毛传:"履,礼也。"《集疏》:"三家,履作礼。"《尔雅·释言》:"履,礼也。"是二字常互训。古经典中亦多见以履解礼者,如《礼记·祭义》"礼者,履此者也";《礼记·仲尼燕居》"言而履之,礼也";《汉书·公孙宏传》"礼者,所履也";《白虎通·礼乐》"礼之为言履也";《白虎通·情性》"礼者,履也,履道成文也"。即礼即履也,礼之仪式表达与履的仪式践行之间具有明确的义类相关性。

又有视礼为本者,如《诗·鄘风·相鼠》有"相鼠有体,人而无礼";另在《礼记·礼器》中记载"礼也者,体也,体不备,君子谓之不成人",这一说法在《春秋说题辞》也有涉及,即"礼者,体也,人情有哀乐,五行有兴灭,故立乡饮之礼,终始之哀,婚姻之宜,朝聘之表,尊卑有序,上下有体,王者行礼得天中和。"因此,当个人能具备"礼仪形态",则可谓之"得体"。另有礼通理者,如《礼记·仲尼燕居》《荀子·乐论》《礼记·乐记》《管子·心术》。

由此可见,礼作为一个词,其内涵之丰富。在本书当中,我们将从以下两个方面去讨论礼的内涵问题:一是礼与礼用,二是"五礼"作为一种情感表达来展开。

1. 礼与礼用

为了更清楚地理解礼的内涵与外延,有必要将礼之本质与礼之用进行区分,这一思考源于对"礼之常"与"礼之用"之间区别的认识。众所周知,尊崇于孔孟之道的传统中国,常常把"仁、义、礼、智"放置于很高的位置。在《四书章句集注》当中,程子如此说道:"性中只有仁、义、礼、智",也就是说,礼被视为与仁一样的是人天生就有的一种性情,是一种恒常自然之实质。同样,在孔子看来,礼不仅是指"社会的维度"中的人事,同样也是指天理,这一点我们在礼的起源当中有所涉及。因此,程子曰:"礼者,天理之节文,人事之仪则也……盖礼之为体虽严,而皆出于自然之理,必从容而不迫,乃为可贵"。

如果细读孔子的言说,尤其是此后程朱理学对儒学的发展,我们很容易发现礼的解说层次并没有很好地被说明,但经过语义学的解释却又可以分为:性(本)、属①、用三个不同的层面(见表 8-1)。

表 8-1 儒家"礼"的不同维度

性	属	用
礼	◇ 和 礼之用,和为贵。	◇ 敬。 毋不敬。《礼记》 敬事而信,节用而爱人,使民以时。《论语》 ◇ 恭 有子曰:信近于义,言可复也。恭近于礼,远耻辱也。因不失其亲,亦可宗也。 ◇ 财物 礼者,以财物为用。《荀子》

① 并没有一个专门的词对仪式的这一层面进行很好的表达。在此笔者采用了"属",旨指:孔子也并不完全基于综合的层面来谈学问,亦有分析/区分的维度。朱熹就是这种说法:他将仁的主要属性称为"主",其用为行。具体可参考《四书》。

由此可见,礼并不等于外在的"礼用"。礼用涉及的更多是实践意义上的,如尊敬、恭敬或基于物物之间的交换。就礼本身而言,其应当是内在于人的,是人的价值所在,是其自我内在价值建立的基础。

2."五礼"作为一种情感表达

在《周礼》当中明确提出了"五礼""五乐"的说法。很显然,"五乐"是人类基于感知的一种情感表演。同样,"五礼"也饱含着对人类情感的表演,即其分别可以对应人的一种不同的内在情绪:幸福、恐惧、愤怒、喜悦、平和。

从个体层面来看,情感是人类内心感受和体验的反应,是对外界刺激的情绪和意识体验的集合。它是人类情感世界的核心,包括喜怒哀乐、爱恨情怨等各种情感状态。情感是人与人之间建立联系、传递信息和沟通的重要途径,也是人类表达内心世界和与他人产生共鸣的方式。从集体层面来看,如何使情感与情感之间具有可交流性却是十分困难的事。仪礼或仪式可以实现这样的功能。

通过规范化的仪式行动、特定的动作、语言和符号等,一种对某种情感或事物的肯定性可以得以实现。例如,结婚仪式中主体方面可以得到相互间、家庭内部成员的肯定。此外,仪式往往承载着特定的意义和象征,通过象征性的行为和符号来表达情感。这些符号可以是物品、动作或语言等,它们在仪式中被赋予了特殊的意义,通过仪式的举行来传递情感,使仪式与情感本身具有意义。例如,中国传统婚礼中的过门破碗仪式,象征着夫妻共同面对困难和挑战。除此之外,仪式往往是在社会群体中进行的,它具有社会共同性和集体参与性。通过仪式,人们在共同参与中分享情感,增强彼此之间的联系和认同感。例如,中国传统的春节年夜饭,通过家庭团聚、共进美食的仪式,表达了亲情和团结的情感。

基于情感的本质和仪式的特点,我们可以得出结论:仪式作为一种规范化、具有肯定性、意义性和社会性的行为形式,为人们提供了一种有效的情感表达方式。

首先,仪式通过具体的行为、动作和符号来传递情感。例如,葬礼仪式中的哀悼服饰、默哀和吊唁等,表达了人们对逝者的哀思和悲痛之情。婚礼仪式中的喜庆气氛、亲友祝福和举行婚宴等,表达了人们对新婚夫妻的祝福和喜悦之情。仪式所包含的特定动作和符号,使情感能够得到外在的展示和体现,帮助他人理解和共鸣。

其次，仪式通过共同参与和集体经验来加强情感的表达。人们在仪式中共同参与，分享情感体验，加深了彼此之间的情感联系。仪式的集体性使得情感能够被集体感知和共同承认，加强了情感的共鸣和认同。例如，中国传统的元宵节灯笼游行，人们共同参与制作和欣赏灯笼，共同体验节日的喜庆和热闹，进一步加深了彼此之间的情感联系。

因此，荀子在论及"礼"对"情"的节制时，不仅谈节制，同时也谈"礼"的养之功用。

> 故礼者，养也。刍豢稻粱（梁），五味调香，所以养口也；椒兰芬苾，所以养鼻也；雕琢刻镂，黼黻文章，所以养目也；钟鼓管磬，琴瑟竽笙，所以养耳也；疏房檖貌，越席床笫，几筵，所以养体也。故礼者养也。
>
> ——《荀子》

三、作为自我指涉的仪式：礼的再定位

自人类学诞生以来，摩尔根关于世界文明划分的理论就占据着重要的作用。在摩尔根看来，有无文字是衡量文明的一大重要标准。然而这一说法却招到了许多学者的反对，如商朝以前的无文字但却有着丰富仪式活动的中华文明算不算文明就产生了很大的争论。就邹昌林而言，这一说法并不适用于中华文明。因为，文字之所以作为衡量文明的标志，其中很大的原因是因为其是传承文化的工具，可以记载神话等内容。这种表意系统，在邹昌林（1992）看来，中华文明中并不只有文字才具备。仪式也具备这种表意功能，而且有着细微的差异。换而言之，仪式是一个自我指涉的系统，其完全不用依赖于文字便能自我说明。从仪式的角度看，夏商以前在华夏大地就具备了较为完善的礼仪活动，正如钱穆（2000）所言，礼仪完完全全是一种渗透到日常生活当中，是一种完完全全的"风俗"礼，也就是"礼物"当中提及的"礼"；或者完全是基于一种"互动"需要而产生的礼，一种基于"情感"纽带的礼。在这一意义上讲，社会既然已经形成了，又何以说没有文明呢？

法国的启蒙学者孟德斯鸠也曾将中国的礼仪文化视为中国文明的具体体现，并对其进行了鞭辟入里的讨论。

> 他们（指中国的立法者）把宗教、法律、风俗、礼仪都混在一起。所

有这些东西都是道德。所有这些东西都是品德。这四者的箴规，就是所谓礼教。中国统治就是因为严格遵守这种礼教而获得了成功。中国人把整个青年时代用在学习这种礼教上，并把整个一生都用在实践这种礼教上。文人用之以施教，官吏用之以宣传；生活上的一切细微的行动都包罗在这些礼教之内，所以当人们找到严格遵守的方法的时候，中国便治理得很好了……在这方面，礼的价值比礼貌高得多……礼是人们放在彼此之间的一道墙，借以防止互相腐化……我们现在可以看到，在表面上似乎是无关紧要的东西却可能和中国的基本政制有关系……如果你消减亲权，甚至只是删除对亲权表示尊重的礼仪的话，那么就等于消减人们对于视同父亲的官吏的尊敬了，因此官吏也就不能爱护老百姓了，而官吏本来应该把老百姓看做（作）像子女一样的。这样一来，君主和臣民之间存在着的爱的关系也将逐渐消减。只要消减掉这些习惯的一种，你便动摇了国家。一个儿媳是否每天早晨为婆婆尽这个或那个义务，这事的本身是无关紧要的。但是如果我们想到，这些日常的习惯不断地唤起一种必须铭刻在人们心中的感情……那么我们便将了解，这一个或那一个特殊的义务是有履行的必要的。中国人的生活完全以礼为指南。

（邹昌林，1992）

　　这是一段孟德斯鸠对当时清王朝统治下中国文化的描述，其中包含了，当一个"他者"在观看中国文化时，他所能看到的最为明显的"结构"或表演形式，这构成了中国文化的自我形象的管理策略。在这段话里，我们至少可以看到，对于孟德斯鸠来说：礼是中国最为核心的精髓，是文明的象征；礼是一套完备的，实现大同的工具；礼的方式是以家为基础，系统的；礼的功能是情感控制（向善的服从）。

　　我国有"礼仪之邦"的称号，礼也由此成了中国文化的标志。然而"礼"的内涵在中国远远大于在西方国家所包含的内容。正如邹昌林（1992）所言，与其他民族将礼缩减为一种礼俗、礼仪、礼貌的范畴不同，中国的礼，则与政治、法律、宗教、思想、哲学、习俗、文学、艺术、乃至于经济、军事无不结为一个整体。与西方更多强调礼貌的礼的差异在于，西方更强调的是一种交往的礼节，重视的是一种框架；中国的仪式虽亦有形式之重，但更重视的是内容与精神。"中国之礼是活在中国人心中的一个基础"，这种"仪"渗透在各个方面。究其原因则跟中国是一个"第一代文明"的国家有关。因为，与文字不同，仪式的传承大多需要一脉相承的身体、形式上的延续，而中国文化作为四大文明中从未中断过的国家，为其仪式的传承与发展带来了条件（因此，仪式并不是一成不变的，而是不断迭代更新，并以更高的形式不断地再现的）。由此可见，仪式发展的高度与文化的文明程度成正比关系。仪式由此也可以被视为一个自我指涉的系统，其可以为理解中华文明与社会变迁提供足够的解释。

（一）礼之于人的"类"的建立

在华夏文明中，礼是区分人的文明与动物文明最为重要的内容。如《论语·为政》中记载的：子游问孝。子曰："今之孝者，是谓能养。至于犬马，皆能有养；不敬，何以别乎？"足见，礼被视为人类有别于其他生物的重要标志。类似的说法在《礼记》《荀子》中也可见。

> 《礼记·曲礼上》：鹦鹉能言，不离飞鸟；猩猩能言，不离禽兽。今人而无礼，虽能言，不亦禽兽之心乎？夫唯禽兽无礼，故父子聚麀。是故圣人作，为礼以教人。使人以有礼，知自别于禽兽。
> 《冠义》：凡人之所以为人者，礼义也。
> 《荀子·王制》：水火有气而无生，草木有生而无知，禽兽有知而无义，人有气、有生、有知，亦且有义，故最为天下贵也。力不若牛，走不若马，而牛马为用，何也？曰：人能群，彼不能群也。人何以能群？曰：分。分何以能行？曰：义。故义以分则和，和则一，一则多力，多力则强，强则胜物；故宫室可得而居也。故序四时，裁万物，兼利天下，无它故焉，得之分义也。
> 《礼记·典礼上》：太上贵德，其次务施报。礼尚往来。往而不来，非礼也；来而不往，亦非礼也。人有礼则安，无礼则危。故曰：礼者不可不学也。

（二）仪式的文化功能

荀子有关礼的认识在《荀子·礼论》中进行了重要的阐述。荀子基于对人性弱点的理解，认为人本性中具有自私和贪欲，而礼则是应对人类社会复

杂性和变化自然而然形成的一种规范和制度。在荀子看来,礼主要是用于
教育和道德性引导,是需要通过学习和实践才能实现对人的品行的塑造。
因此,礼不同于"法","礼者,养也",礼在某种意义上是教育,是"人道之极"。

与文字一样,在中华文明当中,仪式可以成为传授经验、情感交流、储存
信息的工具。对于仪式的"交流信息"的理解仍然缺乏深度的解读。如周朝
时但凡有重大的活动必定会表演《武》这一具有仪式性的节目,其主要呈现
的是武王如何灭掉商朝的整个过程。这在宾牟贾与孔子讨论《武》的细节中
进行了深入的说明。

> 周宾牟贾侍坐于孔子。孔子与之言,及乐,曰:"夫《武》之备诫之以
> 久,何也?"对曰:"病不得其众。"
>
> "咏叹之,淫液之,何也?"对曰:"恐不逮事。"
>
> "发扬蹈厉之已蚤,何也?"对曰:"及时事。"
>
> "《武》坐致右而轩左,何也?"对曰:"非《武》坐。"
>
> "声淫及商,何也?"对曰:"非《武》音也。"
>
> 孔子曰:"若非《武》音,则何音也?"对曰:"有司失其传也。"
>
> 孔子曰:"唯,丘闻诸苌弘,亦若吾子之言是也。若非有司失其传,
> 则武王之志荒矣。"
>
> 宾牟贾起,免席而请曰:"夫《武》之备诫之以久,则既闻命矣。敢问
> 迟矣而又久立于缀,何也?"
>
> 子曰:"居,吾语尔。夫乐者,象成者也。总干而山立,武王之事也;
> 发扬蹈厉,太公之志也。《武》乱皆坐,周、邵之治也。且夫《武》,始成而
> 北出,再成而灭商,三成而南反,四成而南国是疆,五成而分陕,周公左、
> 邵公右,六成而复缀,以崇其天子焉。众夹振焉而四伐,所以盛威于中
> 国。分陕而进,所以事蚤济。久立于缀,所以待诸侯之至也。
>
> "今汝独未闻牧野之语乎?武王克殷而反商之政,未及下车,则封
> 黄帝之后于蓟,封帝尧之后于祝,封帝舜之后于陈;下车又封夏后氏之
> 后于杞,封殷之后于宋,封王子比干之墓,释箕子之囚,使人行商容之
> 旧,以复其位,庶民弛政,庶士倍禄。既济河西,马散之华山之阳而弗复
> 乘,牛散之桃林之野而弗复服,车甲则衅之而藏诸府库,以示弗复用。
> 倒载干戈,而包之以虎皮,将率之士使为诸侯,命之曰鞬櫜,然后天下知
> 武王之不复用兵也。散军而修郊射,左射以《狸首》,右射以《驺虞》,而

贯革之射息也;裨冕搢笏,而虎贲之士脱剑;郊祀后稷,而民知尊父焉;
配明堂,而民知孝焉;朝觐,然后诸侯知所以臣;耕籍,然后民知所以敬
亲。六者,天下之大教也。食三老五更于太学,天子袒而割牲,执酱而
馈,执爵而酳,冕而总干,所以教诸侯之弟也。如此,则周道四达,礼乐
交通。夫《武》之迟久,不亦宜乎?"

——《孔子家语》

另一方面,仪式也记录了社会的日常生活,分配制度的变迁。如:"夫礼
之初,始诸饮食"就可以很好地看到"饮食"之礼仪是如何影响着政治掌权者
治理天下。

"夫祭有馂(馂);馂者祭之末也,不可不知也。是故古之人有言曰:
"善终者如始。"馂其是已。是故古之君子曰:"尸亦馂鬼神之馀(余)也,
惠术也,可以观政矣。"是故尸谡,君与卿四人馂。君起,大夫六人馂;臣
馂君之馀也。大夫起,士八人馂;贱馂贵之馀也。士起,各执其具以出,
陈于堂下,百官进,彻之,下馂上之馀也。"

"礼禁未然之前,法施已然之后"这是《大唐开元礼》当中对礼进行
的阐述。

(邹昌林,1992)

(三) 仪式的区分:精确化的"身体语法"系统

古代礼仪是一个十分庞大的系统,除了涉及日常生活,也包括分配方
式,制度运作的方式。因此,《礼记·中月》中说"礼仪三百,威仪三千",《礼
记·礼器》中说"经礼三百,威仪三千",《礼说》曰:"正经三百,动仪三千",由
此可见礼的丰富性,但同时也能感受到中国古代对礼的区分十分细微,标识
得十分清楚。因此古有"朝夕学幼仪"(《礼记·内则》),而"三十而立",足见
礼学之精深,所需时间之漫长,并非一朝一夕可以获得的。孔子所言的"吾
十有五而志于学,三十而立,四十而不惑,五十而知天命,六十而耳顺,七十
从心所令人欲,不逾矩"。足见对礼的理解,是在实践与时间的双生关联当
中被塑造起来的。

《周礼·春官·宗伯》中既有吉、凶、宾、军、嘉的"五礼"说,也有丧、祭、
射、乡、冠、昏、朝、聘等八类仪式。这种精确化表现在其程序上的系统与结

构化，以及细节上的不可约化。如在江永的《礼书纲目》卷十三《士相见义补记》中有记载。

> 士相见之礼，必依于介绍，以言而不苟合者也。必依于挚，以言其道可亲也。苟而合，唯小人无耻者能之。君子可见也，不可屈也；可亲也，不可狎也；可远也，不可疏也。宾至门，主人三辞见；宾称挚，主人三辞挚，所以尊严也。大夫以礼相接，士以礼相论，庶人以礼相同，然而争夺与于末者，末之有也。人苟悦而相若者，末，必争；苟简而相亲者，末，必怨。是故士相见礼者，人道之大也。
>
> ——《礼书纲目》

这段话将《论语》中孔子所言的"温良恭俭让"的"让"发挥到了极致。在此君子若需要见另一位可称为君子的人，必须先通过中间人（而非直接相报），再通过"三辞三请"、赠礼、收礼、互拜等程序，方可开启相识交谈的实质性活动。在此，通过"让"礼，相见之人可以消灭其"争夺"的欲望，在仪式中去规范实行"让"的精华，使讨论更具有和谐的意味。

另一种精确性体现在对身体的使用上。比如：磕头来讲，有九种方式；变换秩序和表情，也可以表达九种意思（邹昌林，1992）。仪式与中国的文字一样，也都是起源于象形。从对物的象形化模仿，转向复杂、抽象化；其模仿的内容也从可见的模仿渐渐延伸到不可见物的模仿，如对天地、风雨、三光、日月、阴阳、四时等的模仿。随着时间的推移，这种模仿又转化为一种符号系统，成为一种可以表意，易于传播的内容。

（四）礼作为"别"的秩序

由于礼仪本身的精确性，每个动作都有不同的意思，因此秩序就变成了十分重要的内容。这种秩序往往不是体现在大体框架上，而是细微的小礼节之中。如果表达不当，则可能产生完全不同的意思。这在《礼记·檀弓》中有记载。

> 孔子曰：拜而后稽颡，颓乎其顺也；稽颡而后拜，颀乎其至也。三年之丧，吾从其至者。
>
> ——《礼记·檀弓》

这是两种完全相同的拜叩方式，但所产生的结果，要表达的情感却完全不同。这里的别，并不是"分门别类"具有等级意义的别，而更多强调的是"情感""地位"不同的差异性表演。

> 君子既得其养，又好其别。曷谓别？曰：贵贱有等，长幼有差，贫富轻重皆有称者也。故天子大路越席，所以养体也；侧载睪芷，所以养鼻也，前有错衡，所以养目也；和鸾之声，步中《武》《象》，趋中《韶》《护》，所以养耳也；龙旗九斿，所以养信也；寝兕、持虎蛟韅、丝末、弥龙，所以养威也；故大路之马，必信至教顺，然后乘之，所以养安也。孰知夫出死要节之所以养生也！孰知夫出费用之所以养财也？孰知夫恭敬辞让之所以养安也！孰知夫礼义文理之所以养情也！故人苟生之为见，若者必死；苟利之为见，若者必害；苟怠惰偷懦之为安，若者必危；苟情说之为乐，若者必灭。故人一之于礼义，则两得之矣；一之于情性，则两丧之矣。故儒者将使人两得之者也，墨者将使人两丧之者也，是儒、墨之分也。
>
> ——《荀子》

（五）礼与象

由于礼的庞杂，使得其组合的多样性成为可能。邹昌林认为，古代会将象等同于礼仪。《乐记》中记载"声者，乐之象也"。"逆气成象，而淫乐与焉。""顺气成象，而和乐与焉"。在《左传·襄公三十一年》中，把礼与象之间的关系表达得十分清楚。

> 卫侯在楚，北宫文子见令尹围之威仪，言于卫侯曰："令尹似君矣！将有他志。虽获其志，不能终也。《诗》云：'靡不有初，鲜克有终。'终之实难，令尹其将不免。"公曰："子何以知之？"对曰："《诗》云：'敬慎威仪，惟民之则。'令尹无威仪，民无则焉。民所不则，以在民上，不可以终。"公曰："善哉！何谓威仪？"对曰："有威而可畏谓之威，有仪而可象谓之仪。君有君之威仪，其臣畏而爱之，则而象之，故能有其国家，令闻长世。臣有臣之威仪，其下畏而爱之，故能守其官职，保族宜家。顺是以下皆如是，是以上下能相固也。《卫诗》曰：'威仪棣棣，不可选也。'言君臣、上下、父子、兄弟、内外、大小，皆有威仪也。《周诗》曰：'朋友攸摄，摄以威仪。'言朋友之道，必相教训以威仪也。《周书》数文王之德，

曰:'大国畏其力,小国怀其德。'言畏而爱之也。《诗》云:'不识不知,顺帝之则。'言则而象之也。纣囚文王七年,诸侯皆从之囚,纣于是乎惧而归之,可谓爱之。文王伐崇,再驾而降为臣,蛮夷帅服,可谓畏之。文王之功,天下诵而歌舞之,可谓则之。文王之行,至今为法,可谓象之。有威仪也。故君子在位可畏,施舍可爱,进退可度,周旋可则,容止可观,作事可法,德行可象,声气可乐,动作有文,言语有章,以临其下,谓之有威仪也。"

——《左传·襄公三十一年》

仪礼的宗旨即为"象","既象其地位,也象其品德。"仪式所呈现出来的是整体情况。

四、小结:仪式思想在都市教育中还能焕发生命的活力吗

近年来,社会科学领域又恢复了对仪式的兴趣。一些新兴的话题,如仪式与焦虑之间的关系研究开始为人们所关注。研究普遍说明,一些仪式化的行为确实可以帮助我们缓解压力,有效地去除焦虑。比如:哈佛商学院的一项研究:要求两个实验组在陌生人面前去唱摇滚歌。其中一组,研究者引导他们在演唱之前开展一次仪式活动(包括在他们自己画的画上撒盐),而另一组则直接教他们一些表演的技巧。研究发现,进行过仪式的小组无论是在心率上、焦虑水平上以及演唱的完成度上都比没有开展仪式活动的人要表现得好得多。在随后的研究当中其进一步分析了仪式与工作意义之间的关系,并进一步抽象出团队仪式的三个特征,即:身体动作、心理内涵和群体性(Kim et al.,2021)。在此,仪式可以被定义为一组预先设定好的象征性动作序列,通常以形式和重复为特征,缺乏直接的效用目的。

与世界其他任何民族相比,我们有理由相信中华民族是最重视礼仪的民族。我们通过礼仪文化将原本多样化、异质的、源远流长的民族与文化绑定在一起,构成了大一统的文化。礼在很大程度上也成了"和"的工具。在礼当中,我们并非变成了"同"一个人。而是通过共同的谋求,在差异当中去实现"和"的理想。但值得注意的是,"和"与"同"存在着本质的不同。在《说文解字》当中,段玉裁对"和"的注解是"古唱和字不读去声""音和则谐"。在音乐当中,音符只有跳动出不同的旋律时,才可能奏响美妙的音乐。因此,

仪式在某种意义上构成了人进入社会美的和声。但还值得注意的是，实践与历史的传统并不总是一贯而连绵的。日常生活中，人们对于仪式的矛盾性与反抗并不是鲜见之事。如，魏晋崇尚的是一种风度——一种不羁的生活，一般意义上认为，那是一个"去仪式化"的社会。"礼"的约束性在任何一种程度上都是被认可的。但若我们仔细阅读古文，便仍可以看到仪式可能赋予人的快乐。譬如孔子从未将仪式视为一种约束，反而常常论及何种情境可以成为仪式适用性的条件。在此，仪式、个体与情境构成了一个相对稳定且可以变化的整体，帮助个体获得其对自我身份的认识。在城市化的过程当中，我们更有必要恢复仪式的动态性，将"仪式"从一种"集体意识/记忆"当中解脱出来，而赋予其主体意义。

在学校的场景当中，这种仪式的动态性应当得到重视。在笔者看来，研究仪式既要关注其"常"的内容，也要关注其"用"的内容，还要关注其"格"的内容。教育的最高目标不应当是"培养怎样的人"，而是努力地扬善并以此为基础去充分发挥人类的潜力，使人类也为人类的创造所新奇，惊叹。一种竞争的社会，不应当成为教育语境中的常态。仪式的观察又深深赋予教育以新的内涵，包括时间的认知、生命的构成等等。比如，在仪式的视角中，教育首先应当是周期性的活动，而不是线性地向前行。这与怀特海（2023）的"教育的节奏"的思想十分一致。怀特海批判了现代教育以线性心理学为发展逻辑，而提出"教育的周期性"与"反复性"。在他看来，教育的过程应当是一个反复的、有节奏的过程，正如生命本身是一个周期一样。在其中，教育应当是周期性地让儿童有所"收获"，一如我们感受播种后采摘果实的情绪体验，感受收获与成长的喜悦。仪式可以赋予我们一种实践的能力，去生成这种收获本身，同时获得灵性上的全面成长。

参 考 文 献

埃利亚斯,2018.文明的进程:文明的社会发生和心理发生的研究[M].王佩莉,袁志英,译.上海:上海译文出版社.

贝淡宁,洪浩,2007.为弱势者而设计的礼:从荀子到现代社会[J].求是学刊,34(2):5-14.

贝利,2008.比较城市化:20世纪的不同道路[M].顾朝林,译.北京:商务印书馆.

贝特森,2008.纳文:围绕一个新几内亚部落的一项仪式所展开的民族志实验[M].李霞,译.北京:商务印书馆.

波萨克,2015.图片阐释:作为一种质性研究的方法论[J].郝小斐,陈红燕,译.北京大学教育评论,13(1):56-77.

波兹曼,2009.娱乐至死,童年的消逝[M].章艳,吴燕莛,译.桂林:广西师范大学出版社.

布卡伊,2022.心理医生的故事盒子[M].梅静,译.沈阳:万卷出版公司.

陈红燕,2017.视频图像阐释中的复杂性:一种方法论的探析[J].华东师范大学学报(教育科学版),35(5):46-54.

陈红燕,2022.图像转向下的当代教育图像研究[J].首都师范大学学报(社会科学版)(3):150-156.

陈红燕,杨秋宁,2016.德国质性研究方法发展及其在教育研究中的借鉴[J].民族教育研究,27(4):98-104.

陈平原,2001.以"图像"解说"晚清":《图像晚清》导论[J].开放时代(5):55-65.

陈映芳,2012.变中之痛[M].上海:上海三联书店.

陈映芳,2017.城市治理研究:第二卷[M].上海:上海交通大学出版社.

陈映芳,2018.城市治理研究:家庭危机与生活秩序[M].上海:上海交通大学出版社.

陈映芳,2012.城市中国的逻辑[M].北京:生活·读书·新知三联书店.

陈映芳,2023.从田野到理论:社会学札记[M].上海:上海人民出版社.

陈映芳,等,2009.都市大开发:空间生产的政治社会学[M].上海:上海古籍出版社.

陈映芳,等,2003.征地与郊区农村的城市化:上海市的调查[M].上海:文汇出版社.

陈映芳,2006.棚户区:记忆中的生活史[M].上海:上海古籍出版社.

陈映芳,2007."青年"与中国的社会变迁[M].北京:社会科学文献出版社.

陈映芳,水内俊雄,邓永成,等,2011.直面当代城市:问题及方法[M].上海:上海古籍出版社.

陈映芳,2003.图像中的孩子:社会学的分析[M].济南:山东画报出版社.

陈映芳,卫伟,2015.寻找住处:居住贫困和人的命运[M].上海:上海古籍出版社.

陈映芳,2003.移民上海:52人的口述实录[M].上海:学林出版社.

陈映芳,2002.在角色与非角色之间:中国的青年文化[M].南京:江苏人民出版社.

程天君,2008."接班人"的诞生:学校中的政治仪式考察[M].南京:南京师范大学出版社.

戴慧思,2006.中国都市消费革命[M].黄菡,朱强,等译.北京:社会科学文献出版社.

道格拉斯,2022.风险的接受:社会科学的视角[M].熊畅,译.上海:华东师范大学出版社.

道格拉斯,2008.洁净与危险 [M].黄剑波,柳博赟,卢忱,译.北京:民族出版社.

丁钢,2015.村童与塾师:一种风俗画的教育诠释[J].社会科学战线(2):242-248.

费孝通,1986.论小城镇及其他[M].天津:天津人民出版社.

芬格莱特,2002.孔子:即凡而圣[M].彭国翔,张华,译.南京:江苏人民出版社.

福柯,2021.知识考古学 [M].董树宝,译.4 版.北京:生活·读书·新知三联书店.

高奇,2009.中国教育史研究:现代分卷[M].上海:华东师范大学出版社.

戈夫曼,2022.日常生活中的自我呈现[M].冯钢,译.2 版.北京:北京大学出版社.

格尔兹,1999.文化的解释[M].纳日碧力戈,等译.上海:上海人民出版社.

格拉夫梅耶尔,2005.城市社会学[M].徐伟民,译.天津:天津人民出版社.

贡布里希,1989.图像与眼睛:图画再现心理学的再现研究[M].范景中,译.杭州:浙江摄影出版社.

贡布里希,2018.瓦尔堡思想传记[M].李本正,译.北京:商务印书馆.

贡布里希,1987.秩序感:装饰艺术的心理学研究[M].杨思梁,徐一维,译.杭州:浙江摄影出版社.

顾朝林,刘佳燕,2013.城市社会学[M].2 版.北京:清华大学出版社.

哈里森,2016.古代艺术与仪式[M].刘宗迪,译.北京:生活·读书·新知三联书店.

韩炳哲,2023.仪式的消失:当下的世界[M].安尼,译.北京:中信出版社.

何一民,1994.中国城市史纲[M].成都:四川大学出版社.

赫拉利,2014.人类简史:从动物到上帝[M].林俊宏,译.北京:中信出版社.

胡如雷,1979.中国封建社会形态研究[M].北京:生活·读书·新知三联

　　书店.

怀特海,2023.教育的目的[M].周邦宪,译.北京:商务印书馆.

吉登斯,萨顿,2019.社会学基本概念[M].王修晓,译.北京:北京大学出版社.

吉登斯,2011.现代性的后果[M].田禾,译.南京:译林出版社.

柯林斯,2012.互动仪式链[M].林聚任,王鹏,宋丽君,译.北京:商务印书馆.

柯林斯,2012.文凭社会:教育与分层的历史社会学[M].刘冉,译.北京:北京大学出版社.

克尔凯郭尔,2019.重复[M].京不特,译.北京:商务印书馆.

孔丘,2006.论语[M].北京:中华书局出版社.

拉图尔,2005.科学在行动:怎样在社会中跟随科学家和工程师[M].刘文旋,郑开,译.北京:东方出版社.

拉图尔,2010.我们从未现代过:对称性人类学论集[M].刘鹏,安涅思,译.苏州:苏州大学出版社.

拉图尔,伍尔加,2004.实验室生活:科学事实的建构过程[M].张伯霖,刁小英,译.北京:东方出版社.

劳凯声,2021.一段不应被遗忘的历史:公办学校改制反思[J].华东师范大学学报(教育科学版),39(10):1-11.

雷望红,2019.竞争性合作:城市教育中家校关系的互动逻辑:基于江浙两地城区学校的实证分析[J].北京社会科学(9):55-65.

李安宅,1931.仪礼与礼记之社会学的研究[M].上海:商务印书馆.

李政涛,2006.表演:解读教育活动的新视角[M].北京:教育科学出版社.

李政涛,2004.图像时代的教育论纲[J].教育理论与实践,24(15):1-4.

列斐伏尔,2022.空间的生产[M].刘怀玉,译.北京:商务印书馆.

列斐伏尔,2015.空间与政治[M].李春,译.2版.上海:上海人民出版社.

林小英,2015.分析归纳法和连续比较法:质性研究的路径探析[J].北京大学教育评论,13(1):16-40.

罗萨,2015.加速:现代社会中时间结构的改变[M].董璐,译.北京:北京大学出版社.

罗素,2009.罗素论教育[M].杨汉麟,译.北京:人民教育出版社.

洛伦兹,康罗,1987.攻击与人性[M].王守珍,吴月娇,译.北京:作家出版社.

马林诺夫斯基,2016.西太平洋上的航海者[M].弓秀英,译.京:商务出版社.

芒福德,2018.城市发展史:起源、演变与前景[M].宋俊岭,宋一然,译.上海:上海三联书店.

蒙台梭利,2005.童年的秘密[M].马荣根,译.2版.北京:人民教育出版社.

米切尔,2006.图像理论[M].陈永国,胡文征,译.北京:北京大学出版社.

帕克,1987.城市社会学:芝加哥学派城市研究文集[M].宋俊岭,吴建华,王登斌,译.北京:华夏出版社.

彭文斌,郭建勋,2010.人类学仪式研究的理论学派述论[J].民族学刊,1(2):13-18.

彭兆荣,2007.人类学仪式的理论与实践[M].北京:民族出版社.

钱穆,2000.湖上闲思录[M].北京:生活·读书·新知三联书店.

秦海鹰,1996.关于中西诗学的对话:弗朗索瓦·于连访谈录[J].中国比较文学(2):77-87.

邱泽奇,2022.中国人的习惯[M].北京:北京大学出版社.

塞托,2009.日常生活实践[M].方琳琳,译.南京:南京大学出版社.

施瑞尔,2011.比较教育中的话语形成[M].郑砚秋,译.北京:北京大学出版社.

斯蒂芬森,2022.人为何需要仪式[M].欧阳敏,译.郑州:大象出版社.

斯特劳斯,1987.野性的思维[M].李幼蒸,译.北京:商务印书馆.

孙丽丽,陈红燕,2018.回到原点:"教化"传统与当代德国教育人类学的本体性问题[J].首都师范大学学报(社会科学版)(5):155-164.

孙丽丽,陈红燕,2022.教育仪式的实践困境及育人价值回归[J].教育发展研究,42(10):77-84.

滕尼斯,1999.共同体与社会:纯粹社会学的基本概念[M].林荣远,译.北京:商务印书馆.

田正平,2009.中国教育史研究[M].上海:华东师范大学出版社.

田正平,1996.中国小学常识教学史[M].济南:山东教育出版社.

涂尔干,1999.宗教生活的基本形式[M].渠东,汲喆,译.上海:上海人民出版社.

托宾,薛烨,唐泽真弓,2014.重访三种文化中的幼儿园[M].薛烨,等译.上海:华东师范大学出版社.

托克维尔,2019.论美国的民主:上卷[M].董果良,译.北京:商务印书馆.

王海英,2007.构建象征的意义世界:学校仪式活动的社会学分析[J].当代教育科学(14):15-19.

王铭铭,2019.人类学讲义稿[M].北京:民主与建设出版社.

王倩,2011.20世纪希腊神话研究史略[M].西安:陕西师范大学出版社.

王熙,陈晓晓,2015.国际教育的全球化陷阱[J].教育学报,11(5):19-26.

王霄冰,2008.仪式与信仰:当代文化人类学新视野[M].北京:民族出版社.

文娟,李政涛,2013.从"教育城市"到"城市教育学":兼论当代城市化过程中的教育问题与中国经验[J].首都师范大学学报(社会科学版)(4):130-137.

武尔夫,2019.人类世背景下的主体形成:可持续发展、模仿、仪式与体态语[J].陈红燕,译.教育研究,40(4):43-49.

夏兹金,2010.当代理论的实践转向[M].柯文,等译.苏州:苏州大学出版社.

项飙,林德奎斯特,2019.流动,还是被流动:跨国劳务的基础设施[J].社会学评论,7(6):3-17.

许纪霖.以北京为"他者"的近代上海[EB/OL].(2022-03-30)[2023-05-01].http://www.hybsl.cn/zonghe/zuixinshiliao/2022-03-30/74743.html.

荀况,2001.荀子[M].上海:上海古籍出版社.

杨国荣,2006."时"•历史•境遇:《庄子》哲学中的时间性与历史性问题[J].天津社会科学(5):27-32.

杨宽,1965.古史新探[M].北京:中华书局.

杨天宇,2010.礼记译注[M].上海:上海古籍出版社.

杨卫安,2018."读书无用论"何以会产生?:晚清以来出现的四次"读书无用论"评述[J].河北师范大学学报(教育科学版),20(4):45-49.

杨向荣,2015.图像转向抑或图像霸权:读图时代的图文表征及其反思[J].中国文学批评(1):100-109.

英戈尔德,2020.人类学为什么重要[M].周云水,陈祥,译.北京:北京大学出版社.

余莲,2009.势:中国的效力观[M].卓立,译.北京:北京大学出版社.

张淙然,2021.秩序与交融:高中过渡仪式整合功能研究[D].长春:东北师范大学.

张光直,1999.商代文明[M].毛小雨,译.北京:北京工艺美术出版社.

章小建,2021.角色转变:现代学校的校长管理之道[J].江苏教育(70):25-27.

赵健,郑太年,彭正梅,等,2020.国际文凭教育的中国研究与实践[M].上海:华东师范大学出版社.

郑玄注,1989.周礼:十二卷[M].影印本.上海:上海书店.

郑也夫,2009.城市社会学[M].上海:上海交通大学出版社.

周洪宇,周娜,2016.国际教育史研究取向与趋势及其启示[J].河北师范大学学报(教育科学版),18(1):15-21.

周勇,2015.杨德昌电影中的都市教育实验[J].北京大学教育评论,13(2):168-180.

朱熹,2006.四书章句集注[M].金良年,译.上海:上海古籍出版社.

邹昌林,1992.中国古礼研究[M].北京:文津出版社.

左丘明,2022.左传:全三册[M].郭丹,程小青,李彬源,译注.北京:中华书局.

AAKER D A,1991. Managing brand equity:capitalizing on the value of a brand name[M]. New York:Free Press.

ADAM B,1994. Perceptions of time[M]//INGOLD T. Companion encyclopedia of anthropology:humanity,social and social Life.
London:Routledge.

ADAMS S,SAVAHL S,2017. Nature as children's space:a systematic review[J]. The journal of environmental education,48(5):291-321.

APPADURAI A E,1988. The social life of things:commodities in cultural perspective [M]. Cambridge:Cambridge University Press.

ARCHER M S,1995. Realist social theory:the morphogenetic approach [M]. Cambridge:Cambridge University Press.

BANKS J A,BANKS C A M,2004. Handbook of research on multicultural education[M]. San Francisco:Jossey-Bass.

BARTHES R,1967. Elements of semiology[M]. London:Cape.

BARTHES R,1985. Rhetoric of the image[J]. Pamietnik literacki,76(3):289-302.

BASS B. M,1990. From transactional to transformational leadership:learning to share the vision[J]. Organizational dynamics,18(3):19-31.

BATESON G, 1935. Culture contact and schismogenesis [J]. Man,35:178-183.

BATESON G. 1972. Steps to an ecology of mind:collected essays in anthropology,psychiatry,evolution,and epistemology[M]. Chicago:University of Chicago Press.

BECK U,1992. Risk society:towards a new modernity[M]. London:Sage Publications.

BELL C,1997. Ritual:perspectives and dimensions[M]. New York:Oxford University Press.

BELL C,1992. Ritual theory,ritual practice[M]. New York:Oxford University Press.

BERNSTEIN B,ELVIN H L,PETERS R S,1966. Ritual in education[J]. Philosophical Transactions of the royal society of London,251(722): 429-436.

BLUMER H,1969. Symbolic interactionism: perspective and method[M]. Englewood Cliffs: Prentice-Hall.

BODDE D,1957. China's cultural tradition: what and whither? [M]. New York: Rinehard & Company,Inc.

BOHNSACK R,MAROTZKI W,MEUSER M,2006. Hauptbegriffe qualitativer sozialforschung[M]. Opladen: Budrich.

BOHNSACK R,NOHL A M,2003. Youth culture as practical innovation [J]. European journal of cultural studies,6(3):366-385.

BOHNSACK R,2011. Qualitative bild und videointerpretation. die dokumentarische methode [M]. Opladen & Farmington Hills: UTB / Barbara Budrich.

BOHNSACK R,1999. Rekonstruktive sozialforschung: einführung in methodologie und praxis qualitativer forschung[M]. Opladen: Leske Budrich.

BOLLNOW O F,2011. Human space[M]. London: Hyphen Press.

BOURDIEU P,1977. Outline of a theory of practice[M]. Cambridge: Cambridge University Press.

BOURDIEU P,1986. The forms of capital[C]// Richardson J G. handbook of theory and research for the sociology of education. Westport: Greenwood Press.

BOWEN F,REEVE H,TOCQUEVILLE A D,2017. Democracy in America [M]. New York: Amereon House.

BROOKS A W,SCHROEDER J,RISEN J,et al. ,2013. Don't stop believing: coping with anxiety through rituals [J]. Working Paper.

BROWN P,LEVINSON S C,1987. Politeness: some universals in language usage[M]. Cambridge：Cambridge University Press.

BRYK A S，SEBRING P B，ALLENSWORTH E，et al，2010. Organizing schools for improvement：lessons from Chicago[M]. Chicago：Harvard Education Press.

BURGESS E W，1928. Residential segregation in American cities. [J]. The annals of the American academy of political and social science，140（1）：105-115.

CALLICOTT，J B，AMES，T R，1989. Nature in Asian traditions of thought：essays in environmental philosophy[M]. Albany：State University of New York Press.

CAREY J W，2009. Communication as culture：essays on media and society [M]. London：Routledge.

CARSON R，1962. Silent spring[M]. Boston：Houghton Mifflin.

CARUSO M，2015. Classroom struggle：organizing elementary school teaching in the 19th Century[M]. New York：Peter Lang Publishing Group.

CARUSO M，TORO-BLANCO P，2023. The beneficial tyranny of politics：emergence，institutionalisation and newer issues of the history of education in Latin America[J]. History of education，52（2/3）：182-200.

CERTEAU M D，2011. The practice of everyday life[M]. Berkeley：University of California Press.

CHANG W，2009. Reflections on time and related ideas in the yijing[J]. Philosophy East and West，59（2）：216-229.

CHEN H，2016. Dynamics in circle rituals：daily life at a German reform pedagogic school[M]. Münster：Waxmann Verlag.

CHENOWETH K，2021. Districts that succeed：breaking the correlation between race，poverty，and achievement [M]. Cambridge：Harvard Education Press.

CLOTTES J，2003. Chauvet cave：the art of earliest times[M]. Salt Lake：

University of Utah Press.

COLEMAN J S,et al.,1966. Equality of educational opportunity[R]. U. S. Department of health,education,and welfare,office of education.

COLLINS R,2005. Interaction ritual Chains[M]. Princeton:Princeton University Press.

CONANT J,1970. Education in a divided world:the function of the public school in our unique society[M]. Cambridge:Harvard University Press.

CROWTHER S,SMYTHE E,SPENCE D,2015. Kairos time at the moment of birth[J]. Midwifery,31(4):451-457.

DANIEL G,1968. The first civilizations:the archaeology of their origins [M]. New York:Crowell.

DAY J A O,BITTER C S,GOMEZ L M,2011. Education reform in new york city:ambitious change in the nation's most complex school system [M]. Cambridge:Harvard Education Press.

Denzin N K,2004. Reading film:using films and videos as empirical social science material[C]//FLICK U,KARDORFF E,STEINKE I. A companion to qualitative research. London:Sage.

DOUGLAS M,1966. Purity and danger:an analysis of concepts of pollution and taboo[M]. London:Routledge and Kegan Paul.

DURKHEIM E, 1997. The division of labor in society[M]. New York: Free Press.

EPSTEIN J L,2011. School,Family,and community partnerships:preparing educators and improving schools[M]. London:Routledge.

ERICKSON F,2011. uses of video in social research:a brief history[J]. International journal of social research methodology,14(3):179-189.

EVANS-PRITCHARD E E,1974. Nuer religion[M]. New York:Oxford University Press.

FIRTH R,1951. Elements of social organization[M]. London:Watts.

FOSS J,2006. The rituals of explanation[J]. Behavioral and Brain Sciences, 29(6):618-619.

FULLAN M,2001. The new meaning of educational change[M]. New York:Teachers College Press.

GAY G,2010. Culturally responsive teaching:theory,research,and practice [M]. New York:Teachers College Press.

GEERTZ C, 1963. Agricultural involution: the processes of ecological change in Indonesia[M]. Berkeley:University of California Press.

GIDDENS A,1990. The consequences of modernity[M]. California:Stanford University Press.

GOFFMAN E,1967. Interaction ritual:essays on face to face behavior[M]. New York:Anchor Books.

GOFFMAN E,1959. The Presentation of self in everyday life[M]. New York:Doubleday.

GRIMES R L,1982. Beginnings in ritual studies[M]. Washinton,D. C. :University Press of America.

GRIMES R L,2014. The craft of ritual studies[M]. Oxford:Oxford University Press.

HARRIS M,1968. The rise of anthropological theory:a history of theories of culture[M]. New York:Crowell.

HAVIGHURST R J, 1955. A survey of the education of gifted children [M]. Chicago:University of Chicago Press.

HAVIGHURST R J,NEUGARTEN B L,1955. American Indian and white children:a sociopsychological investigation[M]. Chicago: University of Chicago Press.

HEATH C,HINDMARSH J,LUFF P,2010. Video in qualitative research [M]. London:Sage.

HENDERSON P W,COTE J A,1998. Guidelines for selecting or modifying logos[J]. Journal of marketing,62(2):14-30.

HONNETH A,2003. Kampf um anerkennung:zur moralischen grammatik sozialer konflikte[M]. Frankfurt am Main:Suhrkamp.

HOUSEMAN M,SEVERI C,1998. Naven or the other self :a relational approach to ritual action[M]. Leiden:Brill.

HUXLEY J,1966. Introduction to "a discussion on ritualization of behaviour in animals and man"[J]. Philosophical transactions of the royal society of London. Series B,Biological sciences,251(772):249-271.

JACKSON P W, 1990. Life in classrooms [M]. New York:Teachers College Press.

JENKINS T N,2002. Chinese traditional thought and practice:lessons for an ecological economics worldview[J]. Ecological economics,40(1):39-52.

JEYNES W,2012. A meta-analysis of the efficacy of different types of parental involvement programs for urban students[J]. Urban education,47(4):706-742.

KARL J A,FISCHER R,2018. Rituals,repetitiveness and cognitive load [J]. Human nature,29(4):418-441.

KELLY S D,2002. Merleau-Ponty on the body[J]. Ratio,15(4):376-391.

KEMPER T D,2016. Status,power and ritual interaction:a relational reading of Durkheim,Goffman and Collins[M]. London:Routledge.

KIM T,SEZER O,SCHROEDER J,et al,2021. Work group rituals enhance the meaning of work[J]. Organizational behavior and human decision processes,165:197-212.

KLUCKHOHN G,1942. Myths and rituals:a general theory[J]. Harvard theological review,35(1):45-79.

KNOBLAUCH H,2009. Video analysis:methodology and methods,qualitative audiovisual data analysis in sociology[M]. Frankfurt am Main:Lang.

KULIKOV S,2015. Who creates the time:nature or human? [J]. Interdisciplinary description of complex systems,13(1):167-172.

LARDELLIER P,2019. The ritual institution of society[M]. Hoboken:John Wiley & Sons.

LATOUR B,2014. Agency at the time of the anthropocene[J]. New literary history:a journal of theory and interpretation,45(1):1-18.

LATOUR B,PORTER C,2017. Facing gaia:eight lectures on the new climatic regime[M]. Cambridge:Polity Press.

LATOUR B,2005. Reassembling the social:an introduction to actor-network-theory[M]. New York:Oxford University Press.

LATOUR B,1993. We have never been modern[M]. Cambridge,MA:Harvard University Press.

LAVE J,WENGER E,1991. Situated learning:legitimate peripheral participation[M]. New York:Cambridge University Press.

LEFEBVRE H,1991. Critique of everyday life[M]. London:Verso.

LEITHWOOD K,DAY C,SAMMONS P,et al. ,2004. Successful school leadership:what it is and how it influences pupil learning[R]. London:DFES Publications.

LEITHWOOD K,LOUIS K S,ANDERSON S,et al,2004. How leadership influences student learning[M]. New York:The Wallace Foundation.

LOSITO W F,1996. Philosophizing about education in a postmodern society:the role of sacred myth and ritual in education[J]. Studies in philosophy and education,15(1):69-76.

LUCKMANN T,2009. some remarks on scores in multimodal sequential analysis[C]//KNOBLAUCH H. Video analysis:methodology and methods,qualitative audiovisual data analysis in sociology[M]. Frankfurt am Main:Lang.

LUKKEN G,2005. Rituals in abundance:critical reflections on the place, form，and identity of Christian ritual in our culture[M]. Leuven：Peeters.

MERLEAU-PONTY M，1962. Phenomenology of perception[M]. London：Routledge & Kegan Paul.

MILLER D，1987. Material culture and mass consumption. [M]. Oxford：Blackwell Publishing.

MINTZBERG H，1979. The structuring of organizations：a synthesis of the research[M]. Englewood Cliffs：Prentice-Hall.

NICZYPORUK A，2020. How does ritualized behavior lower anxiety? the role of cognitive load and conscious preoccupation in anxiety reduction [J]. Studies in Logic，Grammar and Rhetoric，62(1)：187-205.

NORTHAM R M，1975. Urban geography[M]. New York：Wiley.

PARK R E，BURGESS E，MCKENZIE R，1925. The city[M]. Chicago：University of Chicago Press.

PARK R E，1928. Human migration and the marginal man[J]. American journal of sociology，33(6)：881-893.

PARSONS T，BALES R F，OLDS J，1955. Family，socialization and interaction process[M]. Glencoe：Free Press.

PAYNE C M，2008. So much reform，so little change：the persistence of failure in urban schools[M]. Cambridge：Harvard Education Press.

PETERS R S，1966. Ethics and education[M]. Glenview：Scott Foresman.

PIKE K，1954. Language in relation to a unified theory of the structure of human behavior[M]. Glendale：Summer Institute of Linguistics.

POST P，2022. Ritual studies[C]// WEYEL B，GRÄB W，LARTEZ E，WEPENER C. International handbook of practical theology. Berlin：De Gruyter.

RAPPAPORT R A，1999. Ritual and religion in the making of humanity [M]. Cambridge：Cambridge University Press .

REVILLE S P，COGGINS C A，2007. Decade of urban school reform：persistence and progress in the boston public schools[M]. Cambridge:Harvard Education Press.

ROSENWEIN B H,2006. Emotional communities in the early Middle Ages [M]. Ithaca:Cornell University Press.

RURY J L,2005. Urban education in the United States:a historical reader [M]. New York:Palgrave MacMillan.

SACKS H,1995. Lectures on conversation:volumes Ⅰ & Ⅱ[M]. Oxford: Blackwell.

SCHATZKI T R,2001. Introduction:practice theory[C]// SCHATZKIT R,KNORR-CETINA K,VON SAVIGNY E. The practice turn in contemporary theory. London:Routledge.

SCHECHNER R,2002. By means of performance:intercultural studies of theatre and ritual[M]. Cambridge:Cambridge University Press.

SCHEIN E H,2010. Organizational culture and leadership[M]. San Francisco :John Wiley & Sons.

SHILLING C,2007. Sociology and the body:classical traditions and new agendas[J]. The sociological review,55:1-18.

SIDNELL J, STIVERS T, 2013. The handbook of conversation analysis [M]. Oxford:Blackwell Publishing.

SIMMEL G, 1908. Soziologie:untersuchungen über die formen der vergesellschaftung. [M]. Leipzig:Duncker & Humblot.

SIMMEL G,1950. The Metropolis and mental life[C]// WOLFF K H,The Sociology of georg simmel. New York:The Free Press.

STEPHENSON B,2015. Ritual:a very short introduction[M]. New York: Oxford University Press.

SWAMI V,BARRON D,WEIS L,et al. 2016. Bodies in nature:associations between exposure to nature,connectedness to nature,and body image in US adults[J]. Body image(18):153-161.

TIAN A D,SCHROEDER J H,UBL G,et al,2018. Enacting rituals to improve self-control[J]. Journal of personality and social psychology,114 (6):851-876.

TURNER V,1982. From ritual to theatre:the human seriousness of play [M]. New York:PAJ,Performing Arts Journal Publications.

TURNER V,1967. The forest of symbols:aspects of Ndembu ritual[M]. Cornell:Cornell University Press.

TURNER V,1977. The ritual process:structure and anti-structure[M]. Ithaca : Cornell University Press.

TURNER V,2009. Vom ritual zum theater der ernst des menschlichen Spiels[M]. Frankfurt am Main:Campus.

TU W,1974. An introductory note on time and temporality[J]. Philosophy East and West,24(2):119-122.

TU W,1993. Beyond the enlightenment mentality[J]. The bucknell review, 37(2):19-29.

TU W,1998. Family,nation,and the world:the global ethic as a modern Confucian quest[J]. Social semiotics,8(2-3):283-295.

TU W M,1985. Confucian thought:selfhood as creative transformation [M]. Albany:State University of New York Press.

TU W M,2001. The ecological turn in new confucian humanism:implications for China and the world[J]. Daedalus,130(4):243-264.

Van GENNEP A,1960. The rites of passage[M]. Chicago:University of Chicago Press.

WATZLAWICK P,BEAVIN J,JACKSON D,1967. Pragmatics of human communication[M]. New York:W. W. Norton.

WIRTH L,1928. The Ghetto[M]. Chicago:University of Chicago Press.

WIRTH L,1938. Urbanism as a way of life[J]. American journal of sociology,44(1):1-24.

WULF C, 2001. Das soziale als ritual: zur performativen bildung von ge-meinschaften[M]. Opladen: Leske Budrich.

WULF C, 2022. Mimetic and ritual processes as social institutions. trans-formative opportunities in the anthropocene[J]. Humana mente journal of philosophical studies(41): 103-109.

WULF C, 1997. Vom Menschen: handbuch historische anthropologie[M]. Weinheim: Beltz.

后　记

　　2016年笔者从德国毕业回来,入职于华东师范大学教育学部,在上海这座城市居住下来。一开始中,我将自己定位为留德归国人员,主要任务是完成"教育文化之间的嫁接",因此仍延续着我在德国学校仪式研究的关怀,并没有太想介入我国的太多现实性的教育问题。但后来,在工作当中,慢慢接触到上海的教育实践,深刻地感受到其所带来的冲击。上海的教育,在文字(书写意义)上有着最先进的理念,远超德国(要知道德国的学校建筑/教具既老旧又传统);但在教学实践当中,特别是深入课堂时(尤其是我在任教中感受到大学生创造力的缺乏——我将大学生视为中小学培养的成果,大学只是去消化这种"成果"而已),我仍能深刻地感受到20世纪90年代我所在教室的那种熟悉感。于是笔者开始对上海教育乃至我国教育中这种话语与实践之间的"张力"产生兴趣。

　　作为一个"半路出家"的教育人类学研究者,我深知文本(context)本身对于整体理解的重要性,因此,开始关注到城市化这一命题。毫无疑问,城市化现象是自20世纪80年代以来,中国社会演变当中最为突出的一个现象。城市发展,城市中的文化系统是建构和影响城市性的重要内容。因此,城市不仅是中国教育的一个背景,也是认识并进入教育的一个重要视角,或者基本色调。

　　然而,当笔者翻阅近年来的教育研究文献时,却仍倍感吃惊。一方面,中国教育的理论建构仍然有着浓厚的卢梭、赫尔巴特等人的教育思想,尽管美国式的建构主义、杜威等理论得到了充分的重视,但在"文化接受"上对理论中儿童中心远远大于有关学校与社会关系的讨论,而有关教育民主思想的争论则少之又少。另一方面,虽有学者以教育公平为抓手关注到了教育当中的阶层分化、性别、流动等问题,但这些研究大多只是"社会开放性"中的一个维度,且深受西方尤其是美国关于城市教育研究逻辑的影响,即:将城市教育看作一个基本的问题,而非现象或基本底色。关于在都市化的背景中,中国教育的样态缺乏一种理论到实践的深度且全面的理解。因此,一种基于都市教育的理论也变得十分迫切。

　　在都市教育理论当中,尽管"人"仍然是教育展开的逻辑,但是其围绕"人"而展开的话题则完全有了新的转向:如果说在以"自然"为背景的社会里,性格、内在的自我完善是最为核心的内容,那么在以"人为"为背景的都市社会里,"关系"的构建则成了更为核心的内容——在关系当中,必定需要不断地去处理位于两端(个体—社会,角色—自我)的问题。这些问题既不指涉于"什么",也不一定都是关乎"如何",而更多的是对"谁"的发问。

　　但是如何去构建这样一个理论呢?我相信路径不会只是有一条。但一条较为实际的路,必定要回到现象本身,回到实践的文本当中。这种方式并不一定真能产生多大的理论,但却能使理论本身更富有生命力。在此过程当中,仪式问题构成了我们观察日常生活的重要框架。仪式作为人类学的一个母题,经过近一世纪的发展,已经形成了较为成熟的研究范式。作为一个概念,仪式不再专指那些具有宗教意义的大型祭祀活动,也指日常生活当中模式化的互动;作为一种理论,仪式不再专门用于加强共同体之间的关系,也用于解决社会国家层的冲突缓冲器;作为一种研究对象,仪式不再是"文字＋形式"的程序化,而是"身体＋表演"的过程性;作为一种研究方法,仪式不再只是文化的窗口,也是透视结构与权力形成的重要路径。在研究的后期,我越发意识到仪式之于人,并不亚于语言之于人的意义。在动物行为学的相关研究当中,已经可以看到仪式是一种由实践行为发展而来的"交流性活动",其本身应当视为社会性的结果,其中包含着深层的社会认同与符号肯定;历史人类学的相关研究,更直接地让我们认识到与语言的直接性相比,仪式是各种"主导性情感"的浓缩式的表达,其在某种意义上是形成"社会情感"的重要力量。

　　然而,遗憾的是这些丰富的理论,在中国却得不到很好地反映。当笔者回观中国的礼仪文化时,我常常惊叹于古人的智慧,但又似乎在当代缺乏一种很好的"理论式"的解释,这包括:在"五常"的概念中,礼被放置于一种人的"本性"维度进行讨论,但相较于"仁,义,智、信",礼则是以一种十分负面的形象出现在近代的学术话语中。礼之于在儒家中崇尚"性本善"的框架中,与人的本性到底是怎样的关系? 儒家中,常有"性-用"之说,那作为"用"的礼,与作为"性"的礼是什么关系? 礼常常指代人们自觉维持社会的良好工具,那么"礼"与"和"之间的关系是什么? 在用的维度,礼教在新文化运动时期被强烈地批判,那此后的礼又如何了? 进入新中国以后,礼在城市化的过程当中又是如何显现,具体又是如何实践的? 教化是礼社会的重要路径,教化礼,与礼中的教化是如何相互关联,相互作用? 关于这些问题,需要我们回到帮助构建一个中国式的仪式理论才可能深刻地透视其要义,否则只能就礼而论礼,陷入"非礼"的境界。

　　这些问题最终汇集到本书便是,我们如何在当代语境当中科学贯通中西方的仪式,如何在城市化的背景下重新发现仪式之于个人,之于教育的意义。实际上,回顾过去近半世纪中国城市教育的发展,犹如经历了一次又一次的洗礼,但城市教育到底有没有完成其成人礼进入更加成熟而完备的时期呢? 成人礼原本应当用于对人类自身成熟的一种制度化表达,他是人生中的一个"过渡期",一个从所谓的蒙昧状态,通过相应的设置,进入一种成熟状态的期待。可是,我们是否能说清楚一种都市教育的蒙昧状态是什么? 成熟的都市教育又是什么? 我们清晰地看到,城市化背景下最大的一个张力,也是最难解决的一个张力就是:不断趋向个体化的社会与不断需要集体性(强调集体性)的教育之间的张力。这种张力,在当下的社会进步论、科技繁荣的情况下,已被大大地减弱了。因此本书通过仪式的三个不同面向,试图去厘清都市教育的变迁到底意味着什么,其是如何被呈现和展演出来的。笔者认为这种对现象的关注实际上是一次真正意义上的成人礼,可以让我们暂时从混乱与不安当中走出来,又尤其是在人工智能冲击着时代的今天,人的这种独特性,以及不安感可以如何去安放变得尤其重要。比如,笔者在书写快结束之时,突发奇想,让 ChatGPT 就"都市教育与学校仪式"之间的关系写一篇文章。于是在数十秒内 ChatGPT 打出了上千字。

看到它在如此短的时间就把以上内容"毫无客气地"(他根本来不及思考屏幕前提问人的内心羞愧,我相信这种情感体验在 ChatGPT 普及以后将是十分值得珍惜的)呈现在我面前时,我十分惊讶。最初,我所惊讶的是它的回答如此全面而又系统,宛如已掌握了学术写作结构之精要;其次,当我细读内容之时,我不仅惊讶于它的速度(毕竟计算机就是赢在速度),而且惊讶于他可以如此"一本正经地说谎"。如果仔细读的话,它至少有两个层次的说谎。其一,内容意义上。它在生造我也没听过,百度也不存在的引文,出版社也不曾得知自己出版过的内容。其二,方法与语气。这一点比较厉害。虽然它一再强调自己不会做出价值判断,但是它却清楚地抓住了"论文写作"就是立据的要求。不断地为题目进行证明,然后敢于一本正经地教训人。到目前为止,我仍不知道它是以怎样的方式、使用怎样的算法,但是敢肯定的是,不只是信息收集与打包这样简单。由于可见,一种新的规则正在形成,而其中有关人与自我、人与人、人与世界的理解必须放置于一种关系和实践的维度进行透视。

我们曾赋予仪式如此美好的意义,但为何在当代仪式却成了墨守成规、枯燥乏味的代名词呢。哈里森在其《古代艺术与仪式》中提供了美妙的解释。在哈里森看来,艺术与仪式两个在现代社会看起来互相排斥的活动,其实有着相同的源起,即人类的冲动,一种希望"通过表演、造型、行为、装饰等手段,展现那些真切的激情和渴望。"(哈里森,2016)仪式之所以落入了俗套,为了再现而再现(再现本身成为目的),是因为"激情渐渐被人们淡忘……仪式不再被人真诚地信仰了"(哈里森,2016)。如此听来,似乎想要将仪式变得生动活泼,首先在于点燃人对于"再现"的激情。

陈红燕

于 2023 年冬